APOCALYPTIC ÉTUDES

MANUEL YANG

黙示のエチュード

歴史的想像力の再生のために

マニュエル・ヤン

新評論

はじめに

二〇一一年まで、日本語はわたしにとって「私語」だった。日本統治下の台湾で生まれ育った父と関西生まれの日本人一世の母とわたしの三人家族が話す言語、考えごとをするときやプライヴェートな文章をしたためるときに使う言語、という意味での「私語」だ。

神戸の小学校で数年過ごしたあとアメリカに移住してからは、第一言語だった日本語は第二言語の英語にぐんぐん追い抜かれ、私生活のわずかな場面だけに登場する脇役に追いやられてしまう。好き勝手に断続的にやってきた独学でかろうじて維持してきた日本語で文章を発表するのは、正直、ありえないことだった。言語能力はさておき、日本の学界や出版界とまったく無縁であるばかりでなく、三〇年近く日本に住んでいなかったわたしからすれば、それは「絵に描いた餅」というよりは「絵にさえ描けない餅」だったというほうが妥当だろう。

だが、どう考えても不可能なことを引き起こしたのが「三・一一」だ。

まさに『ヨハネの黙示録』が預言する世界の終末のような「黙示的」破壊をもたらした二〇一一年東日本大震災は、資本主義経済の最先端を行く国家と社会がいとも簡単に崩壊してしまう可能性をわたしたちに見せつけた。隠された見えないものを顕在化した意味でも、それは「黙示的」出来事だったと言えよう。

反原発運動がわき起こり、デモに参加したことのない人たちが路上を埋めつくし、放射能について考えたことのない人たちが身の回りの環境の放射線量を測定し、身体と物質の関係を政治的に考え始め、今まで互いの存在にすら気づかなかった人たちが交わり合い、現実を変革することを真剣に語り始めた。恐れと慄《おのの》きに打ちひしがれ黙りこくる者もいれば、前代未聞の危機のなかで突然見つけた言葉を発声し思いがけない行動に走る者もいた。

「三・一一」の際にアメリカ中西部でモグラのような生活をしていたわたしは、二〇一一年六月から九月まで東京、大阪、沖縄、ソウルを旅した。計画停電で暗くなった電車に揺られ、デモにときどき参加し、初対面の人たちに歓待されいろんなところを案内してもらった。まるでヘミングウェイのいう「移動祝祭日」を生きているような感じだった。わたしもまた黙示的災害直後に「不穏で無謀なるものたち」（李珍景《イ・ジンギョン》）の交わり、言葉、行動を見つけた者の一人だ。

第一部に収録されている文章の一部は災害直後に依頼されて執筆したものである。どこの馬の骨かわからぬ無名で無職の（しかも日本語の読み書きさえ怪しい）わたしに依頼してきたことには当初大変驚いたが、これは個人の能力や背景と関係なく、非日常的な状況や関係の渦中でふつうに起こることだとあとで気づいた。日本語で書くチャンスはもうこれが最初で最後だろうと思いながら、手当たり次第に一切合切詰め込んで必死に書いた覚えがある。そのせいで、わたしの文体は硬く、漢字をやたら使う傾向があった。母を介して親戚から「平民にもわかる言葉」で書けないかと言われ、文章を開いた方向に意識的に向ける努力を少なからずし始めた。本書が『黙示のエチュード』と名づけられている個人的な理由はそれだ。歴史の黙示的瞬間のなかで「私語」ではない日本語を書き始めたわたしは、今も、そして、これからおそらく当分のあいだ、練習／実践（practice）として日本語の文章を

書き続けるだろう。つまり、その端緒をなす記録という意味で本書は「日本語の練習曲《エチユード》」でもある。(1)

こうした個人的な理由よりさらに根源的な意味が本書の題名に込められているとすれば、それは「三・一一」の異常な終末論的熱気が雲散霧消し、その記憶さえ薄らいだかに見える日常のなかで、次の黙示的瞬間をわたしたちが作り出す力や契機を見いだす練習の必要性を強調することにある。黙示は、その歴史的本質である革命と同じく、繰り返される。次の火はどこからやって来るのか。

「時が経ち、古き帝国は滅びて新しいものが代わりに立ち上がり、国と国との関係、階級同士の関係は変わらなくてはならないが、まず見出すべきことは、物や商品の質ではなくて人びとの運動が大切だということだ。どこにいるのか、何を持っているかではなくて、どこから来たのか、どこに行くのか、そしてそこに行ける比率、こういったことが大事なのだ(2)」

(1) 第一部にはこの範疇に厳密に収まらない文章が二つある。原文を英語で書いた「1 ミッドナイト・ノーツへの悲歌?」と「6 〈燃える男〉、あるいは〈船本洲治記念日〉のために」だ。これら二編をこなれた日本語に意訳するのには本書の編集者の吉住亜矢に負うところが大きかった。
(2) C・L・R・ジェームズ/本橋哲也訳『境界を超えて』(月曜社、二〇一五年)一九四頁。

黙示のエチュード／目次

第一部　原子力と資本主義

第二部　対話

装幀——山田英春

第一部　原子力と資本主義

1 ミッドナイト・ノーツへの悲歌《エレジー》？

もしぼくたちが機械のひとつであるとじぶんを考へうれば
ぼくたちの文明はしごく平安なのだ
銀行の扉がひらき　有価証券の額面が四散する
フイナンツカピタリズムの再生と膨張
ぼくにあたへられたふたつの眼が
たしかに視るべきものを視てゐる

——吉本隆明「一九五二年五月の悲歌」

ミッドナイト・ノーツ・コレクティヴ[1]に初めて出会ったのは、彼らがそれまでに発行した雑誌のハイライトを収録したアンソロジー『ミッドナイト・オイル——労働、エネルギー、戦争　一九七三〜一九九二年』（一九九二年）が出版されて数年経ったころだ。冷戦は終わり、カウンターカルチャーのなごりがにわかに漂う無関心のなかにわたしはいた。そうした無関心から脱却させてくれるもっとも効果的な政治思想は、わたしにとって、アナキストとシチュアシオニストの思想をのぞけば、ミッドナイト・ノーツ・コレクティヴ（以下MN）が展開した自律マルクス主義的現状分析しかなかった。MNの言葉には、ダイアモンドのような厳しい純度が宿っている。ジョージ・カフェンティスがMN三〇周年記念イベントで用いたフレーズを借りると、その言葉は「class struggle über alles（なによりも階級闘争）」の方法に貫かれ、ぬかるみのような左翼／進歩派のレトリックを木っ端微塵にする。『ミッドナイト・オイル』の前書きでMNはこう述べる。「現代史の大部分を説明するには生産手段と生存手段のコントロールをめぐる闘争を分析するだけでじゅうぶんだ〔…〕ジェンダーや性的指向や土地をめぐる考え方と何ら関係なく、わたしたちは資本主義の空間のなかで動いている。資本主義の土壌で生き、資本主義のパンを食べ、資本主義の労働で体内のエネルギーを燃焼している」。最高の意味で「原理主義的」言葉だ。木っ端微塵にしてくれたのは、レトリックのぬかるみだけではない。前衛主義的国家権力の瓦礫の下にマルクスを葬った正統派マルクス主義的伝統の重荷をわたしたちに縛りつけたイデオロギーの縄もバサリと断ち切ってくれた。そし

（1）　ミッドナイト・ノーツ・コレクティヴ：スリーマイル島の原発事故とそれを機に起きた大規模な反核運動が全米を席巻した一九七〇年代末に結成された自律マルキスト集団。『ミッドナイト・ノーツ』と題する雑誌をこれまで一三号、「ミッドナイト・ノーツ・コレクティヴとその友人たち」名義の小冊子（邦訳『金融恐慌からコモンズへ――資本主義の現在的批判のために』高祖岩三郎・木下ちがや・酒井隆史訳、以文社、二〇〇九年）その他複数のパンフレットや記事を刊行している。後出のジョージ・カフェンティス（一九四五〜）はグループ創立メンバーの一人で哲学者。

て、二〇世紀を通じてもっとも生産的に考えなおされた『資本論』のもっとも原理的な観点にわたしたちを引き戻してくれた。「資本の利潤は賃労働から剰余を摘出することにもちろん由来する〔…〕だが、多くの無賃金労働者の支払われていない労働からも剰余は摘出されている(2)」。

MNの分析の何がそれほど「生産的」で、何がその水晶のような純度に炎をともしたのか。彼らは、ドロをぬられた無産労働者の活動の頭《こうべ》に主体性の冠を絶えまなくかぶせようとした。無産労働者の活動が収奪されるのは、資本主義的剰余価値が蓄積される具体的な場面だけではない。労働者をジャガーノートのような資本の創造性がのみこみ、従順な要素に還元する社会経済分析の抽象的な場面においても、収奪は行われる。皮肉なことに、ほとんどのマルクス主義/反体制の分析は後者(資本の力を物神化すること)を再現している。歴史の変化を決定するのは階級闘争の力だと口では言うかもしれないが、現在の状況を決定している要因を解析する際にはその力を反射的に消し去ってしまう。MNは雑誌第七号『レミング・ノーツ』(一九八四年六月)の「現在の左翼」で次のように主張する。「左翼の選んだ分析、要求、戦略は右翼に手を貸し、せいぜい民主党左派の役割しか果たせない行き詰まりに自らを直面させているだけではない。彼らの選択は、自らが示唆する均衡を脅かすような階級行動はなんであれ規制するよう機能している(3)」。「新しいニューディィール政策」以上のものを求めないアメリカ左翼の「現実主義」に対抗するポレミックとして吐かれたこの一九八四年の言葉は、今日でもまだまだ有効だ。金融資本の危機以降、「新しいニューディール政策」の有名無実の約束を振りかざし、危機の責任者を雇い続け、中近東で「対テロ戦争」を名目に国家テロを続行し、ドローンによる暗殺法を制度化したオバマ政権を称え、トランプ政権に対してはずさんなネオリベ修正主義的対抗軸を育むリベラル勢力のイデオロギー的退廃を顧みればそれは一目瞭然だろう。

だが、同時に、そうしたポレミック的に頑強な姿勢がいくら政治的に正しくても、それを一点張りに強調しすぎると一方通行の独善的な批判になりかねない。第六号『死後ノーツ』（一九八三年五月）の「E・P・トムスン[4]への悲歌《エレジー》」と『レミング・ノーツ』の「労働者階級はアバヨする――アンドレ・ゴルツ[5]への無産労働者の返答」はその典型例だ。MNによると、トムスンの核産業分析は「戦争政策とその膨大な経済的土台が組織的な剰余価値の収奪と蓄積に果たしている役割を完全に無視している[6]」。そして、ゴルツが企てようとしていたのは、「スターリン主義者、社会民主主義者、その他左翼の代替勢力を統一

（2） Midnight Notes Collective, *Midnight Oil: Work, Energy, War 1973–1992* (Autonomedia, 1992), xii.
（3） "The Left Today" in *Lemming Notes* (*Midnight Notes* 7, June 1984), 7.
（4） E・P・トムスン（一九二四～九三）：イギリスの社会史家、ニューレフトの旗手、平和活動家。
（5） アンドレ・ゴルツ（一九二三～二〇〇七）：オーストリアの社会哲学者、ジャーナリスト、ニューレフト運動・エコロジーの理論家。
（6） "Elegy for E. P. Thompson" in *Posthumous Notes* (*Midnight Notes* 6, May 1983), 13.

させ、労働の拒絶をめぐる闘争の機先を制し、左翼を労働者階級の管理者にすることである」[7]。言っていることは決してまちがっていない。同志のあいだで交わされる公開論争としてトムスンやゴルツに直接宛てて書かれたわけでもないし、MN自身の行動と有機的につながる批判としての実存的理由も見当たらない。MNはゴルツやトムスンと直接関わりがなかったし、現代労働者階級に対する彼らの姿勢にわざわざ政治的異議を唱えたところで何か有意義なものが明らかにされたとは思えない。じっさい、こうした論争が展開する一斉射撃的批判(「これらすべてを合わせ考えると、左翼は究極的には警察になろうとしていることがわかる」「さまざまな形の資本主義の敗北を求め、それが可能だと考えている左翼側の人は、左翼と完全に手を切らねばならない。なぜなら、現在の左翼は資本主義のもっとも『人間的な』顔でしかないのだから」[8])は対話の可能性を閉ざし、誰よりも自身が革命的に正しいことを証明しようとするラディカルな少数派セクトにみられる教条的習慣に陥っているのではないだろうか。そうした党派的条件反射は、「ジョンソン＝フォレスト傾向」[9]や「社会主義か野蛮か」という政治的にもっとも聡明な前世代のグループや、最近の「ポスト左翼」アナキストたちの弱点でもある。運動の変容する海流にどれだけ照準を合わせ、正しい原理を慎重に調整し撃ち続けても、運動の全体をくつがえすことはもちろんのこと、把握することさえできない。

だが、現存する運動(具体的な場所と時間で人びとが行ったこと)に胚胎する理論的原理を引き出し応用するときのMNはとりわけ優れている。そもそも、戦闘的な分析という抽象労働を可能にするのは、現場でそれを引き出し、運び、精錬する具体労働だということを彼らは常に意識していた。それでも、強烈に圧縮された硬くてまぶしい方法論の光沢に一時的に惑わされるとき、彼らは躓き、その原理を世界資本主義システムとそのアンチテーゼを解き放つ概念コードと見誤ってしまうことがある。「恩寵」や「悟り」といった霊的概念が人間の経験以外の何ものをも指し示さないように、「労働の拒否」「労働の重層」「新しい囲い込み《エンクロージャー》」のみならず、「剰余価値」でさえ、そのような普遍的概念コードにはなりえない。たとえば、トムスンの分析に無産階級が不在だと指摘したMNがどれだけ「正しかった」としても、核兵器競争に反対する汎ヨーロッパ大西洋運動を冷戦期の東西分断を超えて結束させたトムスンの本質的力、その預言者のような活動家のエネルギーは顧みられていない。トムスンが提唱した核兵器の「根絶主義」概念を理解するには、一九三〇〜四〇年代の反ファシスト的共産主義精神、一九五六年ハンガリー革命、一七世紀イギリス革命のなかから生まれたキリスト教的民衆ラディカリズムの伝統を受け継ぐ「マグルトニア

（7）“The Working Class Waves Bye-Bye: A Proletarian Response to Andre Gorz” in *Lemming Notes*, 16.
（8）*Lemming Notes*, 7.
（9）ジョンソン＝フォレスト傾向（一九四五〜六二）：アメリカのトロツキスト政党から派生し、ソ連を「国家資本主義」と分析し、産業労働者の「自己活動」に焦点を絞った急進左派グループ。名称は創立メンバーであるC・L・R・ジェームズとラーヤ・ドゥナエフスカヤそれぞれの仮名「JRジョンソン」「フレディー・フォレスト」から取られた。

ン・マルクス主義」の反律法《アンティノミアン》／黙示的伝統、つまりトムスン個人とその歴史の経験を考慮する必要がある。運動の様々な潮流や勢力に対する適切な内在的批判を行うには、歴史的射程を備えた同志的な寛容さが不可欠だ。

たしかに、MNの情け容赦ない批判の牙は目をみはる威力を発揮したことが幾度となくある。第三号『労働／エネルギー危機と黙示《アポカリプス》』（一九八〇年一一月）、そしてカフェンティスとシルヴィア・フェデリーチの共著「宇宙に漂うモルモン教徒」（第五号『コンピューター国家ノーツ』一九八二年三月）は最善な意味でのポレミックだ。文体に遊び心があり、論旨の展開は予測不能。政治的にも隠喩的にも示唆に富んでいた。じっさい、『労働／エネルギー危機と黙示《アポカリプス》』は思想闘争の強靭なパワーをとことん維持した光り輝く傑作だ。エネルギー危機をめぐる議論への批判、科学史、労働主義《オペライズモ》的政治経済学、「マクスウェルの悪魔」[10]や熱力学の科学理論を労働力を軸に読み直す概念的創造性が、ダイアモンドの刃のように光り輝く鋭利な言葉で結合されている。「それゆえ、わたしたちの解読によると、黙示《アポカリプス》の騒音のなかで注意を払わねばならないのは、もっと馴染み深いものである。それは石油採掘の穴や、天然ガスの渦巻く地底の穴のなかにあるもの、つまり階級闘争だ」「資本の矛盾は何かといえば、『へ　マ《ファック・アップ》』を犯す主体そのもののなかに資本が必要とするエネルギーがあるということだ。常に動いているのはわたしたちだ——常に元気があり、狡猾で、ずるくて、無礼で、反抗しているが、いつも動き続けているわたしたちだけが労働、開発、そして剰余の源なのだ」「クソすることに関しては資本の方が猫よりも好みにうるさい。原発をどこに建てるのかという議論の一切はこの敏感さの一例で、それにはどの特定の場所においても階級構成に由来する複雑な問題がからまっている」(11)。

そして、新右翼が先端技術《ハイテク》を駆使して未来学的に推進する資本主義のユートピアを「宇宙に漂うモルモン教徒」のイメージでつかみ取ろうとする彼らの絶対音感的センスの良さ！「地上の至るところでこの分析方法を一般に広め開発する前衛が原理主義者とモルモン教徒自身であることは明らかだ。黙示《アポカリプス》の到来に備えて彼らはすでに大きな通信販売店を組織し、そこにはフリーズドライやレトルトの食品、缶詰だけでなく、予備のガソリンタンクと（全知全能の主なる神でさえ最後の審判の日に見落としたアカ・ホモ・レズ・黒人・悪魔たちから原理主義者の巣穴を守るために）武器を蓄えている」(12)。この痛烈な皮肉に満ちたユーモアもその原理的意味でマルクス的だ。ムーア人〔マルクスの愛称〕の著作を貫いて電流のようにほとばしる（とりわけ一九世紀政治経済学のメシア的偽預言者や偽神学者に向けて発した）歯に衣を着せぬ

ここにグレイス・リー・ボッグス（仮名「リア・ストーン」）が三人目の創立メンバーとして加わった。

（10）マクスウェルの悪魔：スコットランドの理論物理学者J・C・マクスウェルが案出した思考実験。分子の働きを観察できる存在（＝悪魔）を想定すると、増え続けるはずのエントロピーが減る可能性が生じるというもの。

（11）*The Work/Energy Crisis and the Apocalypse*（*Midnight Notes* II. Vol. 1, 1980), 4, 24, 27.

（12）"Mormons in Space" in *Computer State Notes*（*Midnight Notes* 5, 1982), 7.

印象的な言葉を想起させる。マルクスも優れた論争力の資源を同じく亡命していた同胞のラディカルたちへの罵倒に浪費したが（『亡命者偉人伝』）、この鋭い批判の絵の具がヴィクトリア時代の資本主義とそのエピゴーネンたちを相手にさらに大きなカンバスに飛び散ると、辛辣な文体は彼の広大な批判的資質と見合う働きをした。これはMNにも当てはまるだろう。

その場しのぎのアマチュア風ガリ版地下出版物は非合法活動に従事しているような緊迫感あふれる魅力的なオーラを醸し出したが、一九八〇年代後半にMNの刊行スタイルは一変する。プロフェッショナルな印刷様式に移行した一九八八年第九号の表紙を飾ったのは、ナイジェリア人画家オラがヨルバ族神話に着想をえて描いた絵である。おおらかで透明な色調に変わったのは、誌面デザインと美感だけではない。その表題「賃金－メキシコ－リビアー－インド」が示すように、世界の隅々で発生する階級闘争の震動をたどる上で実証的裏づけを伴う求心的焦点になっているのは、賃金形態の規律的束縛である（一例をあげると、ハリー・クリーヴァー「地震の利用法」は文字通りの大地の震動のあとで貧民の自己活動が及ぼした社会的震動を記録している）。時まさに冷戦の黄昏、この時期にMNは、続く一九九〇年代にアフリカ、中近東、アジア、ラテンアメリカなど幾つもの大陸をわたって波打つことになる蜂起的階級構成の地理学を直感的に把握していた。右の第九号とそれに先行する第八号『無法者ノーツ』（一九八五年八月）――「労働の重層性」と労働価値説を理論的に考察し、一七九〇年のニューゲート刑務所「脱獄」運動の歴史を記述し、アントニオ・ネグリ『マルクスを超えるマルクス』をめぐる匿名の論争を展開した、アングラ雑誌特有のふざけて謎めいた「無法者」的スタイルは本号で最後となった――の間に経過した三年間は、ゆったりしたペースで年に一度雑誌を出していたMNにしても、長い空白期間である。第九号のあとは、MNの最も野心的な『新しい囲い込み《ニュー・エンクロージャーズ》』（一九九〇年秋）が出るまで二年待たねばならない。

九八頁に及ぶこの第一〇号『新しい囲い込み《ニュー・エンクロージャーズ》』は、MNの出版物中もっとも短いものと比べると三倍にも膨らみ、それまででもっとも厚い。第九号同様、寄稿者の実名が掲載され、惑星的規模に広がった表現力が隅々に見られる。その題名そのものがネオリベ体制の到来を明晰な概念で把握していることの証左だ――古典マルクス主義の語彙である「原産的蓄積」あるいは「本源的蓄積」をいきいきと蘇らせた「新しい囲い込み《ニュー・エンクロージャーズ》」という概念は二つのことを明らかにした。まず、伝統的共有地／慣習法や慣習権利／生産手段の収奪が現代資本主義においても不可欠であり、とどまるところを知らない生きた経験だということ。そして、世界規模の負債危機の抽象的外見の裏には「血と炎」の社会的現実がなおかつ存在し続けているということだ。その具体的な説明と、『無法者ノーツ』の「労働の重層性の法則を概念化する」抽象的な文章との間にみられる分析の距離は、『資本論』第一巻第一部で展開される労働価値説と第八部で明晰に要約される「オールド・エンクロージャー」／資本主義的テロの歴史的記述の間にある距離になぞらえることができる。

『新しい囲い込み《ニュー・エンクロージャーズ》』を締めくくるピーター・ラインボー「ジュビリーの実践(13)（Jubilating）、あるいは大西洋労働者階級が聖書の『ヨベルの年』を資本主義に抗うためにどのように用い、あるていどの成功を収めたか」は、それ以前MNがしばしば暗示しつつも、理論的語彙で抑制していた可能性を、歴史的記憶の燃え盛る殻のなかで一気に開花させた――すなわち、サバルタンの預言的想像力から湧き出る詩の力を素手でつかみ取り、それを戦闘的な研究／分析の圧力で解きほぐしたのだ。赤く（労働）緑で（アイリッシュ、エコロジー）黒い（アフリカ）大西洋社会史と聖書神学の実証的細部を掘り起こし、トマス・スペンス、デンマーク・ビージー、ロバート・ウェダバーン(14)といった革命的伝統の重要な担い手をこの論文はよみがえらせた。奴隷を解放し土地を再び共有するという聖書の一見古びた慣習をコモンズの伝統として救い出し、それが数世紀にわたり実践をともなう隠喩として移動し続けたことを証明した。この伝統を表現するにあたり、法、教会、または国際的権威として制度的に成文化された名詞「ジュビリー」ではなく、主体の生きたベクトルを示す動詞（jubilate）が使われていることは意味深い。

MNの全仕事においてもっとも象徴的なモーメントは、『労働／エネルギー危機と黙示《アポカリプス》』と「ジュビリーの実践」の両磁極に位置する。前者は黙示《アポカリプス》を否定する思想の音域で語られ、唯物的労働の現実を閉塞させる世俗的幻影をまぶしく切り裂き燃やした（そこで体現されているのはまさに「ヘーゲル法哲学批判序説」の初期マルクスを『資本論』の後期マルクスに接続する、イデオロギー的神秘性を剝ぎ取る批判精神だ）。他方、「ジュビリーの実践」から聞こえてくるのは、マルクスの（『共産党宣言』から『民俗学ノート にわたる）黙示的で土着的で多様な表現様式が躍動する革命的至福千年の預言を肯定する音調だ。資本主義的私有財産制と官僚的国家権力の抑圧的な遺産に対して、継承され続けてきた民衆文化の記録と実践がそこにはある――「階級構成」の言葉や自律マルクス主義理論の柔軟な用法さえも乗り超え、統治の言葉を解放の言葉へと転倒させるラディカルな社会的エネルギーの歴史的「ブーメラン」だ。それは、独自の系譜学的伝統を持つ人間の経験の光が培い、変容させた道徳と文化の反資本主義的「余剰の価値観」が、「剰余価値」の意味を根底から書き換え止揚する歴史的過程に他ならない。

『新しい囲い込み《ニュー・エンクロージャーズ》』の凝縮された白熱光が放たれたあと、一九九二年にオートノメディア社から出版された『ミッドナイト・オイル』は、創刊後一三年にわたるMNの仕事（彼らに先行する『ゼロワーク』誌

（13）　ジュビリー（Jubilee）：旧約聖書レビ記第二五章に記された「ヨベルの年」のこと。古代ヘブライ法に定められた五〇年に一度訪れる解放と回復の年で、全奴隷は解放され、あらゆる債務は帳消しとなり、すべての土地は所有を解除され共有地となるとされる。

（14）　トマス・スペンス（一七五〇～一八一四）：イギリスの革命家。地主・貴族階級の廃止、土地の民主的公有化、男女の普通選挙権、幼児の権利などを提唱した。デンマーク・ビージー（一七六七～一八二二）：アメリカのサウスカロライナ州チャールストンの大工にして黒人奴隷蜂起のリーダー。一八二二年七月二日、同市の奴隷蜂起の首謀者として処刑された。ロバート・ウェダバーン（一七六二～一八三五／三六）：奴隷制と階級的支配に反対したジャマイカ生まれの革命家。急進派キリスト教と革命的共和主義を融合し、スペンスの土地共有化計画と労働者の武装闘争を支持した。

の代表的な論考も含む）の総集編として、新しい始まりの兆しというよりは不本意な悲歌《エレジー》となった。このような過去の総括は、ふつう芸術的・政治的活動の終盤になされるものだが、不思議なことに『ミッドナイト・オイル』にはその組織としての歴史及び政治的系譜（様々なマルクス主義／急進主義的伝統の歴史におけるその位置、前身組織ゼロワーク内での分裂等）に関する説明が一切なく、自己批判的に状況を吟味するせっかくのチャンスを逃してしまう。じっさい、このあと二〇〇〇年代に入るまで、MNは逐次刊行物を出していない。死刑、戦争、グローバル化を鋭く分析した小冊子は幾つか出版し、そのなかでもグローバル化を扱った『ひとつのノー、たくさんのイエス』（一九九八年）は「シアトルの闘い」[15]における「複数の新しい社会性の展開」を一年先取りしたとりわけ先見性のあるテキストだ。この時期のMNにとって政治／理論的エネルギーの本質的資源となったのはメキシコ・チアパスのサパティスタ闘争である。サパティスタが投げた蜂起の「ブーメラン」が世界中に及ぼした影響を、第一三号『サパティスタのオーロラ――第四次世界大戦におけるローカルでグローバルな闘争』（二〇〇一年）は豊かで印象的な多元性をもった形で叙述している。古代ローマ人から北米先住民クリー族にわたる神話的記憶としてオーロラがどれだけ象徴的に含蓄に富んだイメージであるとしても、それが同時に含意しているのはまだ唯物的に顕現していない非物質性である。つまり、『サパティスタのオーロラ』もある種の悲歌《エレジー》なのだ。MN自身のためではなく、一九九〇年代半ばから二〇〇一年にかけてMNが心血を注いだ、「反グローバリゼーション」という否定的名称で知られる、多音的に胚胎されていた運動のための悲歌《エレジー》。じっさい、本書の最後から二つ目と三つ目の記事はMNの同伴者たち、カリブの研究者／活動家ロドリック・サートンと移民労働者活動家フェルナンド・ロペス・イスンザに捧げられた文字通りの悲歌《エレジー》である。世界中に行きわたるサパティスタのオーロラを追い散らしたとまではいかなくても、見えにくくしたのは、アメリカが率いる中近東における「戦争資本主義」とその国内での必然的帰結である国家安全保障装置の拡大（人身保護法の解除、テロ容疑者の誘拐及び他国への引き渡し《レンディション》、拷問）とネオリベ化（自動車産業の壊滅、新たな不安定労働階級プレカリアートの急増、歴史的金融危機）だ。

かたや、同時代の多様に物象化された学術的マルクス主義の陣営にとっては、「プロレタリア」という語のもっとも具体的な指示対象はテキスト内の記号でしかなかった。そうした不毛な知的後退に比べると、MNはその三〇年の活動期間のあいだ、はるかに地に足のついた、内実ある痕跡を残したことは疑いない。見せかけの対立と、冷戦の産物である旧いセクト主義の袋小路を乗り越えた場所にMNはそびえ立っていた――MNが闘争の地下で行った分析＝採掘作業の頭上に第三・第四インターの亡霊は飛び交っていなかった。

（15）　一九九九年一一月三〇日～一二月三日、シアトルで開催されたWTO（世界貿易機関）閣僚会議が大規模な抗議運動によって合意を阻まれた。この闘いは以後世界各地で展開する反グローバリゼーション運動の原点の一つとみなされている。

った。彼らの出発点と帰着点は常に労働階級の自己活動だ。「労働の拒否」その他自律的階級闘争の語彙へのこだわり（“class struggle über alles”「なによりも階級闘争」）はしばしば教条的になりかねなかったが、ＭＮは自らがコミットしている階級の形成を読み解き、その階級が敵対関係を強いられている階級及びその階級自身を超克する方向に促すことで、彼らへの恩義——いかに有力な急進的政治集団であろうと忘れてはならない恩義——にできるだけ報いてきた。当初ＭＮに見いだした魅力に、今日もっとも大きなアンビヴァレンスをわたしは感じる——その組織的起源の不透明性、資本主義と階級闘争の全体は分析を通じて制覇しうるという概念的幻想、視界からはほぼ隠されているが辛辣な批判の行間にときどき頭をもたげるセクト的アキレス腱の痙攣などの諸要素が絡み合い扇動する彼らの革命的／理論的神話《ミトス》といったものに。

　コレクティヴを運営することは簡単ではない。わたしたちが生き延びてきた資本主義的危機とプロレタリアの敗北の長い冬を通して、核分裂のように政治分裂が絶え間なく起こり、急進左翼の寿命が宿命的に短い環境ではとりわけそうだ。そのなかで三〇年も活動を持続してきたことは「奇跡的」でさえある。資本主義の終焉の可能性を暗示した革命的熱気はつかの間だったとしても、それが存在したことには変わりがない。ＭＮはその可能性の一部を解読した。孤立無援の時期にそれを企てたことは賛美に値する。ＭＮの歴史と重なる第二次冷戦期に始まりネオリベ金融危機にいたる歴史が終わろうとしている現在、彼らを模倣する意味はあまりないが、彼らに張り合う価値はある。現在進行中の闘争から新しい言葉や新しい詩と預言のエネルギーをわたしたちは探し当てて織り上げねばならない。二〇周年を迎えたＭＮのために、封建時代のスローガンを少しだけ修正して捧げたい誘惑にかられる――「ミッドナイト・ノーツは死んだ、ミッドナイト・ノーツ万歳！」

ミッドナイト・ノーツの刊行物

第 1 号（1979）『奇妙な勝利』Midnight Notes Vol. 1, #1, Strange Victories

第 2 号（1979）『ノー・フューチャー・ノーツ——労働／エネルギー危機と反核運動』Midnight Notes Vol. 1, #2, No Future Notes: the Work/Energy Crisis & The Anti-Nuclear Movement

第 3 号（1980）『労働／エネルギー危機と黙示』Midnight Notes II. Vol. 1, The Work/Energy Crisis and the Apocalypse

第 4 号（1981）『宇宙ノーツ』Midnight Notes 4, Space Notes

第 5 号（1982）『コンピューター国家ノーツ』Midnight Notes 5, Computer State Notes

第 6 号（1983）『死後ノーツ』Midnight Notes 6, Postumous Notes

第 7 号（1984）『レミング・ノーツ』Midnight Notes 7, Lemming Notes

第 8 号（1985）『無法者ノーツ』Midnight Notes 8, Outlaw Notes

第 9 号（1988）『賃金－メキシコ－リビア－インド』Midnight Notes 9, Wages-Mexico-Libya-India

第 10 号（1990）『新しい囲い込み』Midnight Notes 10, The New Enclosures

第 11 号（1992）『ミッドナイト・オイル——労働，エネルギー，戦争 1973～1992 年』Midnight Notes 11, Midnight Oil: Work, Energy, War 1973-1992（発行：オートノメディア）

第 12 号（1998）『ひとつのノー，たくさんのイエス』Midnight Notes 12, One No, Many Yeses

第 13 号（2001,「ミッドナイト・ノーツ・コレクティヴ」名義）『サパティスタのオーロラ——第四次世界大戦におけるローカルでグローバルな闘争』Midnight Notes 13, Auroras of the Zapatistas: Local and Global Struggles in the Fourth World War（発行：オートノメディア）

別冊（2009,「ミッドナイト・ノーツ・コレクティヴとその友人たち」名義）『約束の手紙——危機からコモンズへ』PROMISSORY NOTES: From Crises to Commons（邦訳：『金融恐慌からコモンズへ』高祖岩三郎他訳，以文社，2009）

左から:第 2，9，10，11 号表紙
（www.midnightnotes.org/mnpublic.html）

2 『奇妙な勝利』から、『破局《カタストローフ》』の永久革命まで

ミッドナイト・ノーツ・コレクティヴの一九七九年原発批判と新しい階級闘争

一九七九年の慣らし運転《シェイクダウン》、イケてる奴らはいつも時間がない
通りの真上を走る送電線の上で
君と僕は会うべきだ
コフキコガネが石みたいに跳ねてる
ヘッドライトは夜明けを指してる
終わりなんて絶対に来ないと思ってた〔…〕
この憂鬱《ブルース》は動き回りすぎたせい、だけど振り落とす気にもならない〔…〕

罪の意識にまみれた土地に、セメントが注がれる
僕らは惹かれ、嘆き、安心する

眼下の光と街に向かって
音よりも速く

僕らが予想したよりも速く、希望の音の下へ〔…〕
そして、僕たちは知らない
僕たちの骨がどこで安らぐのかさえ
たぶん、塵になり
忘れ去られ、土のなかに吸収されるのだろう
音にせきたてられて通りが加熱する
見ての通り、あたりには誰もいない

——スマッシング・パンプキンズ「一九七九」

『鏡の国のアリス』と核エネルギーをめぐる絶対的階級闘争の論理

月と太陽の両方が空に見えるころ、セイウチと大工が海辺を散歩している。この砂を全部掃き清められたら、どんなにすてきだろう。だがその重労働を想像し、二人は泣きじゃくる。すると、波間に牡蠣の群れが見えた。セイウチが呼びかける。浜辺へ出て来いよ。一緒に散歩しよう。古《いにしえ》の囲い込み《エンクロージャー》の歴史をおそらく記憶している牡蠣の長老は重々しく首を横に振り、海中の共有地にとどまる。ところが、ほかの牡蠣たちはぞろぞろとセイウチと大工の後ろについていく。大工とセイウチは牡蠣たちを急かしながら、彼ら

の手をぎゅっと握り続ける。一時間ほど歩いた後、岩の上で一休み。小さな牡蠣の群れに向かって

「時間だ」とセイウチは言う
「いろんなことを話す時間――
靴や、船や、封蠟について
キャベツと王様について
そしてなぜ海は熱く煮えたぎっているのか
豚には翼があるのかどうかについて[1]」

それから二人は、牡蠣たちをパクリパクリと口に入れる。「パンをもうひときれ切ってくれ」「バターをぬりすぎた」とぶっきらぼうに言う大工。かわいそうにと涙ぐみながら、大工よりも大量の牡蠣を平らげるセイウチ。

パリ・コミューンの年（一八七一年）に出版された『鏡の国のアリス』で、瓜二つの兄弟トウィードル

（1） Lewis Carroll, "The Walrus and the Carpenter": http://www.jabberwocky.com/carroll/walrus.html

ダムとトウィードルディーがアリスに向かって暗唱する詩だ。北アメリカの自律マルキスト集団、ミッドナイト・ノーツ・コレクティヴ（以下MN、一一頁注1参照）の雑誌創刊号『奇妙な勝利――アメリカとヨーロッパにおける反核運動』（一九七九年）は、この詩の冒頭のスタンザで始まり、最終のスタンザで締めくくられる。

【第一スタンザ】

太陽は海に照りつけていた
全力で輝いていた――
太陽はできるだけのことをして
大波が滑らかにうねり、輝くよう努めた――
奇妙なことだ、なぜなら時は
真夜中だったから

【最終スタンザ】

「ああ、牡蠣たちよ」大工は言った

「楽しく走ることができたよね！
そろそろ家にとぼとぼ戻ろうか？」
しかし答えは返ってこない――
そしてこれは少しも奇妙ではない、なぜなら
牡蠣は一人残らず食われてしまったのだから(2)

スリーマイル島原子力発電所事故が起こった一九七九年という資本主義的危機の「真夜中《ミッドナイト》」に、MNは『奇妙な勝利』（事故直後の四月二六日刊）とその続編『ノー・フューチャー・ノーツ――労働／エネルギー危機と反核運動』（八月二八日刊）を発表した。階級構成理論の視点から欧米各地の反核運動を比較し、従来のケインズ的社会民主主義／福祉資本主義の危機（ドル危機、スタグフレーション、オイルショック）に際し一九七〇年代に世界資本主義が繰り広げていた新たな戦略を解読した。原発問題やガソリン価格上昇を個別な現象として取り扱うのではなく、資本主義と階級闘争の戦略的現実の不可分な有機的一環として分析するところに、MNの独創性があった。

(2) *Ibid.*

原発開発は単に枯渇に瀕する資源を補う経済手段ではない。変動して止まない石油・炭坑プロレタリアートという「可変資本」から逃れようとする資本の「有機的構成」の、高密度のエネルギー産業への鞍替えである。石油価格の値上げは単に市場の需給関係の結果ではない。労働者階級の実質賃金をじかに攻撃する経済制裁だ。一九五〇〜六〇年代の炭坑・石油労働者の代役として登場した「核労働者」は、「新しい階級構成の標準になるはずだった——規律、責任、政治的信頼性のモデル」を体現して。しかし、技術的未熟性と周期性の過剰な欠陥（当時の計算によると、原発が建設されてから投資効率が投資額と同額に達するまで約三〇年かかることが予測された）を抱える核産業は、資本主義の利潤率にそって機能しえない。「核資本」のこの内的矛盾を克服する手段として取られた石油価格の人為的上昇は、核産業を競争に耐えうる市場に変え投資の対象にすることには成功したのだが、一九七〇年代に広がった階級闘争の循環のなかでその経済効果はあまり期待できなかった。歴史的大前提としてあるのは、オートメーションを通じて搾取の割合が増大する産業労働と、その効率化／搾取の代価として国家に認可された組合活動・賃金上昇／福祉を母体とするケインズ主義を危機にさらした一連の階級闘争だ。ベトナム戦争のような反植民地闘争、学業や家事・育児といった「労働力の再生産」を拒否する学生とフェミニストの運動、自動車工場にブラックパワーの理念を持ち込み、賃金と効率性の因果関係に楔を入れた「デトロイト革命的組合運動（Detroit Revolutionary Union Movement）」、ゲットーや牢獄を席巻した暴動の総和的階級闘争は、戦後ケインズ主義の根幹を揺さぶった。

経済学はまるで資本が自律的に発展したかのような商品の物神性を前提にしている。そうした物神性を創造的に破壊する方法論を用いるMNの独特な分析スタイルは、多様に構成された労働者階級の自律運動をベクトルに一九七九年の危機を読み解いた。

ヨーロッパ反核運動は戦闘的な産業労働者からエコファシスト右派まで多岐にわたる勢力から構成されている。その反面、アメリカ反核運動の母体は「労働の拒否」を実践した白人知識労働者が担ってきた。後者の階級構成は「非暴力」や「合意プロセス」を特権化する運動の作風にあらわれ（それは直接行動を抑圧する手段としても使われる）、そのような特権的イデオロギーを身体化する教育を受ける時間も経済的余力もない都市労働者を予め排除する。それにもかかわらず、「このシニカルで不安定で幻滅した知的プロレタリアートの出現とともに、核産業のような資本集約型産業の未来は危険にさらされる」(3)。その格好の例がNRC（アメリカ合衆国原子力規制委員会）から抜け出た委員や科学者といった核産業からの「脱営者」であり、職場の規律を無視し（内部告発をしようとして暗殺されたカレン・シルクウッドのように）、原発の危険性を証明する機密情報を暴露する「核労働者」である。スリーマイル島でも「労働の

（3） Midnight Notes Collective, *Strange Victories: The Anti-Nuclear Movement in the U. S. and Europe* (*Midnight Notes* Vol. 1, No. 1, 1979), 23.

拒否」を彼らは行使した。

核による統治のリハーサルであったスリーマイル島の事故においてさえ、統治は強化されるどころか腐朽の徴候があらわれている。数千人にのぼる労働者はこの状況を利用し、出勤しなかった。そして世論調査によると、州及び原発企業役員に対する信頼度はたったの一六%だ。帰るなと命じられた労働者は帰ってしまい、出勤しろと命じられた労働者はほとんど出勤してこない[4]。

同年、堀江邦夫が描写した日本の「原発ジプシー」の労働状況とは雲泥の差だ。一九七八~七九年に福島第一原子力発電所で働いた堀江は、ある日マンホールに落ち肋骨を折る。東京電力の社員に絶対にさとられるな、隙をみて密かに病院に行け、と作業責任者《ボーシン》は無茶を言う。労働者が現場で事故にあいケガをすると、救急車を呼ばず会社の車で病院に運ばれる。そして、労働基準監督署の立ち入り調査を防ぐために、労災を申請しないよう負傷者を説得する。こうした重層的隠蔽体質を持つ職場で働く原発労働者の多くが、大阪西成区の日雇い労働者のプールから下請業者の親方にスカウトされ福島などの原発に送り込まれる。親方が日給からピンハネするのは日常茶飯事で、労働者一〇〇人お抱えの年収数億単位の親方もいた。そして、日本人労働者の一〇倍もの放射能を浴びることもある、さらに危険な作業を外国人下請労働者は強いられる。[5] MNの公式そのものだ――「彼らの労働は身体に放射能を浴びることである。この産業において労働はそのもっとも純粋な形を取る――つまり身体の労力ではなく、身体の破壊だ」。[6]

福島原発が地域に及ぼす影響を調べた鎌田慧は、一九七九年の「警察の記録の任意の箇所」及び七一〜七九年にわたる「双葉地方原発反対同盟の調査」をひもとき、「交通事故や暴行傷害、泥酔保護など」が「激増」し、「ガン、リンパ腺腫瘍、心臓マヒなどで死亡した原発内労働者は二九名に達し、その後も被曝労働者の死亡はふえている」と報告している。しかし、こうした労災情報は明るみに出てこない。「原発下請労働者が被曝の疑いによるガンや白血病で死亡しても、遺族たちが風評をおもんぱかって隠す傾向にある」からだ。[7] これは日本原発産業だけの特性ではなく、核資本産業全体に当てはまる。長年核産業を監視し続けてきたジャーナリストのステファニー・クックによると、「情報の流れがあまりにも慎重に管理

(4) *Op. cit.*, 24.
(5) 堀江邦夫『原発ジプシー』(講談社文庫、一九八四年)一四九―二六八頁。
(6) *No Future Notes* (*Midnight Notes* Vol. 1, No. 2, 1979), 36.
(7) 鎌田慧『新版 日本の原発地帯』(岩波書店、一九九六年)九九―一〇一頁。事前に行き先も仕事の内容も知らされず、原発に連れて行かれ、挙げ句の果て白血病や喘息を患い、切り捨て御免の目にあう野宿者・寄せ場労働者の一例として、一九九三年に東海発電所で働き同僚を亡くした「松本さん」の証言も参照。「野宿労働者の原発被曝労働の実態」、『山谷ブログ』: http://san-ya.at.webry.info/201103/article_10.html

されているせいで、次の大事故が起こる可能性を見極める指標を大衆が手にする手立てはほとんどない」。「IAEA（国際原子力機関）は事故の過酷度を一から七までの数字でランク付けするのだが――チェルノブイリは七、スリーマイル島は五だった――、ランク付けされたすべての事故は六ヶ月経つとそのサイトから削除される」といったように、徹底した情報管理が行われている(8)。日本では世間体を気にする「恥の構造」がイデオロギー的にあいまって、批判の自己検閲につながり、少しでも国家／資本への従属から逸脱する者は「不謹慎」（あるいは「放射脳」）と反射的に非難され、「自粛」ムードが醸成される。

二〇一一年三月の福島第一原発事故直後は、こうした「自粛」／隠蔽の抑圧を打破しようとする健全な挑発やコメントはネット掲示板やSNSの一部、「脱原子力ゼネラルストライキ委員会」のアピールやブログ『大学生詩を撒く』などに多少見られるのみで、大衆の叛乱にいたるにはほど遠かった(9)。しかも、原子力安全委員会（現原子力規制委員会）や政府は大衆の忍耐につけ込み、被曝限度量を年間一ミリシーベルトから二〇ミリシーベルトに引き上げ、福島の学校を四月から再開し、空間放射線量が高い区域の避難指示や居住制限を解除していった。このような政府の無責任な被曝推進政策に対し、フェイスブックやツイッターを通じた呼びかけで東京・高円寺に集まった約一万五〇〇〇人の四月一〇日反原発デモは重要な転機をつくったかもしれない。だが、事故後八年を経て、反原発運動は退潮し、放射線やデモや民主主義をめぐる白熱した議論は途絶え、原発災害とそれを逆手に取った資本主義的抑圧装置の存在そのものが認識のなかで風化しつつある。

こうした状況でMNの分析を顧みる意義は何か。「復興」の名目で推し進められている新自由主義的資本主義体制の再建だけではなく、それと競合／雁行する動き――社民的要素を含む勢力や、原発に代わる代替エネルギーを産業として打ち立て被災者と被災地を新たな企業投資の対象とする「人間の顔をした資本主義」を根源的階級闘争の原理で徹底的に解明し、資本に回収されない生活と運動の戦略を練るための示唆を得ることだ。火事場のドサクサに紛れてセイウチと大工がわたしたち牡蠣に向かってデタラメを吹き込み、わたしたちを平らげようと躍起になっている。この急場に及んで野党と自民党のどちらがましなのか、「復興」の担い手にふさわしいのは行政・企業・NGO・自衛隊いずれか、あるいはそれらをどう組み合わせるのが最適か、といった偽の選択肢はみな、限りなく不毛である。

階級闘争版『「反核」異論』としてのミッドナイト・ノーツ

太陽光発電や風力発電といった代替エネルギーを提唱したジャーナリストのハーヴェイ・ワッサーマン

(8) Stephanie Cooke, *In Mortal Hands: A Cautionary History of the Nuclear Age* (Bloomsbury, 2009), 391.
(9) 脱原子力ゼネラルストライキ委員会「すべての働く者たちへ――脱原子力ゼネラルストライキを」：http://translationcollective.files.wordpress.com/2011/03/de-nuke-gs-j.pdf;『大学生詩を撒く』：http://daigakuseishiwomaku.blogspot.com/

の議論や、生態的持続性のある小規模なテクノロジーの必要性を説いた環境経済学者E・F・シューマッハー『スモール　イズ　ビューティフル』の限界を三〇年以上前にMNはすでに指摘し、彼らが原発という資本集約型産業から代替エネルギー／小規模有機栽培農業等による労働集約型産業への移行を促しているにすぎないと述べていた。反核運動から派生した新しい労働集約型エコ／代替エネルギー開発を、資本はフォーディズム型産業開発の行き詰まりを打開するのに役立てようとした。原発を廃止しても、反核運動が推進する「代替エネルギー」の論理はそのまま資本蓄積の改善に直結する恐れがある。大工だろうがセイウチだろうが牡蠣を平らげる、つまり労働力を何らかの形で吸い取ることに変わりはない。労働者階級の一部でしかない「知識労働者《ナレッジワーカー》」のエートスと利益を「人類」の問題にまで拡大する反核運動の限界は、ありとあらゆる巧妙な手で労働を新たに押しつけてくる資本の本質と階級全体がどのようにつながっているのかを追求しないことにある。

これは、大きなうねりを形成した一九八〇年代反核運動に対する「自律」的批判の根拠になった。当時、イギリス新左翼思想家／社会史家E・P・トムスンは、ヨーロッパ反核運動の指導者として頭角をあらわし、第二次冷戦下で加速化する核競争を説明する「根絶主義」（exterminism）という概念を提唱した。[10]「根絶主義」理論によると、互いに増長し合うアメリカとソ連の核兵器生産を左右しているのは軍事産業の技術的自主性である。よって、核兵器の脅威は、階級闘争や通常の政治的選択が介在しない、人類の根幹的生存問題として設定される。MNは、この理論には『イングランド労働者階級の形成』でトムスン自身が鮮やかに浮き彫りにした労働者階級の主体性がことごとく欠如していると容赦なく批判した。

資本が産業プロレタリアートを形成するなかで、労働者の勢力は財産を管理する雇用者階級によって抑圧され搾取されていることを自覚し、決意に満ちた抵抗を行った。そのことについてもっとも多くのことを教えてくれた左翼の書き手はおそらくトムスンだ。

だからその彼が、二〇世紀の資本主義のもっとも重要な体制機構の一つである核戦争産業において、その膨大な経済的基盤と戦争政策が剰余価値の収奪と蓄積の組織化に果たしている役割を全く無視していることにわたしたちは驚く。〔…〕

トムスンの途方もない間違いがもっとも明白になるのは、「根絶主義はそれ自身に対する敵対者を作り出さない、ただ自らと対決するのだ」と主張するときだ。彼は言う、根絶主義は犠牲者から搾取はしない、自らと同等の存在（つまりソビエト圏の根絶主義的社会システム）と対決するのだ、と。トムスンは明快だ――戦争の根絶主義的社会システムは階級的抑圧の手段でも階級闘争の要因でもな

(10) E. P. Thompson, "Notes on Exterminism, the Last Stage of Civilization", New Left Review ed., *Exterminism and Cold War* (Verso, 1982), 1–33.

いと主張しているのだ――「世界中で階級闘争は多様な形で続いている。しかし、根絶主義自体は『階級問題』ではない――それは人間の問題である」。そして核戦争に反対する運動は、支配者に対抗する労働者階級の抵抗活動ではなく、「文明の防衛であり、生態圏そのもの、人間の生態的義務の防衛である(11)」。

数年後、MNの批判の矛先はアメリカ左翼・進歩派に向けられる。「民主党左派、DSA〔アメリカ民主社会主義者〕、NOW〔全米女性連盟〕(そして左派女性グループ)、新左翼思想誌(ソーシャリスト・レビュー、URPE、テロス等)、反核兵器・核エネルギー団体(憂慮する科学者同盟、核凍結キャンペーン等)、黒人運動〔ジェシー・〕ジャクソンのキャンペーンや選挙一般に現在動員されている)、そして多くのレーニン主義型組織でさえ」、現状において想像できる政治的ヴィジョンは社会民主的ニューディール以上のものではなく、最悪の場合彼らは「社会主義的警察」という抑圧的役割を担うことになるとして手厳しく攻撃した(12)。

こうした批判的言説は、当時の日本で吉本隆明が展開していた「『反核』異論」と呼応する部分がある。一九八〇年代初頭、中野孝次ら日本のリベラル・左派文筆家たちが出した反核声明はアメリカの核兵器を主な対象とし、ソ連については無批判ですますという片手落ちなものだと吉本は批判した。これら「進歩的文化人」（吉本はとくに中野、大江健三郎、山本啓を指弾している）は、科学的根拠もないのに「破局《カタストローフ》」を煽り、それに少しでも異議を唱えようものなら核推進派として袋だたきにする。そのような閉鎖的な政治的言説を吉本は「ソフトスターリニズム」と名づけた。それとは対照的に、労働者・知識人によるポーランド連帯運動を社会主義の構想を刷新する「社会主義のあるべきモデル化」を試みた政治的事件として高く評価した。(13)

MNの主筆、貨幣の哲学者ジョージ・カフェンティスも、石油資源枯渇をめぐる「破局論者」を徹底的に批判している。そのような「黙示」的危機感を煽ることで想定される架空の「非常時」は、錯綜する労働者階級の自己活動を押しつぶす隠れ蓑でしかないと彼は主張する。トムスンの「根絶主義」理論には、第三世界における帝国主義の「反革命」という「現存する根絶主義」への認識が欠如している——社会学者マイク・デイヴィスは、トムスンも寄稿した論集でそう批判したが(14)、デイヴィス自身、黙示的終末論に根ざした思考にしばしば陥ることがある。

（11） "Elegy for E. P. Thompson", *Postumous Notes* (*Midnight Notes* 6, 1983), 13, 15.
（12） "The Left Today", *Lemming Notes* (*Midnight Notes* 7, 1984), 6–7.
（13） 吉本隆明『「反核」異論』（深夜叢書社、一九八三年）。
（14） Mike Davis, "Nuclear Imperialism and Extended Deterrence", *Exterminism and Cold War*, 35–64.

ロサンゼルスのもっとも独特な特徴は、単に地震、山火事、洪水が一斉に起こることではない。自然災害と社会的矛盾がユニークな形で重なり合い爆発寸前の状態にあることだ。堕落した天国と呼ばれるマイアミでさえ、大火事の危険をはらむロサンゼルスの比ではない。

だが、わたしはここでハルマゲドンを呼び起こそうとしているのではない。ラプチャー〔世界の終末に全クリスチャンは天に引き上げられ、キリストに会うという信仰〕を待ち望む福音主義者、あるいは狩猟・採集人がまばらに散住していることがガイア〔単一生命としての地球〕にとって最善だという深層生態学者《ディープエコロジスト》がどれだけひとりよがりな考え方をしようとも、ロサンゼルスのような巨大都市が陥没し消滅することは決してない。むしろ（いずれ、数百万人のより裕福な居住者とともに、最先端《ハイテク》／観光経済がより安全な場所へ移動するあいだ）さらに破壊的な一連の様々な災害が今以上に頻繁に発生し、もっと多くの死者を出し、苦悩を深めたロサンゼルスはよろめき続けるだろう。南カリフォルニアの黄金時代をはるかに凌ぐストレンジアトラクター〔フラクタル構造でできた複雑な集合〕のカオス的新世界によって不自然な災害と社会的崩壊が出現し、その「非線形共振」は、複雑系理論マニアをさぞかし驚かせることだろう[15]。

ロサンゼルスの都市型資本主義が直面する危機を生態的終末論の色調で彩りつつ議論する『恐怖のエコロジー』（未邦訳）からの抜粋である。東日本大震災と比べればごく規模の小さかった一九九四年ノースリッジ地震（前者の死者数約二万名に対し、後者はその〇・三％弱の五七名）にここまで過剰反応するさまには、何か異様な（大江健三郎が語る核時代における「人類破滅の可能性」に対して吉本が用いた言葉を使うなら、「病的な」）ものを感じるかもしれない。本書の正編とも呼べる『要塞都市ＬＡ』では、大都市の権力構造とその間隙に棲息する抵抗文化の系譜を、周到な社会学的見識に裏打ちされた小刻みでテンポのいい散文で素描したことを思い起こすと、なおさらだ。

ハルマゲドン的発想を提起してはいないと述べつつも、結局は科学用語を生態的滅亡にからめて誤用するこうした「ひとりよがりな考え」に対して、ＭＮは『労働／エネルギー危機と黙示《アポカリプス》』（一九八〇年）で適切な批判を加えている。「資本が新しい黙示《アポカリプス》を公表するたびに、その原因が『自然』や『爆弾』、または自律的で官僚主義的な『根絶主義』への衝動などではないことをわたしたちは理解しなければならない。資本に対抗する闘争が危機的規模に達しているとき、その闘争の逆立ちしたイメージが資本の黙示《アポカリプス》に他ならない〔…〕資本が挑発的に見せつけてくるミサイルや爆弾や原子力発電所といった『劇場の偶像』（フ

（15） Mike Davis, *Ecology of Fear: Los Angeles and the Imagination of Disaster* (Vintage, 1998), 54–55.

ランシス・ベーコンの言葉。異なった形を取ることでありのままの現実を見えにくくするものや現象や先入見を指す〕すべての根にあるのは、資本主義的蓄積に対する闘争、労働と搾取に支配された生き方に抗う闘争だ」。抽象的な「核の終末論」的脅威にポーランド連帯運動という具体的事例を対置した吉本同様、カフェンティスは「連帯」を引き合いに出して啖呵を切る。「ポーランドの労働者が示したように、ミサイルに立ち向かう唯一の方法は、肉汁がもっとしたたるソーセージをさらに多く要求することだ――『ストをする奴だけが肉を食う』」(16)。

「破局《カタストローフ》」のイデオロギー的役割は、このような階級闘争の本能を削ぎ、人に無力感を植えつけ、黙示的破滅を回避するための滅私奉公的労働を受忍させるようなムードをつくることだ。大本営における「一億玉砕」は戦争の「破局《カタストローフ》」を乗り切る口実に使われ、一九七〇年代の「企業戦士」／「モーレツ社員」は高度経済成長を促進するサラリーマンのプロトタイプになり、その後世界銀行／IMFの常套句となる「耐乏政策」はカフェンティスのいうエネルギー経済危機の「破局《カタストローフ》」を回避する対策として正当化された。三・一一の「破局《カタストローフ》」直後に連呼され始めた「不謹慎」「風評被害」「被災地差別」といった言辞とそれに関連する潜在的言論統制もまた、ネオリベ経済「復興」批判をかわすために用いられている。「劇場の偶像」の一環をなす北朝鮮脅威論にしてもそうだ。朝鮮戦争を通じて戦後の経済復興の重要な契機をつかんだ日本は、当時の占領国アメリカに足場にされ隣国の侵略と分断という戦争犯罪に加担した歴史的現実を不問に付し、北朝鮮による仮想攻撃のプロパガンダをばら撒き米国との軍事化を推進する。敵国による「破局《カタストローフ》」的脅威を振りかざすことで成り立っていた米ソ冷戦構造の「仮想の対立」も、両地域の労働者階級を国家に服従させ疎外労働を受容させる手段として歴史的に機能した。

『「反核」異論』における吉本の「自立思想」は少なくとも三重の意味の「自立」を主張している。米ソ権力の何れにも従属しない立場を保持し、政治的理性を麻痺させる「人類破滅」といった破局的言説を疑問視し、国家権力からの解放を求めるポーランド連帯運動の思想的意義を認識する自立性。破局《カタストローフ》的観点を貫くきらいがある「根絶主義」を除けば、イギリス新左翼において似通った役回りを演じたE・P・トムスンも同じように米ソ双方の核政策を平等に批判し、国家社会主義に対抗する東ヨーロッパ反体制知識人・反核運動家との連帯に労を惜しまなかった。しかし、重要な相違点がある。吉本の「自立思想」が知識人としての実存的視点（さらに細かく言うなら、下町プロレタリアートの庶民性を独自に普遍化した知識人の視点）から行われている一方、トムスンの視点は反核「運動」を拠点としていることだ。

MNの場合も拠点は「運動」であるが、それは組織化された運動を指すのではなく、いわば現存する「階級闘争の原像」の意味に近い。彼らにはヨーロッパ反核運動の組織者としてふるまうトムスンのよう

(16) *The Work/Energy Crisis and the Apocalypse* (*Midnight Notes* II. Vol. 1, November 1980), 28.

な「代表者」としての意識はなく、彼らのいう「運動」とは党派やイデオロギーとは無関係の無賃金・賃金労働者たちが、多くの場合不可視的かつ非公式的に行う「運動」のことだ〔囚人、移民、学生、家事労働者等をそれぞれ多種多様な労働者階級の一環として位置づけ、資本に対抗する戦略を現存する具体的な活動や闘争から練り上げる彼らの分析の仕方にそれぞれが顕著にあらわれている〕。「『核』兵器や『核』戦争の問題は、どれほど巨大な破壊力と放射能汚染をともなっても、〈政治の延長あるいはヴァリエーションとして〉の『戦争』の問題であり、その巨大な生産費と生産量の問題は、〈経済社会〉の生産機構の問題である」と主張する吉本の問題意識とMNの観点は重なる部分がある。しかし吉本は、「核エネルギイ〔原文ママ〕の問題は、石油、石炭からは次元のすすんだ物質エネルギーを、科学が解放したことを問題の本質とする」ので、「政治闘争はこの科学の物質解放を包括することはできない[17]」として、科学の非政治的自立性に固執する。だが、MNはこれとは真逆の立場を取る。なぜなら、石油・石炭から「核エネルギイ」への「科学の物質解放」は、科学者の純真無垢な合理的探究心の真空のなかで自発的に発生した技術的進歩ではなく、世界的水準の科学者を集めて「巨大な生産費と生産量」のインフラに投資する資本（＝「〈経済社会〉の生産機構」）の構造的枠組みによって成立するからだ。MNの分析によると、エネルギー形態の変化は労働力の支配をめぐる資本と労働階級の軋轢に由来し、「政治闘争」が徹頭徹尾「包括」する問題なのである。

『奇妙な勝利』と『ノー・フューチャー・ノーツ』が世に問われる前年の一九七八年、トムスンは画期的論考「一八世紀イギリスの社会——『階級』なき階級闘争？」のなかで、「階級闘争は『階級』に先行する概念であり、さらに普遍的な概念である」と述べている。[18] 大作『理論の貧困』では、歴史的主体性を否定するアルチュセールを批判し、その弟子としてミシェル・フーコーもトムスンは揶揄している。[19] フーコーはやはり一九七八年に吉本隆明に向かって次のように語っていた。「私が、マルクスを起点として論じたいことがらは、階級の社会学といった問題ではなく、闘争をめぐる戦略的方法にあるのです」[20]。アルチュセールにしても、アントニオ・ネグリをパリに招待し、その際ネグリはのちに『マルクスを超えるマルクス』の題名で書籍化される一連のゼミ（『経済学批判要綱』に立ち帰り、『資本論』の経済概念の呪縛から自由な労働者階級の革命的主体性に注目する「マルクスの読み直し」）を行っている。[21] ＭＮの前身ゼ

（17）『「反核」異論』四九、四七－四八頁。
（18）E. P. Thompson, "Eighteenth-Century English Society: Class Struggle without 'Class'?", *Social History* (Vol. III, No. 2, May 1978), 150.
（19）E. P. Thompson, *The Poverty of Theory* (Merlin Press, 1995).
（20）吉本隆明『世界認識の方法』（中央公論社、一九八四年）二七頁。
（21）Antonio Negri, *Marx Beyond Marx: Lessons on the Grundrisse*, trans. Harry Cleaver, Michael Ryan, and Maurizio Viano, ed. Jim Fleming (Autonomedia/Pluto Press, 1991). 邦訳：アントニオ・ネグリ／清水和巳・大町慎浩・小倉利丸・香内力訳『マルクスを超えるマルクス——『経済学批判要綱』研究』（作品社、二〇〇三年）。

ロワーク・コレクティヴのメンバーであり、MN誌に寄稿もしている経済学者ハリー・クリーヴァーも、この時期に『資本論』を階級闘争の攻略本として読み直す仕事（『資本論を政治的に読む』）に着手し、七九年にイタリアへ赴き、その序論をネグリに手渡している[22]。

一九六〇年代末、教鞭を執っていたチュニス大学で、マルクス主義を生身の実存的闘争の理論として受け止める学生たちに触発され、政治意識に再び目覚めたフーコーは、パリに戻りヴァンセンヌ実験大学で哲学教授となる。この大学にはアメリカの民衆史家ハワード・ジンが、一九七九年に客員教授として一年を過ごしている。ジンはパリに行く直前に市民的不服従をテーマにした本の執筆を引き受け、その後三〇年間アメリカで読み継がれることになるベストセラー『民衆のアメリカ史』を書いた。本書は一九七〇年代アメリカを都市囚人暴動、フェミニスト運動、先住民蜂起の三つの叛乱に特徴づけられた「驚愕」（surprises）の時期として描いている[23]。MNはこれら三つの闘争を「無賃金労働者」の階級闘争として位置づけた。党派・政党・国家権力の手先になりはてたマルクス主義的回路を全面的に切断し、「階級」以前の「階級闘争」の思想や歴史がこのようにして一九七八〜七九年に一挙に出現したのは、「黄昏時に飛び立つミネルヴァの梟」の顕著な例の一つだろう。

災害における「破局」という永久革命

二〇〇九年に三〇周年を迎えたMN及び「その友人たち」による『約束の手紙――危機からコモンズへ（*Promissory Notes: From Crises to Commons*）』の日本語版に寄せた序文の冒頭で、MNは自らの思想的出自を次のように要約している。

私たちの著作物が提起する理論的、歴史的なものの見方は、家事労働に賃金を要求するフェミニズム運動、合衆国の「労働主義（workerism）」運動、あるいはそれに先立つイタリアの運動、また国際的そして合衆国国内の反植民地／ブラックパワー運動、「下からの歴史」、そして私たちのうちの多くが参加した合衆国の「ニューレフト」運動といった、（しばしば論争含みの）政治的伝統の複合体から得られたものだ。(24)

（22） Harry Cleaver, *Reading Capital Politically* (Anti/Theses and AK Press, 2000), 13: https://webspace.utexas.edu/hcleaver/www/357k/357krcp.html

（23） ハワード・ジン／猿谷要監修、富田虎男・平野孝・油井大三郎訳『民衆のアメリカ史』下（明石書店、二〇〇五年）二六五―二三五頁。

（24） ミッドナイト・ノーツ・コレクティヴとその友人たち／高祖岩三郎・木下ちがや・酒井隆史訳『金融恐慌からコモンズへ――資本主義の現在的批判のために』（以文社、二〇〇九年）五頁。

ここで言われている「下からの歴史」は、E・P・トムスンやクリストファー・ヒルを始めとするイギリス・マルクス主義史家、奴隷の叛乱を奴隷の「自己活動」の視点から綴ったC・L・R・ジェームズやジョージ・ローウィックなどの仕事を指している。MNのメンバーでこの伝統を直接継承しているのはトムスンの直弟子、ピーター・ラインボーである。ラインボーと大西洋史家マルカス・レディカーの共著『多頭のヒドラ』は、「財を失った平民、流罪にあった犯罪人、年季奉公の召使い、宗教的異端者、海賊、都市労働者、兵士、船乗り、アフリカ人奴隷など――世界中から来た民衆が勢揃いした」一七～八世紀大西洋を描いている。そしてこの「集合こそが、権力にとって最も『恐るべき脅威』であった」と、『金融恐慌からコモンズへ』の共訳者高祖岩三郎は自著のなかで『多頭のヒドラ』を概括し、「興味深い歴史書」だと評している。(25) MN的に言えば、『多頭のヒドラ』は労働者階級の再構成(イギリス限定ではあるが、トムスンはそれを「形成《メイキング》」と呼ぶ)の物語である。「下からの歴史」の語り手たちの視座に立ち、「近代」の革命的起源がフランス革命、ハイチ革命、アメリカ革命を接続した大西洋労働者階級によって形成されたとするなら、三・一一とそれに先行するアラブ革命は「近代」を「脱構成」しうる歴史的大事件の端緒を開きつつあるのかもしれない。

エジプトやアジアはヨーロッパ中心主義の進歩史観から除け者にされ、歴史的「停滞」地域の烙印を「オリエンタリズム」の論理によって押されてきたことをエドワード・サイードは明らかにした(彼はおもに中近東を分析の対象にしたが、その理論的射程には「汎アジア」も含まれる)。このように「停滞」のレッテルを貼られたオリエントで二一世紀初頭に未曾有の革命と地震が発生したのだ。わたしたちはこの二つの現象を慎重に区別する必要がある。さもなければ、「オリエンタリズム」の罠に再び陥りかねない。サバルタン研究の長老ラナジット・グーハが警告しているように、

農民の反逆者を叛乱という実践《プラクシス》の意志と理性を構成する存在ではなく、経験的人間やある階級に属する構成員としてだけ扱うことに歴史学は満足してきた。確かに農民に関する多くのナラティヴのなかには、叛乱を自然現象に同化してしまうこうした歴史学の省略的記述が染み込んでいる——叛乱は激しい雷雨のように勃発し、地震のように隆起し、野火のように広がり、流行病のように感染する。こうも言える。いわゆる「土塊《つちくれ》」(clod of earth) が動くと、それは自然史を通して説明される事柄になるのだと。[26]

---

(25) 高祖岩三郎『ニューヨーク烈伝——闘う世界民衆の都市空間』(以文社、二〇〇六年) 三六一―三六二頁。なお二〇一〇年には、ミッドナイト・ノーツ三〇周年を記念した限定版パンフが「その友人たち」の一人によって編集されている。*Toward the Last Jubilee!: Midnight Notes at Thirty Years*, ed. Craig Hughes (Autonomedia and Perry Editions, 2010): http://www.scribd.com/doc/30756091/MN30-Final

(26) Ranajit Guha, "The Prose of Counter-Insurgency", Ranajit Guha and Gayatri Chakravorty Spivak, eds., *Selected Subaltern Studies*

しかし、自我（肉体／もの）を自然（霊魂／心）の領域から疎外し、「精神と肉体の間にヒエラルキーを設ける」デカルト的二元論は、「資本主義経済の成長に要請される労働規律の理論的前提を発展させた」と（MNと深く関わってきた）シルヴィア・フェデリーチは『キャリバンと魔女』のなかで述べている。(27) つまり、もとを正せば、グーハが言及した歴史学における社会的主体性と自然史の区別自体、人間や動物や植物を同次元に精霊として捉える先住民の「野生の思考」とそれが宿る土地や共同慣習を囲い込む近代資本主義の産物なのだ。サイードはオリエンタリズムの思考から脱却できなかった人物としてマルクスを挙げている。しかし、近代資本主義を「自然史の一部」として分析するのが『資本論』の目論みであるとその序文でマルクスは述べており、『資本論』が展開したイギリス産業資本主義の歴史的分析をロシアのような歴史や文化が異なる地域に無条件に応用することが間違いだと注意を促してもいる。(28)

このような二元論的近代思想や歴史観を覆す試みが、たとえば廣松渉のような哲学的土壌だけではなく、実践の場所で行われ始めている。歴史をひっくり返す革命《レヴォリユーション》概念や歴史段階論が、一八世紀末の地質学創成期と密接に結びついていることにラインボーは着目した。(29) この時期のデカルト的二元論による科学的囲い込み《エンクロージャー》の一例として、イギリスの地質学者ジェームズ・ハットンは『地球の理論』（一七八八年）で、地球を石炭や原油を直接抽出できる「熱力機械」だと定義した。イングランド南西部サマセットの炭鉱夫から地下の世界の知識を学んだウィリアム・「ストラタ（地層）」・スミスは化石を採取し、地層間の相違が時代的区分（段階）の指標であると主張した。ハットンやスミスの空間論を通時的概念に組み直すと、この歴史段階論を崩し落とし変革するのが革命《レヴォリューション》、つまり「地震」だということになる。

ハットンとスミスが編み出した「上からの理論」とは視点が一八〇度異なる『廃墟、または帝国の革命についての省察』（一七九一年）を、フランス革命期の歴史家C・F・ヴォルネーはエジプト訪問中に構想した。『廃墟』の眼目はおもに理性からの宗教批判である。一九世紀初頭、トマス・ジェファーソンの手でアメリカで英訳が出版され、英語圏では独立心の強いイギリス職人が愛読したトマス・ペインに並ぶ

(Oxford University Press, 1998), 46.

（27）シルヴィア・フェデリーチ／小田原琳・後藤あゆみ訳『キャリバンと魔女――資本主義に抗する女性の身体』（以文社、二〇一七年）二三八頁。

（28）「経済的社会構成の発展を一つの自然史的過程と考える私の立場は、ほかのどの立場にもまして、個人を諸関係に責任あるものとすることはできない。というのは、彼が主観的にはどんなに諸関係を超越していようとも、社会的には個人はやはり諸関係の所産なのだからである」。大内兵衛・細川嘉六監訳、岡本次郎訳『マルクス＝エンゲルス全集』第二三巻第一分冊（大月書店、一九六五年）一〇－一一頁。Saul K. Padover, ed. and trans., *The Letters of Karl Marx* (Prentice-Hall, 1979), 321–322.

（29）Peter Linebaugh, "The Horizon of the Commons" (Special issue of *borderlands e-journal*, Vol. 11, No. 2, 2012, "Commons, Class Struggle and the World", eds., Manuel Yang and Jeffrey D. Howison): http://www.borderlands.net.au/vol11no2_2012/linebaugh_horizon.pdf

座右の書になり、マルクス以降は唯物史観の古典と目され、二〇世紀には汎アフリカ運動の教養の糧として広く読まれたテキストだ。ラインボーによると、「アフリカの文化はもっとも卑しい人びとの無知で蔑まれた文化であるどころか、数千年にわたる人類史の中でもっとも発達した文化であった」というのが『廃墟』の主要テーマの一つであり、それは当時広まっていた「人種差別による奴隷制度と共振しなかったし、歴史の段階に関する決定論にも嚙み合わなかった」。貴族階級出身のヴォルネーは、「マルクス主義的な意味でのコミュニストではなく――そして、もちろん、生活のためにコモンズの慣習を利用せねばならない平民でもなかった」が、「階級社会とそれに本来そなわっている圧政の廃止を提唱した」[30]。

ヴォルネーが唯物史観の着想を得た西アフリカの廃墟は二〇一一年二月のタハリール広場の革命に追い越され、ハットン/スミスの地質学は三・一一東日本大震災によって現実において書き直され始めている。これはメタファーの次元の話ではなく、歴史の直接性が生々しく圧倒的な力でわたしたちの意識を転倒し始めているしるしである。長崎に投下された原爆と福島原発の燃料になったプルトニウムが発見された一九四〇年を、イギリス・ラディカル・ヒストリーの「突破口」(breakthrough)の瞬間とE・P・トムスンは呼んだ[31]。当時一六歳のトムスンは二冊のパンフレットをリュックに忍ばせて第二次大戦に出征、イタリアの戦場に赴いている。一冊目は英国共産党が発行したクリストファー・ヒルの『一六四〇年のイギリス革命』、そして二冊目は三〇〇年前のイギリス清教徒革命において民衆の平等思想を率直な言葉で綴ったレヴェラーズの文書。同じころ、フランスとスペインの境界にあるピレネー山中で自殺するヴァルター・ベンヤミンは、「歴史の概念について」（「歴史哲学テーゼ」）のなかで歴史の「突破口」を壮大な寓話的思考力を発揮して断片的に理論化した。

歴史の天使はこのような様子であるに違いない。かれは顔を過去に向けている。ぼくらであれば事件の連鎖を眺めるところに、かれはただカタストローフのみを見る。そのカタストローフは、やすみなく廃墟の上に廃墟を積みかさねて、それをかれの鼻っさきへつきつけてくるのだ。たぶんかれはそこに滞留して、死者たちを目覚めさせ、破壊されたものを寄せあつめて組みたてたいのだろうが、しかし楽園から吹いてくる強風がかれの翼にはらまれるばかりか、その風のいきおいがはげしいので、かれはもう翼を閉じることができない。強風は天使を、かれが背中を向けている未来のほうへ、不可抗的に運んでゆく。その一方ではかれの眼前の廃墟の山が、天に届くばかりに高くなる。ぼくらが進歩と呼ぶものは、この強風なのだ。(32)

（30） Peter Linebaugh, *Red Round Globe Hot Burning: A Tale at the Crossroads of Commons and Closure, of Love and Terror, of Race and Class, of Kate and Ned Despard*（University of California Press, 2019）, 197.

（31） E. P. Thompson, "Agenda for Radical History", *Persons & Polemics: Historical Essays*（Merlin Press, 1994）, 360–361.

半世紀前、世界戦争とジェノサイドの黙示的破局《カタストローフ》を目前に、ベンヤミンとトムスンはともに「進歩」を原動力とする「近代史」を転覆する論理を模索していた。前進し続ける支配の歴史、それがふるう圧倒的暴力に踏みにじられてきた歴史の敗北者の屍と瓦礫のあいだを彼らはさまよい歩き、呪いと沈黙に打ち震えつつ、絶望と紙一重の「希望の原理」を、瞬間的にではあれ、つかみ取っていた。それは殺戮と滅亡を虚無的否定の契機とするのではなく、絶対的否定すれすれの場所から戦死と被災の地獄を歩み続ける「剝き出しの生」の主体性を見極めようとする姿勢だ。吉本隆明は「死の国」から帰還した世代であると埴谷雄高は記したことがあったが、戦後において持続力を有する思想や文学にはこの破局《カタストローフ》の生き地獄を通過したものが多い。

イギリスに渡り、ウォーリック大学でラインボーがトムスンから学んだ最初の「公式レッスン」は、「ここでわたしたちが『レーニン』と口にするとき、ジョンのことを指しているのだ！」というものだった。トムスンの諧謔には、ロシア・マルクス主義の元祖レーニンとリヴァプール出身の歌手ジョン・レノンの苗字を語呂合わせすることで、前者の権威を「自由の身のイングランド人」特有のスタイルで覆す意図が込められている。(33) ビートルズ解散後にソロとなったレノンは「労働者階級の英雄《ワーキング・クラス・ヒーロー》」（一九七〇年）で、「宗教とセックスとテレビでお前は薬漬けにされ／『ボクはすごく頭がいい、階級などなく自由だ』と思ってやがるが／オレが見る限りお前はただのくだらねぇ田舎者だ／労働者階級のヒーローになろうぜ」と歌い、階級意識を否定する社会的欺瞞を罵倒した。ビートルズ時代の六七年にレノンは、「オレはセイウチだ」（"I Am the Walrus"）という曲を作っていて、これは先に掲げたキャロルの「セイウチと大工」にインスパイアされた歌である。セイウチは資本家のたとえだから「オレはセイウチ」にしたのはまずかった、「オレは大工」にすればよかったとレノンはあとで述懐している。類い稀な文学的筆致と歴史的想像力で書かれたトムスンの『イングランド労働者階級の形成』は、本源的蓄積によって歴史の敗北者にされたイギリス職人（大工）の闘争を描写している。それを念頭におくと、レノンの大工に関するコメントには頷けるが、セイウチに対する見方は正しくない。牡蠣・貝類が主食ではないセイウチはチュクチ族やシベリアユピック族など北極先住民の生活や神話に不可欠な存在であり、この鰭脚類哺乳綱ネコ目の動物は一八〜一九世紀に肉と皮目当てに乱獲され虐殺された。つまり、セイウチを絶滅寸前にまで追いつめた資本家と当のセイウチを同一視することは、現実の転倒以外のなにものでもないのだ。

チュクチ族の神話によると、北極光《オーロラ》は血なまぐさい死に方をした者が行く世界で、その色彩豊かな光は

（32）野村修『ベンヤミンの生涯』（平凡社、一九九三年）一六頁。
（33）Peter Linebaugh, "From the Upper West Side to Wick Episcopi", *New Left Review* (Vol. I, No. 201, September-October 1993), 19.

死者の魂がセイウチの頭と戯れるさまをあらわす。消費資本主義の段階でわたしたちが辛うじて維持できた集合的想像力は、その批判的感性を『ゴジラ』における原爆実験に対する大戸島《おおどしま》コモンズの神の復讐や、アラン・ムーア『ウォッチメン』に登場するマンハッタン博士を介して発揮した。しかし、DCコミックスの（マンハッタン博士の原型である）アトムやマーベル・コミックスのハルクは言うまでもなく（戦後民主主義的ヒューマニズムの良質な部分を継承した『鉄腕アトム』もその系譜に属する）、現代の大衆文化に登場する怪物やスーパーヒーローにしても、多くは放射能によって絶大な威力を獲得することが物語の発端になっている。統計にすら現れない原発立地地域の住民や労働者の疾患と死をせせら笑うかのような本末転倒の構図を無意識にイメージ化していると言えば過言だろうか。少なくとも、善悪の彼岸を越えたゴジラの無差別な都市破壊は「死の国」からの声を、柳田國男の有名な言葉を借りるなら「平地人を戦慄せしめ」る神話の原形に近いイメージで表出している。かのオッペンハイマーでさえ、科学の最先端としての原爆開発に成功した自分をヒンドゥー教のヴィシュヌ神の化身クリシュナにたとえ、古代の集合的想像力にさかのぼることでようやく最先端大量破壊兵器の現実に見合う神話的メタファーを見いだしえた。

ミッドナイト・ノーツ・コレクティヴとそのメンバーの個別の仕事は、災害資本主義の内につねに現存する労働階級闘争に認識の拠点を置くよう促している。わたしたちの意識の地底に古代から綿々と流れる神話と慣習の遺伝子を、近代によって空文化あるいは転倒するメタファーとして消費するのではなく、メタファーの語源であるモノを運ぶ現実的力、つまり資本主義から予想不可能な未知の歴史的段階を築き上げそこに移行させるのが、革命的コモンズの力である。その力はどこから湧き出てくるのか、わたしたちはその創造にどのように挺身すればいいのか。(34)

三・一一が起こって間もなくして、テレビの某コメンテーターは「復興」は数百年単位で考えるべきだと発言していた。それだけの時間を費やすなら、「近代革命」など軽く吹っ飛ばすぐらいの永久革命を担う「多頭のヒドラ」の養育に専念する方がよかろう。わたしは反射的にそう思った。ともあれ、新しい階級闘争の歴史の転換期にわたしたちがさしかかっていることは間違いない。時は深夜を過ぎた。しかし、夜明けは近くない。

(34)　このような課題を英語と日本語両方で模索するのに必要不可欠な「言説的交流」の場として、高祖岩三郎と殿平有子が三・一一直後にネットで立ち上げたブログ"Japan-Fissures in the Planetary Apparatus"がある（http://jfissures.wordpress.com）。

3 カタストロフィを超える民衆
放射能計測運動を世界の民衆運動に接続する

聞き手：池上善彦／二〇一一年九月一〇日　東京・国立にて

放射能計測運動は階級闘争である

マニュエル・ヤンさんは、一九七九年のスリーマイル島原発事故に対するアメリカの反原発大衆運動のなかから生まれた「ミッドナイト・ノーツ・コレクティヴ」（以下ＭＮ）というマルクス主義系の理論＝アクティヴィズム集団の同伴者の一人として、大西洋・太平洋のラディカルヒストリーの研究者としてこれまで活動をしてこられました。ＭＮが二〇〇八年の金融危機に際して出したパンフレットは日本語にも訳されています（『金融恐慌からコモンズへ』以文社、二〇〇九年）。

そのヤンさんが、今年（二〇一一年）六月頭から約三ヶ月半のあいだ日本に滞在され、反原発デモなどに参加しながら、日本各地をまわられたそうですね。まずはこの間、日本に滞在してみてどんな感想を抱かれたでしょうか。

実は昨年（二〇一〇年）の一一月から今年の一月末の間にも日本に滞在し、そこで生まれた交流が今回の来日につながりました。その間に、中東でアラブ革命（「アラブの春」）が始まり、アメリカに帰国した

あと日本では三・一一が起こった。被災状況をニュース映像で見て、当初大きなショックを受け、また日本の友人と再会し現状をこの目で確かめたいという気持ちで、被災から三ヶ月後に再び来日したわけです。

この三ヶ月間、日本で過ごした印象を簡単に要約するのは無理ですが、表層的なイメージの視点からいうと、災害の映像のどれもこれも強烈で、頭が麻痺するようなものばかりだったので、日本に来てまず驚いたのは日常性が回復している光景でした。じっさいに日本の知人・友人たちと話をしてみると、それぞれが全く異なるレベルの危機意識のなかで生きていることが徐々に分かってくる。ある人は強烈な危機感を抱いて生活しており、別の人は以前の日常生活に回帰している。そういった人びとの意識の間にある「断層」を強く感じました。

それから、福島をはじめ破滅的な状態になっていない場所でも、社会環境や人間関係も含め何かが確実に狂っているということが見え始めました。

いまヤンさんがおっしゃったような分裂した状況が生じているのは、人類史上でもまれにみる大きな原発事故ゆえになのか、あるいは日本社会の特質のようなものなのか、われわれも内部にいるとよく見えないところがあります。

部外者として今回の事故と日本社会を見ると、この原発事故がちょうどエジプト蜂起からほどなくして起きたということの偶然性をどうしても考えてしまいます。「アラブの春」の中心点であるエジプトは、西欧中心主義的想像力が歴史的に停滞していると決めつけた、いわゆる「オリエンタリズム」の対象になった場所です。そしてやはりオリエントのなかにある日本において、その西欧中心主義的近代経済システムの技術的頂点である原発が崩壊しつつある。そういう場所から予想外な民衆蜂起の主体性が立ちあらわれてきた。伝統的日本のステレオタイプとして表象される「サムライ」／「ゲイシャ」のようないわば古典的オリエンタリズムは、高度経済成長を経て「エコノミックアニマル」というステレオタイプに塗りかえられましたが、原発災害は後者がつくった「消費社会」が崩壊しつつある兆しかもしれません。

原発自体は異常な装置です。それは剰余価値を生み出すエネルギーの源として機能します。つまり原発によって日常生活や生産手段に必要なエネルギーを供給・集約し、資本主義社会で人間に労働を強要するための装置として働いている。その装置に綻びがあらわれ、危機感がいたるところで露出してきた。英語で「被曝」と「露出・暴露」は同じ exposure という語で表されます。現在の日本では原発事故によって、システムを支えている根源的労働と被曝を含むその強烈な搾取と恐怖が暴き出されている。

海外のニュースやウェブサイトなどを見ていると、「こんな大事故が起こっているのになぜ日本人はもっと騒がないのか？」という意見をよく目にします。「騒ぐ」というときの反応として、避難したりデモをする、ということがあると思いますが、もうひとつ、これは外から見ると目立たないと思うんですが、放射能を測定し、生活の安全を確保しようとする「計測運動」のようなものがある。この運動にはまず放射能への感受性が高いとされる子供を守ろうという側面があり、担い手の多くは母親／女性と思われますが、男性でも放射能の計測をしている人は多い。身の回りの状況を誰も教えてくれないから自分たちでやろう、と。私はこれを新しい「民衆運動」だと考えていますが、外からはなかなか見えにくい運動だと思うんですね。ヤンさんはこういう側面をどうご覧になりますか。

労働力は資本主義社会において商品形態のすべてを創出するマトリクスのようなものなので、計測運動には労働力の再生産を奪い返すという意義があります。資本の計量主義的・テイラー主義的計測は、労働力をできるだけ搾り取るための目安として設定されてきましたが、民衆の「計測運動」は全くその反対のことをやっている。それは核資本が撒きちらす放射能を測り、「被曝」という搾取を可視化し、労働力とその再生産を守ろうとする階級闘争です。計測している人たちはこうした言葉を使っていないかもしれませんが、子供を守り、生活の基盤である健康や食べ物を守るという行為は、すべて労働力の再生産には必要不可欠なことなので、この運動をある種の労働運動、階級闘争として認識できるでしょう。

生きることへの執着と原子力体制批判

計測運動を進んでやっているような人たちのなかで原発の存続を主張する人は、おそらく全体の一割にも満たないでしょう。ですからこの運動には、下から突き上げて「原子力体制」そのものを崩そうとする、階級闘争的な側面がたしかにあります。もちろん、これは意図したことというよりは必然としてそういう道を通った、ということです。こういった形の階級闘争はおそらく日本では初めてではないかと思います。チェルノブイリ事故のとき、ソ連政府はガイガーカウンターの個人使用を禁止しました。つまり、「測る」ということが国家にとってどれほど脅威的なことか、どれだけ怖いことか、あるいは個人が科学的に覚醒していくことが国家にとってどれほど脅威的なことか、ということなんですね。

少し話がズレるかもしれませんが、イングマール・ベルイマンの一九六二年の映画『冬の光』は、神が不在の世界に生きる人間を描いています。スウェーデンの牧師が信仰を失い、彼の教会に通う一人の男性も核の脅威に怯えて鬱状態になる。ベルイマンがその五年前に撮った『第七の封印』という中世スウェーデンの「死神」をモチーフにした作品もそうですが、こうしたカタストロフィを過敏に感じ取る人物像が彼のこの時期の映画に登場するのは、一九五〇〜六〇年代における核の脅威が背景にあるからです。ベルイマンに限らず、たとえば一九五四年に上映された『ゴジラ』（そこでは核実験を引き金に大戸島のコモンズの逆襲としてゴジラが都会を破壊する）もそう。原発導入の時期と重なる五〇年代や六〇年代に撮られたイメージを現在の視点から振り返って顕著なのは、核の脅威が「語ることのできないもの」、つまり「崇高なるもの《サブライム》」、闘うことのできない超絶的なものとして表象されていることです。

このように無力化された姿勢を強いられた結果、一九七九年のスリーマイル島原発事故が起きた。このことをMNは八〇年代に問題視しました。たとえば、「石油エネルギーが涸渇し、人口が過密になり環境が破壊される黙示的状況のなかで人間はどうすればいいのか」。こういう設問を立てること自体、耐乏生活に甘んじ生活水準の低下に耐えろという、まさにネオリベラリズムの論理につながり、じっさいにそうなった。MNのジョージ・カフェンティスは社会闘争を無化するこの黙示的構想を、資本の戦略に追随する、大衆運動から乖離した立場だと批判しました。民衆の科学独習や計測運動はそのような黙示の呪縛からわたしたちを解放してくれます。黙示的な発想には世界における危機の根源を可視化したり、敗北の時期に世界革命の可能性をユートピア的想像力として維持する肯定的な側面があると同時に、社会運動や人間の主体性を否定してしまう負の効果もあります。

日本では大江健三郎にそういう小説が多いですね。海外で言えばタルコフスキーの映画なんかにもその傾向が強い。じっさい、福島の原発事故、特にあの核施設が爆発した映像を見たときは、「この世が終わった」と感じた人も少なくなかったでしょう。ところが、その直後から人びとがどういう反応をしたかというと、みんなものすごく生きる意欲を見せ、それが前面に出てくるという予想外の反応が起きた。放射能は目に見えないし、匂わないし、味もしない。では、どうするか？　放射能について勉強しよう、と。シーベルトとは？　アルファ線・ベータ線・ガンマ線とは？　プルトニウムとセシウムとストロンチウムの違いとは？……。文学や映画の想像力とは違い、いざ核事故が起こってみると人間はカタストロフィに意気消沈しなかった。逆にアグレッシブになって、驚くほど多くの人間が自発的に放射能について学びました。

『われらの狂気を生き延びる道を教えよ』という大江健三郎の小説（一九六九年）がありますが、これに対してある意味「誰もが生き延びる道をすでに知っているのだ」と応じることができるでしょう。一九九五年の阪神・淡路大震災の現場では、それまで引っ込み思案だった人がとつぜん指導力を開花させたり、火事場の馬鹿力のようなものを発揮し自律的な共同体が一時的ではあれ形成されました。これはレベッカ・ソルニット『災害ユートピア』（二〇〇九年／邦訳：亜紀書房、二〇一〇年）で描かれていることです——災害時に人間はそれまでなかったようなコミュニティを下から創り出す力を発露する。同時に暴力や排他性やデマなどいろいろな要素が混入しているので、いちがいに全部「ユートピア」とは呼べないのですが、相互扶助的な関係が無計画に起こることのすごさは認識すべきです。つまり、治安制度やイデオロギーなしでこうした人間関係が自発的に生まれるすごさです。国家がないと治安が保てないと主張する人が多くいますが、そんなことはない。これは徳島の阿波踊りに参加したときにも感じました。警察がほとんどいない所で、みんなが踊り狂っているのに、喧嘩は起こらなかったし、自発的に秩序が保たれていた。こういうことが災害時にも起こりうるわけです。

大江健三郎が福島の事故の直後に寄せた文章は、ヒロシマ・ナガサキ・ビキニ・チェルノブイリの犠牲者を思い出せ、というものでした。こういう固有名がすぐに出てきてつなげるところはさすがにノーベル賞文学者だと感心しますが、一方でなぜ「犠牲者」だけなのかという疑問もある。もうひとつ思い出すのは宮崎駿の震災直後の反応で、彼はデモにも出てくるほどの反核・反原発論者なわけですが、震災直後にペットボトルの水が品切れになっていくなかで「老人は飲むな、あさましい」といわゆる「買い占め」を批判した。つまりこれまで核戦争の終末感を描いてきた作家たちは、民衆の「生きる」ことへの執着が原子力体制批判へとつながる動きをキャッチできなかった面がある。

民衆の生と原子力体制について言えば、原発がこれまでの日本社会において、どれだけ資本蓄積に役立ち、そして地方の生活をつぶしてきたのかも考えなければなりません。めぼしい産業がなくて貧しい地域に原発を設置することで仕事を増やすとか、再開発するとか、そのような名目のもとで原発は建てられてきましたが、それはそこに現存していたしきたりや社会関係などをつぶしていく。つまり、コモンズをつぶす。だから原発を作ることはエンクロージャー、本源的蓄積の一形態です。そして、それを「いらない」と言うのは、死をもたらす本源的蓄積を拒否する、ようするに「死にたくない、生きたい」という意思表示です。子供を持つ母親たちがやっているのは、原発を止めて代替エネルギーを導入しようとか開発モデルを変えようとか、そういうことではなく、もっと率直に解釈していい。彼女たちは資本主義の基本的なテーゼ、「お前の土地、労働力、時間を奪い、そうやってお前を殺して大きくなり、もっと勢力を伸ばすのだ」という資本のテーゼに真っ向から反対している。資本蓄積の生け贄にされ続けたわたしたちの日毎の生活の内面を暴いた三・一一以後の世界で、供犠《サクリファイス》の対象にされるべきは老人ではもちろんなく、むしろ反民主的構造を本質とする株式会社、原発を可能にした国家産業複合体です。これらの権力形態を民主化するのは不可能なので、民衆がそれを自力で取り除く以外に方法はない。それが意識的に言われていようがいなかろうが、反対する姿勢のなかに潜在的に存在するものを読み解き引き出す必要があります。

デモはスローガンを掲げますから比較的見えやすい行動ですが、計測運動の方は、とにかく測ろう、そして自分の身の回りを知ろうというところから始まっているわけですから、自分たちがそんなに大それたことをしている意識はない。しかし彼らは何かに挑戦している。それをヤンさんは資本主義への挑戦なのだ、と。

マルクスの『資本論』第一巻の冒頭に言われているように、資本主義を支えているのは労働力です。その労働力を生む根幹的な位置に原発はあります。もちろん、計測運動は潜在的には反資本主義的な要素を含んでいるとしても、顕在的にはまだそこまで行っていない。それが顕在化するかしないかは運動の諸勢力にかかっています。逆に「安全な資本主義」「人間の顔をした資本主義」を確立するために運動が回収されることだってあるわけです。大衆運動によって可視化されたものが国家・資本廃絶の行動として闘われるかどうかはわかりませんが、その衝動を代替エネルギーのような「次の資本」の発展に役立てるのではなく、新しい社会の種子として紡ぎ出し育んでいくことが大切です。

反核・反原発運動の遺産を世界大で考える

これまでの過程のなかから見えてきたものがいくつかあります。ひとつは三・一一以前の反核・反原発運動、ヒロシマ・ナガサキからはじまる原水爆実験反対運動や一九七〇年代前後からの反原発運動というものがあり、その遺産をどう捉えるべきなのかということ。つまり、運動の「世界的な」継続性というものをいかに評価するべきなのか、という問題です。

なぜ、こういう問題を取り上げたいのかと言えば、MNには『奇妙な勝利』という、一九七九年に書かれた両義的なテキスト（本書2参照）があるからです。なぜ当時MNが「奇妙な」勝利と言ったのかというと、反対運動の結果として原発が発注されなくなったのではなく、コストが上がったことにより原発が停止した。つまり、原発が止まったのは民衆運動の成果ではない、と。これをどう考えればいいのか。

一方でこうも考えられます。原発のコストが上がったのは、五〇年代からの世界的な原水爆実験禁止運動があり、世界的に原発労働者や核施設周辺住民の健康被害に対する抵抗があり、そういう抵抗がジワジワと効いて原発のコストが上がっていったのではないか、と。


『奇妙な勝利』が発表されたときには七〇年代特有の時代性がありました。当時は世界中で資本主義の危機が認識されていて、それを表現する一つの方法として、反原発・反核運動をどう評価するべきか、という問題があった。

『奇妙な勝利』の重要な論旨は、都市における学生運動・反戦運動が農村における運動にシフトしていて、それは環境運動や反原発運動だったりしたわけですが、その結果、アメリカで原発が衰退したということです。これがなぜ「奇妙な」勝利なのかというと、当時の反原発運動は他の労働階級層との関わりが薄く、それが強化されない限り一時的「勝利」はすぐ資本に回収され、敗北に転化してしまうからです。このころの運動の参加者はほとんど活動現場を農村に移した白人の若者で、都市で働かざるをえない黒人やスラムの住人やトラック運転手などにとってのエネルギー問題、つまりガソリンの価格の問題を考慮に入れていなかった。要するに、都市労働者の生活を圧迫する石油価格の上昇に対して行われていた闘争や暴動を、やはりエネルギー資源をめぐる反原発運動と接続できていない、そしてこの接続がない限り階級的分断が生じるだろう、と。

時間的な問題とともに空間的な問題ということもありますね。アメリカ国内だけでなく、ヨーロッパや日本を含め、原水爆実験への反対運動や核施設周辺住民の反対運動があった。そういう世界的な抵抗の成果によりICRP（国際放射線防護委員会）の被曝許容基準値も下がっていき、必然的に原発のコストも上がっていった。この事実は私たちもつい最近まで知らなかったことで、当時のMNにこういう分析の視点がないからダメだとはもちろん思いません。しかし、いまはこういった事実が明らかになるとともに、それによって時空間的な広がりのなかで世界の運動をつなげていけるチャンスが訪れたとも言えるのではないでしょうか。

七〇年代前半のアメリカは、ドルショックや石油ショックにみまわれ、都市の荒廃や暴動などが起こっていました。こうした状況は資本主義の末期を強く感じさせ、MNは「新しい社会運動」的な枠組みではなく――つまり、環境運動や女性運動のような個別的な運動ではなく――、資本の世界的な危機と直結する闘争を軸に分析を進めていました。日本は石油ショックのあとに高度経済成長に入りますが、アメリカでは反対の方向に走っている時期です。とはいえ――これは地理学者の原口剛《たけし》さんに聞いた話ですが――

日本でも七〇年代の前半に釜ケ崎で暴動が起こり、それは六〇年代釜ケ崎暴動と質的に違うものだった。七〇年代の暴動は新しい文化を創り出そうとする人たち、たとえば釜ヶ崎で暮らしながら詩を書いた寺島珠雄のような人がたくさん出てくる。だからある意味、いろいろ見えないところで日本とアメリカは階級闘争の次元でつながっていて、それを世界的な資本の構造から見るとどうなるのか。このようなことを一緒に考えていくために、原口さんを始めとするおもに大阪の研究仲間と共同研究をやっています。

世界的な資本の構造と世界大の労働運動、そして民衆の運動をいかに考えていけるかということですね。今回、ヤンさんは沖縄と韓国にも行かれたそうですが、そこで感じたことなどはあったでしょうか。

韓国に行ったのは初めてで、ソウルの研究共同体「スユノモ」の今政肇《いままさはじめ》さん（文化人類学）や李珍景《イ・ジンギョン》さん（社会学）らに案内してもらいました。一番印象的だったのは、帰る前日に釜山で参加した、港湾労働者を支援するデモです。労働条件の改善を訴える港湾労働者キム・ジンソクさんがクレーン車のなかに籠城し、彼女を支援するために韓国でも最近では珍しいほどの人数が国中から集まって徹夜デモを行っていました。大雨にもかかわらず、道端では老若男女問わずものすごい人数の行進。分裂が激しいので有名なトロツキストたちも、一つの組織として路上にいる。韓国では障害をもつ人たちへの苛烈な差別があるのですが、車椅子に乗った人がデモの前衛にいる。スユノモの人たちはこうした戦闘的な障害者とともに学習するグループをつくり、ドゥルーズ、フーコー、マルクスを一緒に読んでいる。知的な意味でも行動的な意味でも日本やアメリカとは異なった文化、デモの文化の熱さを肌で感じました。

そして、それと似たものを沖縄にも感じました。沖縄現代史をやっている若林千代さんや上原こずえさんに案内してもらい、辺野古や高江や伊江島に行って感じたのは、運動の熱さだけではなく、運動の記憶がちゃんと受け継がれていることです。伊江島では、反戦平和資料館「ヌチドゥタカラの家」の館長、謝《じゃ》花《はな》悦子さんが「戦争の危機」を熱烈に語っていました。高江では「合意していないプロジェクト」設立メンバーの阿部小《こ》涼《すず》さん（専門はカリブ海地域研究）に米軍ヘリパッドの状況を説明してもらい、那覇では高里鈴代さんが主宰する「スペース結《ゆい》」で米軍の戦術訓練や兵士の暴行が今も住人の日常生活を脅かし危険にさらしている沖縄の現実を知らされました。米軍基地がつねに自分たちの目前にあり、プエルトリコやディエゴガルシアの反米軍基地運動との連帯を通して、沖縄では日本の「本土」とは大きく違った危機意識を培っていること、それも印象的でした。

釜山のデモは日本の八月六日反原発デモ（東京電力本店周辺）の直後だったこともあり、ふと思ったのは、地理的にこれだけ近い韓国、沖縄、そして日本の運動を互いにつなぐことができないかということでした。まずは米軍に依存するネオリベ体制に抗う運動を東アジアからだけでも下からつなぎ、蜂起の文化を創造することができるのではないでしょうか。

東アジアとアメリカ、そして民衆の歴史

　沖縄の運動はいろいろな見方ができると思いますが、ひとつ顕著なのは、生存や生活そのものにおける問題が基礎にあるということですね。だから沖縄の闘いというのは、局面においては派手なときもありますが、多くは地味です。コミュニティベースの運動であって、そういった運動においては燃え尽きないことも大事な要件となる。一時期盛り上がって終わり、というのではなく、世代を超えて家族ぐるみで燃え尽きないように続ける運動という側面が強い。今回の原発事故とそれに伴う放射能汚染は、同じように生存・生活における危機ですから、地味ながらも計測運動のような動きが出てきたのは面白い。これは私たちにとってははじめて見る光景です。韓国も、もともとは第三世界で、いまはずいぶん成長していますが、運動のかたちはまだ生活に近いところで形成されている。

　やや短絡的な言い方をすると、東アジアにおける運動を引き起こしているものの基底には、ことごとく米国（資本）というパワーが存在します。沖縄の基地も日本の原発もアメリカの資本の延長線、そして境界線を確保するために冷戦時代に作られたものだし、また米軍基地が世界各地に設置されている一因は、石油、つまりエネルギー供給源を守るため。石油資本と軍隊がここで重なる。韓国でも沖縄と同じように

米軍の脅威がずっとある。さらに言えば、米兵たちも、大学に行くお金がないために軍隊に入り、韓国や沖縄に派遣された人たちです。彼らはその土地の歴史や現状をなにも知らない、また彼ら自身の多くがメキシコ系や黒人や白人貧困層である、つまりアメリカ帝国の労働者であり兵士なわけです。労働者階級を分断する世界的構図がこうやって沖縄や世界中に散らばる米軍基地周辺で露骨にあらわれている。

日本における放射能の問題ももとはと言えば、日本に原爆を投下した上に原子力テクノロジーを供給したアメリカに要因があり、それも冷戦の原点から派生しています。だから今日、韓国の労働運動、沖縄の反基地運動、日本の放射能計測運動をつなげて考えることは、歪んだ現実をまだ持続させている冷戦の負の遺産と直面し、それを可能にしている構造的権力をくつがえす、という側面を通じて接続できるように思えます。

それは面白い論点で、いまの原発問題においても、みな薄々感じつつまだアメリカという固有名を直接出す人はまれです。「原子力の平和利用」という誤魔化しを疑う地点にまでは来ていますが、沖縄や韓国をはじめ世界各地のさまざまな運動と現在の日本の反原発運動をアメリカという名前でつなぐといった地点にまでは達していない。そう考えると、沖縄にいる米軍兵もアメリカの下層民なのだというヤンさんの指摘は非常に大事ですね。

そこで、アメリカの話に移りたいのですが、日本にいるとアメリカの左派が何をベースに発言をしているのか、何にリアリティを感じているのか、分かるようでいまいち分からない面がありますか。その点少しお話いただけますか。

アメリカ左派といってもありとあらゆる潮流があり、簡単に総括することは難しいです。たとえば八〇年代にはキリスト教関係者による、ラテンアメリカで起きていた軍政・内戦による虐殺や人権侵害を止めようとする運動があったし、今もそうした運動は続いている。しかし、そのなかでも労働問題など地元のことにまったく目を向けない人もいる。左派やリベラルの共通認識みたいなものがあるとしたら、それは人種やジェンダーをめぐるアイデンティティの問題に限定されるのではないかと思います。とくに七〇年代から八〇年代以降にかけてそういう傾向が強いですね。オバマ大統領はそうした政治的傾向の集約点になりました。でも、じっさいの彼の政策はネオリベ修正主義以上のものではなく、外交政策においてもブッシュ政権が開始した「対テロ戦争」をドローンを使って秘密裏に続行し、不法滞在者の国外追放をブッシュよりも盛んにやっている。

わたしがここ一二年間住んできた中西部の町トレドは、自動車工業の衰退にともない人口が減ってきてはいますが、カトリック信者が多く、民主党と密接な関係を持つ労働組合の町です。トレドの労組は左派というよりは国粋主義的で、日本の自動車は自分たちの工場に入れるな、入れたらどんなひどい目にあうか分からないぞ、などと書いた看板が工場の入り口に張ってあったりする。そこで反帝国主義運動や反戦運動をしようものなら、わたしの友人であるトロツキストの自動車工のように、道具をひっくり返されたりしてイジメを受ける。トイレから出てきたところを突然殴られて気を失ったこともあったと言っていました。

ではアメリカの進歩的左派とは典型的にどういう人かというと、カリフォルニア州バークレー、あるいは東部に住む比較的裕福なミドルクラスで、おもに反戦や反人種差別を標榜する人たち。ですが、彼らのなかには労働や階級の問題を隠蔽するエリート意識を持つひとも多い。「ブッシュが当選したのは中西部の愚かで反知性主義的な労働者のせいだ」と堂々と言う人たちです。同時にアメリカのブルーカラー労働者の多くも、五〇年代以降、自分たちはミドルクラスだと自己定義してきた。それが壊れ始めたかな、という兆候がようやく出てきたのが、今年（二〇一一年）ウィスコンシン州や中西部で生じた、組合の団結権を守ろうとする運動ですね。しかし、アメリカにはティーパーティのような極右ナショナリストやキリスト教原理主義者がいるので、そこにも様々な衝突や混乱があったりする。キリスト教原理主義が貧困層や労働者階級、黒人からヒスパニックに至るまでかなり広く浸透している状況は、アメリカの大衆の「脱政治化」現象とみなしていいでしょう。元来の意味での「左派」や「リベラル」勢力が制度的に機能していない証拠です。

民主党は福祉や労働者の権利を重視する元来の社民的役割をかなぐり捨て、共和党に匹敵する票数を得るためにネオリベ政策を率先して実施し、とりわけマイノリティの貧困層に対する警察暴力や刑罰を強化した。選挙政治の次元では「多元文化主義」や「フェミニズム」や「マイノリティ」をレトリックや象徴として巧みに用いて、民衆を破壊する政策の内実を隠蔽しています。

C・L・R・ジェームズは、日本ではポストコロニアルの思想家・歴史家として有名ですが、アメリカではコミュニティベースのDIYの元祖、つまり自主組織運動の思想家として見られている面が強い。日本人はアメリカを相対的には見ますが、アメリカの運動と連帯しようとは多くの人は考えない。ベトナム反戦や、ハワード・ジンの『民衆のアメリカ史』(邦訳:明石書店、二〇〇五年)などを通じて、アメリカにもこんな民衆の闘いがあるのか、と垣間見ることはあるにしても、アメリカ帝国主義は敵だ(もしくは味方だ)というように、ついつい一枚岩のものとして見がちです。

アメリカ国内に住んでいても、こんな運動があったのかとびっくりすることがあります。二〇〇〇年代に反グローバリゼーション運動のうねりが高まったあと、オハイオのボーリング・グリーン州立大学で中西部のアナキストたちがワークショップを企画し、マルキシズムとアナキズムについて話してくれ、という依頼を受けました。そこで出会った若者らは地元に拠点を置く「シアトル以後」（一二三頁注15参照）の世代。それぞれが自分たちのコミュニティで様々な活動――有機栽培、高速道路開発反対運動、ホームレス支援など――をしたりしている。こうした運動があったとはつゆ知らず、本当に感心しました。先ほどお話ししたように、米国政府の介入がもたらしたラテンアメリカの虐殺を止めようとする運動が八〇年代にアメリカ各地で起こっていましたが、そのころも同じ州や町のなかでさえ、運動組織どうしが互いの存在を知らないことがよくあったとノーム・チョムスキーは指摘しています。アメリカ国内でさえそうした連帯ネットワークや運動間の交流がちゃんとできていない。それを克服するには、個人と個人の出会いを緻密に重ねる以外に方法はないのかもしれません。

生活に密着していればいるだけ、外は関係ないということになりやすいですね。それは一義的には悪いことではないでしょう。しかし、それだけでは必ず行き詰まるときがくる。じっさいにできるかどうかは別にしても、連帯の意志をもって外を見なければならないときがくるはずですね。

三・一一前は、それまでアメリカの反原発運動に関わっていた人たちでさえ、おそらく日本に原発があることすら知らない人が多かったのではないでしょうか。国内の原発は見えても、なかなか海外にまで視野が広がらない。しかし今回、日本でこういうことが起きた以上、おそらくアメリカの反原発運動も日本の運動と関わろう、連帯しようとするでしょう。

今年起きた中東革命の特徴のひとつに、そのスペクタクル性を挙げられると思います。中東革命の帰趨をめぐっては、スラヴォイ・ジジェク（スロヴェニアの哲学者）とハミッド・ダバシ（イランの思想家）の論争があり、前者は「アラブの春」の終焉を断言し、後者はそれに異を唱えた。どちらが正しいかは別として、ダバシが主張していることの基本は、中東の地味な活動も見てくれ、ということだと思うんですね。今回の革命にもそこにいたる民衆運動の一〇〇年くらいの歴史があるんだ、と。スペクタクル的には終わったかもしれないが、これからも続くはずだと。派手な革命が突然起こるわけではないし、一度起こったら数ヶ月で早々に終わったりもしない。多くの人はスペクタクルしか見ないですから、一見地味な運動をどうやって可視化し、自分の思考回路に組み込んでいけるかが大事なのでしょう。

それは一人でもやり始めることができると思います。たとえばいまエジプトに赴いて現地の人たちの話を聞き、オーラル・ヒストリーやルポやエスノグラフィーの形で、何らかの記録を取ることができるはずです。

トレドの近くにあるヤングスタウンという町に、ハワード・ジンの盟友ストートン・リンド（Staughton

Lynd）がいます。彼は長年、労働者や囚人の弁護士として活躍してきた。ベトナム反戦運動に深く関わったこともあって、アカデミックな場所から追いやられ、中西部の工場地帯であり、スプリングスティーンも歌にしているヤングスタウンに引っ越す。妻のアリスと一緒に労働運動に関わり、囚人を支援しながら、パレスチナ人や、アメリカの労働運動や非暴力運動の歴史を担う人物たちを相手に卓越な聞き取りを行い、地味な仕事を長年にわたって積み上げてきている。こういった活動は、資金があまりなくても、根気とノートと何人かの知人がいればできる。こういう形で記録を取るのが「下からの歴史」の一つの方法です。このような歴史はどれだけ時間が流れても、いずれどこかで発掘される可能性があります。

C・L・R・ジェームズやE・P・トムスンは、「下からの歴史」の創出はいつでも開始できることを自ら体現しています。一九三〇年代にファシズムが台頭した時期に、ジェームズは『ブラック・ジャコバン』（一九三八年／邦訳：大村書店、二〇〇二年）によって、ハイチの歴史を下から記述した。そのきっかけはイギリスやヨーロッパに対する反帝国主義運動に彼自身がコミットしていたことです。イギリスからパリに渡りいろんな資料を集め、ハイチ革命という、黒人の手によって世界史上初めて成功した奴隷革命、それが一七九〇年代に起きたことをダイナミックに記述したすばらしい歴史書を書いた。

トムスンはイギリスの地方で労働者教育に携わりながら、地域の資料や文学作品をもとに書いた『イングランド労働者階級の形成』を一九六三年に出版した（邦訳：青弓社、二〇〇三年）。時代としては一八世紀末から一九世紀初頭にかけての話ですから、ほぼ二〇〇年前の歴史を扱っているわけですが、それでも彼はそれを掘り起こし、再構成し、形にしている。やがて彼の影響を受けて、ハワード・ジンがアメリカの民衆史を書くわけです。

だから、どれだけ運動が敗北しても、階級闘争またはハイチ革命が回収され、イギリス労働者階級の原点が忘却にさらされても、それらの痕跡は絶対に消えません。自分たちの生活のなかに記憶の遺伝子が残っている限り、それを発掘することは可能です。このことは肝に銘じておく必要があります。アラブ革命やいまの日本の運動のように、現在進行形で拡大しつつあり、どういう方向に行くかわからない世界的な動きの渦中にあって、歴史をともにつくりながら書き出す作業をしなければならないと切実に思います。

池上善彦（いけがみ・よしひこ　一九五六〜）編集者・著述家・翻訳家（中国語）。一九九一年以降二〇年にわたり月刊誌『現代思想』の編集に携わり、九三〜二〇一〇年は編集長を務める。著書『現代思想の20年』（以文社、二〇一一）、共著『現代中国入門』（ちくま新書、二〇一七）など。矢部史郎『放射能を食えというならそんな社会はいらない、ゼロベクレル派宣言』（新評論、二〇一二）でも聞き手を務め、序文を寄稿。

4　三・一一と負債資本主義時代における黙示録と踊る死者のコモンズ

危機は、伝統の存続と伝統の受け手とを、ともに脅かしている。両者にとって危機は同じひとつのものであり、それはすなわち、支配階級に加担してその道具になってしまうという危機である。伝承されてきたものを制圧しようとしているコンフォーミズムの手から、それを新たに奪取することが、どの時代にも試みられねばならない。メシアはたしかに解放者（Erlöser〔救済者〕）として来るのだが、それだけではない。彼はアンティキリストの超克者としてやって来るのだ。もし敵が勝利を収めるなら、その敵に対して死者たちさえもが安全ではないであろう――この認識にどこまでも滲透されている、その歴史記述者にのみ、過ぎ去ったもののなかに希望の火花を掻き立てる能力が宿っている。しかも、敵は勝つことを止めていない。

――ヴァルター・ベンヤミン「歴史の概念について[1]」

さあ、全歴史の死者であるわたしたちがここにいて再び死にかけている、しかし、今度は生きることを

（1）ヴァルター・ベンヤミン／浅井健二郎編訳、久保哲司訳『ベンヤミン・コレクション1――近代の意味』（ちくま学芸文庫、一九九五年）六四九－六五〇頁。

目的に……

――マルコス副司令官(2)

二〇一一年に起こった三つの死がわたしの脳裏に焼きつき、その年の歴史的意味を特徴づけている。幼くして父を亡くし、兄弟姉妹を養い糊口をしのぐ労働の現場である路上で警察に打擲され賄賂を要求されたあげく、嘆願を拒まれた県庁舎前で焼身自殺した路上青果売りのチュニジア人青年モハメド・ブアジジ。三・一一直後、フィリピン人の妻と子供たちを妻の母国に避難させ、自分は福島に残り、一ヶ月余にわたり搾りたての牛乳を泥水のように捨て続けることを余儀なくされ、フィリピンに行き家族と合流するものの仕事が見つからず新しい環境にも馴染めず日本に戻り、新築の堆肥舎の壁に「原発さえなければと思ます」(原文ママ)と遺言を残して首を吊った福島県相馬市の酪農家。一九八九年に米国ジョージア州サヴァンナ市で証拠不十分のまま白人警官殺しの容疑で投獄され、その後真犯人と思われる人物が浮上し、アムネスティ・インターナショナル、ローマ法王、FBI元長官、国際世論が抗議したにもかかわらず、致死薬注射で処刑され、死ぬ間際まで無罪を訴え続けたアフリカ系労働者トロイ・デイヴィス。

アラブ民主革命の一因とされるブアジジの死は、路上以外に生計を得る場がなく、その公共空間からさえも駆逐される都市プロレタリアートの末路を物語っている。相馬市の酪農家の死は、近代都市文明が生み出したテクノロジー（原発）の囲い込み《エンクロージャー》にもめげず（多くはブアジジのように路上へと吐き出される）健気に営んできた生業が、そのテクノロジーの致命的事故により、一瞬にして破滅に追い込まれる本源的蓄積の縮図だ。そして、鉄道の踏切ゲートを製造する工場でドリル技師として働き始めたものの長続きしなかったデイヴィスの死は、労働の拒否に対する「死刑」という、究極の「労働削減」を意味する。農夫もしくは都市労働者として働くことを拒む者はいやおうなしに産業予備軍の構成員として刑務所に送りこまれ、有罪無罪はどうであれ、私有財産を守る国家権力の手先たる警察に危害を加えれば無差別的報復の対象となることの見せしめにされる。

言うまでもなく、誰の死であれ、究極的にそれはその死者当人の実存的体験でしかありえない。しかし、大衆の想像力を介して、一個人の死が表象的意義をもつことはままあるし、その表象性を旗印に「新生」の可能性を夢見て民衆が行動に走り歴史を変えることもある。一八八六年シカゴ・ヘイマーケット爆破事件の首謀者にでっち上げられたアナキストたちの殉死、大逆事件（二〇世紀日本）、サッコとヴァンゼッティ事件（一九二〇年代ボストン）、マルコムXの暗殺（一九六五年）、チェ・ゲバラの処刑（一九六七年）が重要なのは、時代を画する彼らの政治的死が歴史の記録には決して登場してこない無名の人々の死

（2）　Subcommandante Marcos/Juana Ponce de León, ed./ Tom Hansen and Enlace Civil, trans., *Our Word Is Our Weapon: Selected Writings* (Seven Stories Press, 2000), 17.

よりも価値があるからではない。これらの個人的死は、権力者たちの絶えまない暴行のせいで死者となった無名の人びとの死を、歴史の闇から喚起する力を持ちうるから重要なのだ。しかし、彼らの死がそのような埋もれた民衆の記憶や情動を蘇生するのではなく、時代の精神を表象するような個別的事件として扱われたり、特定の党派・イデオロギーの指導者の死として矮小化されるとき、「死」のイメージは思想を硬直させ、支配原理のとるにたらない補完物、風化石灰になりはてる。「革命的死」や「散華」の思想が、その賛同者でない者の目にはうさん臭いものとして映ることがしばしばあるのはそのためである。

美術評論家ジョン・バージャーは、ゲバラの死体を撮した写真とルネサンス期イタリアの画家アンドレア・マンテーニャの《死せるキリスト》の間に自分が感じた「感情的一致」に触れ、「人間にとって耐えきれないことを認識し、それに従って行動した」がゆえに「一人の人間の可能性の象徴」になりえたゲバラの死は、そのような可能性の消滅を表象したと述べている。また、横たわるゲバラの前でハンカチで鼻を覆うボリビア軍大佐をレンブラントの《テュルプ博士の解剖学講義》に描かれた外科組合主任解剖官ニコラス・テュルプと比べ、相互のイメージの類似性に着目する。「二つのイメージの機能は似ているが、これは驚くべきことではない——両方とも公式的にそして客観的に検査される死体を見世物にしている。それ以上に、両方とも死者を見せしめにしている。一つは医学の進歩のために、もう一つは政治的警告として(3)」。

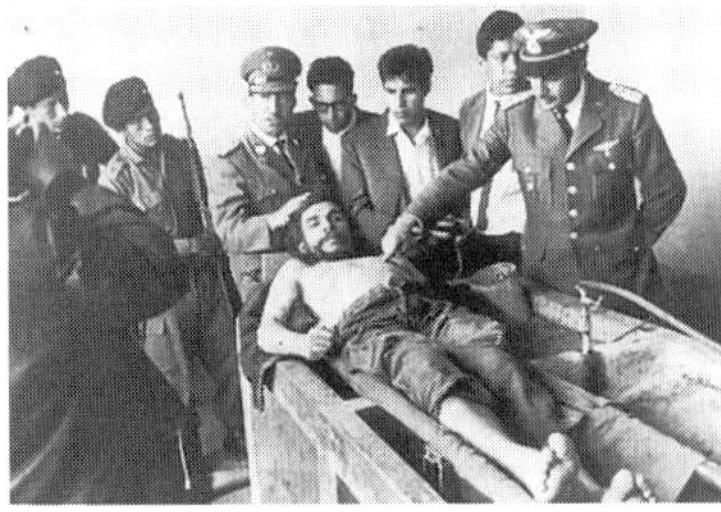

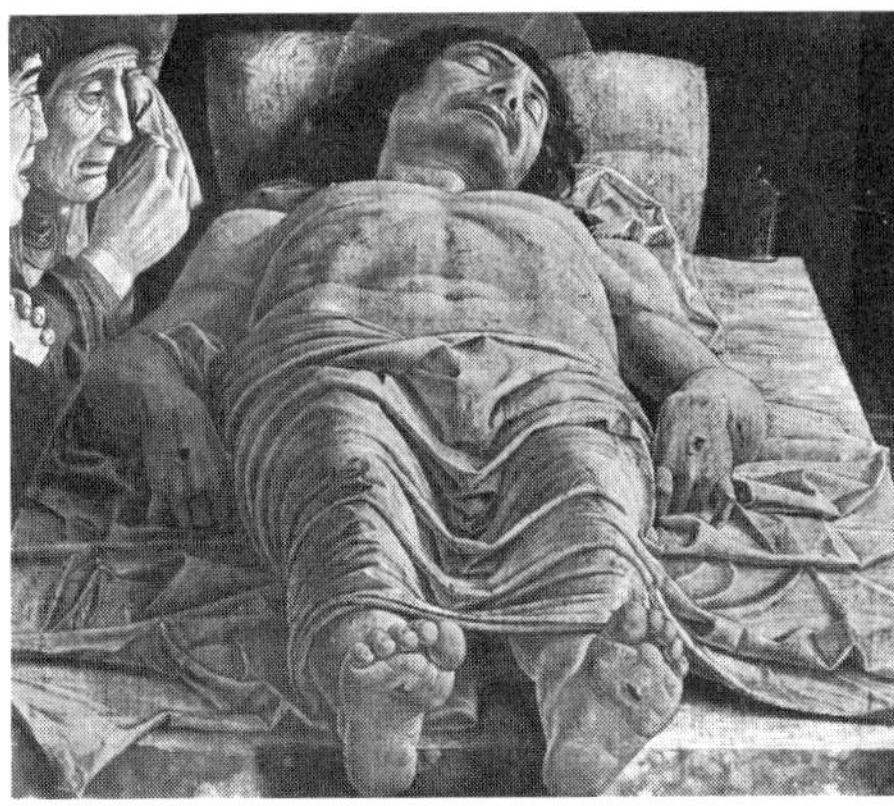

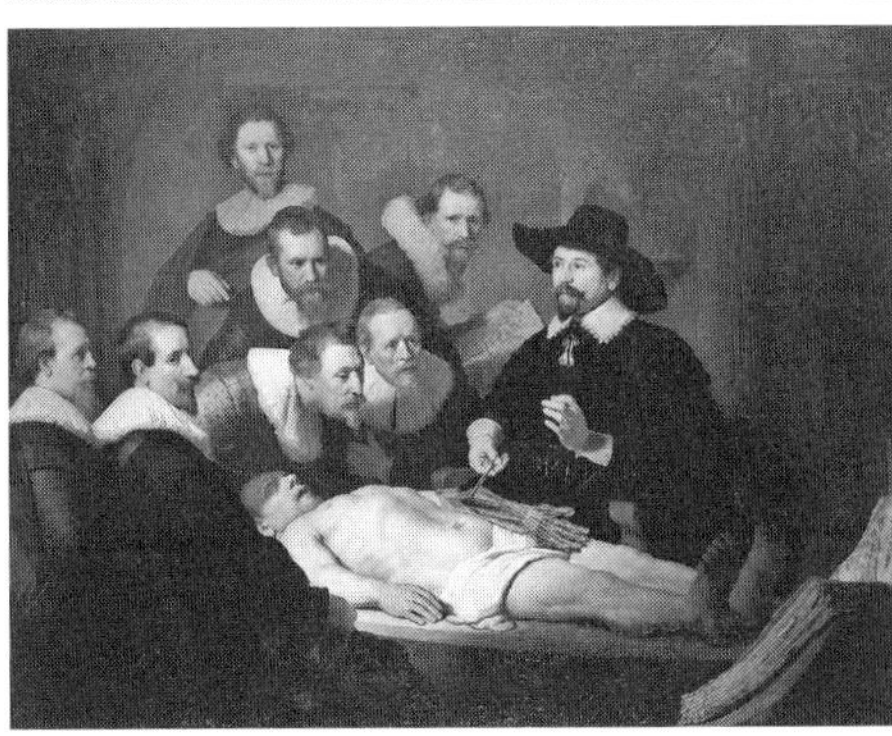

上：CIAとボリビア軍は「革命家の死」を世界に知らしめるため，処刑翌日の1967年10月10日，各国報道陣を集めてゲバラの遺体を公開した（撮影:Freddy Alberto）
中：マンテーニャ《死せるキリスト》（1490年代，ブレラ美術館，ミラノ）
下：レンブラント《テュルプ博士の解剖学講義》（1632年，マウリッツハイス美術館，デン・ハーグ）

レンブラントの絵画の中央には、強盗の罪で絞首刑にされたばかりの職人アリス・キントの前腕を部下に解剖させ、筋肉組織について講義するテュルプ博士（アムステルダム市の出納官を長年兼務し、のちには市長にもなった）がいる。この公開解剖は一六三二年一月一六日に行われた。それから一〇年後、テュルプ直々の身体検査を受け、アメリカに向かったオランダ人入植者たちは、ニューアムステルダム（現在のニューヨーク）で先住民の土地を奪い、その周りを柵で囲った。その後、アフリカ人奴隷と白人労働者を駆り出し、彼らの労働でオランダ西インド会社の軍事的要塞へと強化されるこの囲い込み《エンクロージャー》が壁街《ウォール・ストリート》の起源である。そこからさらに一〇年ほどたった江戸では、二〇万人以上もの数に上る日本のアリス・キントたちが次々と処刑されることになる小塚原刑場が創設された。そして、一二〇年後の一七七一年には、この小塚原刑場にオランダ語訳の解剖学書『ターヘル・アナトミア』を携えて集まった蘭学者たちが、刑死者の解剖を「エタ」の人々にやらせ、解体図の正確さを見届ける。彼らが共同翻訳した『解体新書』は、医療・科学分野における日本近代化のモデルとなるだろう。つまり、オランダ商人資本主義は、アメリカ帝国の「国富」を融資するウォール街の金融市場を自国の囚人と植民地の先住民の屍の上に築き上げ、それらの関係から摘出された近代医療の知識は、やはり犯罪化された労働者の死体とその処理に携わる抑圧された労働を通して、東アジアの島国における本源的蓄積の先駆的文化資本となったのだ。

二〇一一年八月下旬に山谷を案内してもらった際、わたしが最初に連れて行かれたのは小塚原刑場の刑死者を供養する「首切り地蔵」のある南千住回向院《えこういん》だった。それから二ヶ月後の一〇月下旬に「オキュパイ・ウォール・ストリート（ウォール街を占拠せよ）」運動の拠点であったニューヨークのズコッティ公園に赴いた。ほかにも、三・一一以降に訪れた鶴橋、釜ヶ崎、国立、多摩、高円寺、ソウル、釜山、沖縄、神戸、トレド（オハイオ州）において、数々のかけがえのない出会いと交流を体験した。その「ポスト三・一一」の経験を強いて一言でまとめるなら、それは「コモンズの絶対的関係性」だ。前近代社会の共同性に基づく民衆的伝統すなわち「入会地」、しきたり、儀式、慣習的権利／法といったものに対する包括的呼称として使われてきた「コモンズ」は、語源的には本来「動詞」である。すなわち、わたしたちが「ともに実践する」という意味だ。そう教えてくれたのは、死刑囚の階級闘争と彼らの処刑された身体をめぐる民衆の闘いを鋭く総体的に分析してきた大西洋社会史家ピーター・ラインボーである。

前近代／近代／ポストモダンを区分なく横断するコモンズを、古代から現代にわたる「永続的コミュニズム」と呼んでもいい。同時に、コモンズは先に挙げた三つの死や山谷／ウォール街の間をつなぐ不可分の関係性を発見し深化していく方法なのかもしれない。三・一一の意義を福島をはじめとする被災地だけ（広くても日本のみ）と地理的に限定し、原発災害を技術的問題や消費社会を支えるエネルギー供給の問

（3）　John Berger, “Image of Imperialism” (1967), 57, 55: http://www.mystfx.ca/academic/political-science/Dockwrey/John%20Berger%20-%20Image%20of%20Imperialsim.pdf

題の枠内にとどめて再考しようとするのは、権力者に都合のいい本源的蓄積を促すだけだ。

バージャーが三三五年の月日を瞬く間に飛び越え、二つの死を想像力の跳躍で結んだように、彼が焦点を絞った一九六七年にわたしたちも目を向ける必要がある。それはゲバラの死とともに、福島原発と「現在における危機の起源」をもたらした年でもあるのだから。

一九六七〜七二年階級闘争から現在への蜂起のメッセージ——福島第一原発と負債資本主義の原点

一九六七年に株式会社ゼネラル・エレクトリック社（GE）と連携して着工された福島第一原子力発電所が営業運転を開始したのは一九七一年だ。福島原発の建設期間は、世界資本主義が恒常的危機に突入した時期にあたる。一〇〇年前のニューヨーク市徴兵暴動（一八六三年）以来、アメリカ史上最大の暴動が一九六七年にデトロイトとニューアーク（そしてシカゴ、バーミングハム、ニューヨークを含む一二七の都市）であい次いだ。一八九〇年ウンデッド・ニー（サウスダコタ州）の先住民虐殺以来アメリカ国内でもっとも血なまぐさい一日だったといわれるニューヨーク州アッティカ刑務所暴動は一九七一年に起こっている。その翌七二年、仲間を暴力団にリンチされた日雇い労働者たちが組長を土下座させた鈴木組闘争によって「暴力手配師追放釜ヶ崎共闘会議」（釜共闘）が結成され、そこからたて続けに闘われた七つの暴動は釜ヶ崎暴動第二期の最高潮を形成した。(4) 同じころ沖縄においても、伊江島、昆布、宮城島などで

「土地を守る会」が発足し、蜂起の連鎖がつくられていた。「六七年の段階ですでに沖縄ではアメリカが一方的に押しまくる時代は過ぎ〔…〕こちらから押して行き、攻撃をしかけて行く時代がはじまっていました」と、反戦地主の阿波根昌鴻《あはごんしょうこう》は述べている。「基本的には住民個々人に直接依拠する」、「組織原理においても、その方向性においても、復帰後の沖縄における新たな運動として注目される」金武湾《きんわん》闘争が、アメリカ石油資本の基地建設と公害に反対し、「保守・革新一体となった開発構想に対しては、自然との共生や豊かさの本質を問い直すという観点から、鋭く批判を加え、生活のあり方を変えていくところから沖縄社会の可能性を探」り始めたのも一九六七年だ。(5)

「一九六八年」が二〇世紀後半においてとりわけ顕著な同時多発的蜂起の年と呼ばれている理由はいろいろある。ベトナム戦争の趨勢を逆転し、運動家たちを起訴した米国司法長官ラムゼイ・クラークさえも反戦の立場に翻意させた南ベトナム解放民族戦線のテト攻勢、メキシコ／日本／アメリカ／フランスと世界各地で行われた大学占拠やゼネスト、「人間の顔をした社会主義」を要求する「プラハの春」などが一

(4)　原口剛「騒乱のまち、釜ヶ崎」、原口剛・稲田七海・白波瀬達也・平川隆啓編著『釜ヶ崎のススメ』（洛北出版、二〇一一年）。

(5)　阿波根昌鴻『米軍と農民——沖縄県伊江島』（岩波書店、一九七三年）二〇一頁。新崎盛暉『沖縄現代史』（岩波書店、二〇〇五年）五四頁。

般にその根拠として挙げられている。だが、これらの蜂起の循環における同時代的特殊性とその終息を強調するあまり、忘れられがちなことがある。それはこれらの勢力が、新しい民衆暴動の経験から創出された釜共闘やデトロイトのドッジ革命組合運動（DRUM）、沖縄の土地・金武湾闘争とともに、階級闘争を世界史的次元で再構成し、一九七〇年代初期におけるドルショックやスタグフレーションを徴候とする致命的な危機を世界資本主義に引き起こしたことだ。(6) 国家をその中心におく戦後アメリカ・日本経済のケインズ主義的福祉資本主義はほころび、ソ連型「国家社会主義」という別名を持つ「国家資本主義」体制にも不可逆的亀裂が走った。福島原発の建設自体、この世界的蜂起のうねりのなかから生まれたアメリカ本国のGE労働者の大規模ストライキ（一九六九年）によって三ヶ月も遅らされている。

それから四〇年あまり、資本は「帝国の逆襲」を行うべく「規制緩和」や「民営化」といった婉曲語句を用いて、注力の対象を工業から金融へと急激に切り替えていく。その結果、労働者階級の社会的賃金の一部をなしていた「福祉」や教育への「人的資本投資」が放棄される。つまり、それは労働力の再生産を市場の競争原理にさらし、「負債」という斧を振り下ろし階級闘争の鎖を断ち切り、どれだけ経済的に不安定で地球の生態系を破滅に巻き込もうとも、短期的利潤を吸い上げることができる限り、資本蓄積の循環を回復しようとする試みだ。国際通貨基金／世界銀行による南半球の「構造調整」しかり、「自己破産」を申告しても返済を要請され続けるアメリカ／日本の学生ローンしかり、負債の十字架に労働者をはりつけた資本は労働力の価値を低下させ、蜂起の原動力を殲滅しようと躍起になっていた。

アナキスト人類学者デヴィッド・グレーバーは五〇〇〇年の負債の歴史をふり返る大著『負債論』で、一九六〇年代後半／七〇年代前半に始まる世界資本の危機を「包摂の危機」と名づけている（南半球／第三世界の民衆が北半球／第一世界の生活水準を実力行使で要求し、それを資本が「包摂」できなかったからである）。そして、ニクソン政権以後、米軍占領下の国々が米国財務省長期債券の海外の重要な買い手になり、誰もが返済不可能と見なすこの肥大化し続ける国債をアメリカは（沖縄の米軍基地を含む）全世界の軍事インフラの維持／開発に投入し末期的経済危機を先送りしてきたと指摘する。

より近年においては、焦点はアジアに移動し、日本や台湾や韓国など、やはり合衆国軍隊の保護国の中央銀行となった。それに加え、やはり一九七一年以降、ドルの国際的地位は、石油の売買に使用可能な唯一の通貨であるという事実によってかなりの部分が維持されてきた。どの通貨でも通商可能に

（6）　Mario Montano, “Notes on the International Crisis”, *Zerowork* #1（1975）, reprinted in *Midnight Oil: Work, Energy, War 1973–1992*（Autonomedia, 1992）; Harry Cleaver, “Close the IMF, Abolish Debt and End Development: A Class Analysis of the International Debt Crisis”, *Capital & Class* No. 39（Winter 1989）and “Notes on the Origin of the Debt Crisis”, *The New Enclosures*（*Midnight Notes* 10, 1990）.

しようというOPEC〔石油輸出国機構〕諸国の主張を、OPEC加盟国であるサウジアラビアとクウェート――やはり合衆国の保護国である――が頑強に食い止めてきたことによって[7]。

二〇〇〇年にサダム・フセインは取引通貨をドルからユーロへと切り替え、その次の年にイランが同じことをすると、たちまちアメリカは爆撃と占領を開始した――ここ一〇年間の中東戦争はアメリカ国債に起因している可能性を否定できないとグレーバーはいう。アメリカが行う戦争／国家テロは負債資本主義にとって必須の手段なのだ。

福島原発建設期間をまたぐこの第二次冷戦の東アジア／中東金融体制再編成は、世界中に散在する七〇〇以上の米軍基地とその軍事力に支えられている。高江へリパッドをはじめ沖縄に七八もある米軍諸施設や、日本全域を飛び回るオスプレイもその一部を構成するこの軍事力にかかるばくだいな費用は、財務省長期債券や海外政府の資金を媒介に、税金や銀行の利子といった「負債」の形で民衆から搾り取られてきた。アラブの春、日本の反原発運動、ギリシャの反ネオリベ暴動、アメリカの「オキュパイ」運動といった二〇一一年における一連の蜂起を接続するものはここにある。アメリカ帝国を中心に、労働者から絶対剰余価値をもぎ取る負債という「血の轍」によって切っても切れない関係にある福島原発・米軍基地といった冷戦資本主義の残滓を一掃するチャンスを、これらの蜂起はおぼろげにではあるが垣間見せつつある。

ようするに、わたしたちが今リアルタイムで生きている危機の原点は、福島原発の起源をめぐる「長い一九七〇年代」の社会闘争に由来する。歴史社会学者ジョヴァンニ・アリギは、七〇〇年間の射程を持つ資本主義の歴史を「長い二〇世紀」と要約した。[8] 三・一一の世界史的意義を把握するにはここ十数年の趨勢を追うだけでは不十分である。一七九〇年年代における近代革命（そこには歴史家エリック・ホブズボームの言う「民主的政治革命」と「産業経済革命」という「二重革命」とともに、奴隷・海賊・異端者・暴徒が形成した大西洋労働階級が含まれる）の時代にまで遡行する「長い一九七〇年代」への歴史認識を持たねばならない。なぜなら原発の原点である「機械の矛盾」が原形として出現したのもその時期だからだ。

原発という極限の不変資本——機械破壊者《ラッダイト》の蜂起から装置《アパラタス》分解の「一般的知性」まで

労働手段が労働者を打ち殺すのである。

——カール・マルクス『資本論』第一巻

（7） デヴィッド・グレーバー／酒井隆史監訳、高祖岩三郎・佐々木夏子訳『負債論　貨幣と暴力の五〇〇〇年』（以文社、二〇一六年）五四三頁。

（8） ジョヴァンニ・アリギ／土佐弘之監訳『長い二〇世紀——資本、権力、そして現代の系譜』（作品社、二〇一一年）。

三・一一からちょうど二〇〇年遡る一八一一年三月一一日にイギリスで、手工業労働者たちが織機を破壊し始めた。のちにラッダイトと呼ばれることになる、おもに北部のノッティングハム、ランカシャー、ヨークシャー地方の職人たちがしかけた無名の闘争だ。自分たちの伝統工芸を蒸気で動く力織機によって収奪されていた職人たちは、民間伝承にもとづきラッド大将という架空の人物をこしらえ、その署名の入った恐喝文書を工業資本家に送りつけ、機械をハンマーで次々と打ち壊していく。産業資本主義の起源におけるこの画期的な階級闘争の二〇〇周年を記念するテキストの冒頭で、ピーター・ラインボーは福島原発事故に触れている。

二〇一一年の地震、津波、竜巻、炎による自然災害と、地球温暖化および原発メルトダウンによる人工的破局の関係は切っても切ることができない。

カイロのタハリール広場に結集した民衆はまだ手にしていない権利を獲得しようとして、虐げられ闘争する人びとの希望を膨らませた。ウィスコンシン州マディソン市では、失われそうな権利のために労働者たちが州議会議事堂を占拠した。福島の災害は全世界にショックを与えた。ウォール街占拠は、システムのもっとも抽象的(銀行)で排他的(私有財産)な様相をとらえ、その二つを具体的に一緒くたにすりつぶし、未来を予示した。

わたしたちが窮境に追い込まれたのはテクノロジーのせいだということ、そしてすべての事柄はグローバルに見るべきだということは今なら誰でも知っている。だが、二〇〇年前、世界と天空が荒れ狂い、民衆が機械を打ち壊すべく矯正のハンマーを振り上げたとき、こうした当然のことは一般的に知られていなかった。やはり二〇〇年前、おとぎ話のようにあらわれたわたしたちのハンマーと想像力を応用すれば、産業「システム」の起源にはシステムの終焉を告げる種子がすでに孕まれていることに気づくことができる。(9)

同じ時代に自らの肉体と知性を賭けて「一般的に知られていなかった」ことを人類の共有財にした三つの出来事――ロマン派詩人シェリーの革命的詩学、南北アメリカ先住民の蜂起、そしてラッダイトの叛乱――を、ラインボーは史的詩情溢れる筆致で接続させ、こう締めくくる。

(9) ピーター・ラインボー／拙訳「ネッド・ラッドとマブ女王――機械の破壊、ロマン主義、一八一一 - 一二年における幾つかのコモンズ」(カルチュラル・スタディーズ学会『年報カルチュラル・スタディーズ』第4号、航思社、二〇一六年) 五五 - 五六頁。

そのエネルギー源において一八一一～一二年のランカシャーの蒸気機関は、二〇一一年の福島の蒸気機関と異なる。しかし、その他の点において、福島原発はラッダイトたちが反対した機械を大きくしたものにすぎないのではないか。もちろん、それは違う、なぜならそこではハンマーは是正ではなく放射能汚染だけを撒きちらしてしまうからだ。が、どちらの機械もそれぞれ一九世紀および二〇世紀における戦争の産物である〔…〕。

想像力は政治的でありうる。ラッダイトたちとコモンズの両方にそなわっている「生成力《ポイエーシス》」が、一八一一～一二年の大西洋の証拠をわたしたちが集めることを可能にした。日本の経験は地下に棲息する水陸両生の怪物的力であるゴジラを、イギリスの経験は蜂起に役立つ世俗的神話としてのネッド・ラッドをわたしたちに与えてくれた。軍産複合体が生み出す戦争の諸機械はX^2〔収奪と搾取〕を手段にして世界のコモンズを破壊しようとする。火山の爆発、地震、彗星の軌道のなかに、地上の諸々の国家や政府を再構築し惑星が変化する兆しを見出しうるだけの充分な想像力を持った平民《コモナーズ》だけが、有力な敵対者であらねばならない[10]。

尺度の拡大を伴う蒸気エネルギーから核エネルギーへの技術的移行は、顕著な質的変化を及ぼした。二〇〇年前のラッダイト戦士たちとは異なり、わたしたちは原発を直接行動で破壊するわけにはいかない。強いてやれば放射能被害が広がるだけだ。

カール・マルクスは、不変／可変資本の概念を案出し、資本主義下の労働と機械の関係を理論化した。一八五八年に書かれた「機械についての断章」では、機械化と自動化が極限まで進み、可変資本（労働者）の不変資本（機械）に対する比率が最小となった未来が想定されている。ミッドナイト・ノーツ・コレクティヴ〔一一頁注1参照〕のメンバーであるギリシャ系アメリカ人哲学者ジョージ・カフェンティスはマルクスの未来図を簡潔にこう要約している。「『経済学批判要綱』の「機械についての断章」におけるマルクスのよく知られた主張によると、大規模な産業が発達するとともに科学が主要な生産力になり、労働過程がテクノロジーに乗っ取られ、機械が人間の労働を代行する（そして、その結果、利潤率低下につながる）資本主義的発達の段階が到来するという。労働者は機械の係員になり下がると同時に、労働時間を用いて富を計ることがますます不合理になる」(11)。つまり、テクノロジーの発達によって機械化された肉体労働がどんどん減らされていき、残るほとんどの労働は科学的革新や技術管理や認識や感情をめぐる知的労働になり、それが「一般的知性」として集中化され支配的になるという未来図だ。このある種「空想資

（10）　同前、九一－九二頁。
（11）　George Caffentzis, “A Critique of ‘Cognitive Capitalism’”, in *Letters of Blood and Fire: Work, Machines, and the Crisis of Capitalism* (PM Press, 2013), 98.

本主義」的構想には、経済学者ハリー・クリーヴァーが注意するように、限界がある。先住民の伝統文化や知識を私有化・商品化しようとする資本に対し先住民自身が抗うばかりでなく、知識を「知的所有権」や企業秘密の対象として私物化し、知的労働を厳しく分業化・管理し、労働現場における肉体労働者の実用的経験や知識を軽視する資本そのものの構造が「知性」を「一般化」することを困難にしている。したがって、「『支配的観念』を押しつけ、知的活動を全体性のなかにヘゲモニー的に統合し、人類全体の『一般的』知性と呼べるようなものの起源になることに対する障壁が長年あり続ける」(12)。「断章」が書かれてから一六〇年経ったいまも、このヴィジョンはまだSFの空想的次元を脱していない。木材や石炭といった原子力以前のエネルギー源と比べれば、確かに原発は「一般的知性」の一端を担うのにふさわしい科学的技術者を「労働貴族」として導入する、さらに集約化された不変資本である。しかし、その運転と除染に必要不可欠な原発労働者の労働は自動化されるどころか、切り捨て御免の無残な論理で自滅的労働を強いられる。彼らの過酷で危険な労働環境は、『資本論』第一巻でマルクスが克明に記述した一九世紀イギリス産業労働者の過酷で危険な労働によって病死・若死にする状況とあまり変わらない。原発技術者＝各企業社員と「原発ジプシー」の関係を巨視的に見直すと、それは北半球の消費社会と南半球の貧困社会との間に資本が長年隔ててきた溝(階級的分断)に照応する。

それだけではない。冷戦資本主義の産物である原発は黙示的「フェイル・セイフ」(機械の故障を見越した安全設計）の原理にもとづいて作られている。冷戦期の米ソ対立が核戦争まで緊迫した「キューバ危機」と同年に出版され、二年後の一九六四年に映画化された小説『フェイル・セイフ』は、機械を究極的に自動化した際に生じる脅威を描いた物語だ。[13] 水爆を搭載してアラスカ上空を巡航中の米軍爆撃機部隊。防衛システムの誤作動で「モスクワを核攻撃せよ」との指令が入る。誤りに気づいた米政府は中止命令を出そうとするが、時すでに遅し。部隊は「フェイル・セイフ・ポイント」を過ぎてしまった。その地点を越えて出された命令は敵の謀略とみなし、自動的に遮断される仕組みとなっていたのだ。モスクワに水爆が投下され、ソ連が報復態勢をとる。すると米大統領が、全面核戦争を避けるため「代償としてニューヨークに水爆を落とす」という提案をする――安全装置として設定した「フェイル・セイフ」の技術が皮肉にも米ソ両国の都市への核爆弾投下を引き起こしてしまうというストーリーだ。原発のフェイル・セイフ・システム（「非常時冷却装置」等々）もまた極限までの自動化によってむしろ制御不能性を露呈している。収拾のつかない事故が起これば、この絶対的不変資本の破損は、資本家も労働者も道連れに「全滅」させることはなくても、全生態系の放射能汚染を引き起こし、資本蓄積どころか生命の生存さえ危う

（12）　Harry Cleaver, “Path of Autonomy” (2006) : https://la.utexas.edu/users/hcleaver/PathsofAutonomy.htm
（13）　Eugene Burdick and Harvey Wheeler, *Fail-Safe* (McGraw-Hill, 1962). シドニー・ルメット監督の映画邦題は『未知への飛行』。

くする。だが、これは『フェイル・セイフ』に見られるような「技術決定論」が招来した資本主義の偶発的特性による不本意な事故ではない。それは、自分以外の代替システムへの変更をゆるすぐらいなら全人類を道連れにしてやろうという、資本主義の無意識的構造が培ってきた黙示的タナトスへの衝動をあらわしている。「自己保存の本能」を人間から疎外し、システム全体の「自己保存」を自滅的フェイル・セイフに拡大した原発や大量破壊兵器という機械を「極限の不変資本」と呼んでもいい。

原発災害を「想定外」と嘯くエンジニア、目先の利潤や地政学的変動に惑わされて原発政策をごく「現実的に」立案実施する資本家や政治家や官僚、彼らの偶発的個人行為を制度的に集積すると、それは資本主義の無意識から自然に現出する「必然」になる。マルクスはこのことを「経済的社会構成の発展を一つの自然史的過程と考える私の立場は、ほかのどの立場にもまして、個人を諸関係に責任あるものとすることはできない(14)」と説明した。現代において黙示的終末論は、資本主義の生存メカニズムなのだ。しかし、そこには神の救いも生物的進化もない。無意味で不毛な終末しかない。たとえば、アメリカの中東政策について、ノーム・チョムスキーはこう警告している。「爆撃機の照準を通して眼下の世界を見るという姿勢が、さらなる悲惨や苦しみを生むだけであり、ことによれば『終末論的な様相』を帯びた、さらなる悲惨と苦難をもたらすことは十分確信できよう(15)」。それに太刀打ちできるのは資本の技術的最先端を担う前衛的「一般的知性」ではなく、蜂起が終わりなき動詞だということを忘れない「大衆知性」だ――それだ

けが黙示的資本主義特有の装置《アパラタス》である原発を分解可能にする。(16)

「黙示録ナウ」、あるいは死者たちの終わりなき踊り

そして見ていると、見よ、青白い馬が現れ、乗っている者の名は「死」といい、これに陰府が従っていた。彼らには、地上の四分の一を支配し、剣と飢饉と死をもって、更に地上の野獣で人を滅ぼす権威が与えられた。

彼らは、もはや飢えることも渇くこともなく、太陽も、どのような暑さも、彼らを襲うことはない。玉

(14) 大内兵衛・細川嘉六監訳・岡本次郎訳『マルクス=エンゲルス全集』第二三巻第一分冊(大月書店、一九六五年)一〇-一一頁。

(15) ノーム・チョムスキー/大塚まい訳『お節介なアメリカ』(筑摩書房、二〇〇七年)二四九頁。

(16) ここでほとんど修辞的に使っている「大衆知性」という言葉は、たとえば酒井隆史が「ポストフォーディズムの資本主義における解放的ポテンシャルを明確に指示するため」の概念として言及しているマウリツィオ・ラッツァラートの«intellecualità di massa/mass intellectuality»とは異なった意味合いを持つ(『自由論――現在性の系譜学』青土社、二〇〇一年、四七頁)。ラッツァラートの概念は一九七〇年代以降の資本主義の特殊性に依拠するものであり、ここでは近代資本主義の荒々しい誕生に際して活性化した(ラッダイトたちのような)蜂起の伝統をも射程に入れた、トムスンのいう「民衆的」(popular)知性のイメージに近い意味で用いている。

座の中央におられる小羊が彼らの牧者となり、命の水の泉へ導き、神が彼らの目から涙をことごとくぬぐわれるからである。

――『ヨハネの黙示録』六章八節、七章一六～一七節

「大変革期において類推《アナロジー》が榴散弾のように飛び交う」という書き出しで始まる都市社会学者マイク・デイヴィスの論説「春が冬に対峙する」では、二〇一一年アラブ民主革命が一八四八年ヨーロッパ革命やソ連その他東欧共産圏を解体した一九八九年革命との類推で論じられている。一七八九～九九年フランス革命を引き合いに出し、一八四八年革命をその「悲劇」を反復する「笑劇」にたとえたマルクス『ルイ・ボナパルトのブリュメール一八日』を「〔汎アラブ主義と汎アフリカ主義を結合して第三世界革命を企てた第二代エジプト共和国大統領〕ナーセル以来、読み込んできたエジプト左翼」の「細胞組織やネットワークが労働者や若者と協力した勢力が一月二五日革命そして一一月のタハリール広場の再占拠の源だった」とデイヴィスは指摘している。「イスラム教徒多数派の政府が新しい左翼や独立組合を自由に組織しキャンペーンを張る権利を保証する」ことが「エジプトの民主主義のリトマス試験紙になる」という彼の問題設定は、二〇一三年七月のクーデターに続く権威主義的アッ＝シーシー政権の確立、すなわちエジプト的「ボナパルティズム」の復活によって答えられ、歴史の悲劇と笑劇は常に結合して反復することをわたしたちに再び思

い起こさせた。(17)

アラブの春に参加したエジプト左翼が熱心にひもといた『ルイ・ボナパルトのブリュメール一八日』の冒頭で展開するアナロジーは、一八四八年革命がフランス革命の衣装をまとうことに力点が置かれているが、フランス革命もまた古代ローマ共和国の衣装をまとって歴史の舞台に立ったことをマルクスは付言している。そして、今日、古代ローマの共和制から帝制への移行をアメリカ史（また他国史）のアナロジーとして援用するのは修辞的常套手段だ。史的イエス研究の第一人者であるジョン・ドミニク・クロッサンや政治学者チャルマーズ・ジョンソンも、「戦争資本主義」に暴走したポスト九・一一のアメリカを古代ローマ帝国にたとえている。(18) わたしたちも「不安そうに過去の亡霊を呼び出して自分たちの役に立てようとし、その名前、鬨の声、衣装を借用して、これらの由緒ある衣装に身を包み、借り物の言葉で、新しい世界史の場面を演じようと(19)」していることには変わりない。負債という聖痕を全世界のプロレタリアートの額に烙印する資本が「現代の黙示録」を切り開いているとしたら、古代ローマ帝国の影の下で綴られた

(17) Mike Davis, "Spring Confronts Winter", *New Left Review* 72 (November-December 2011): http://newleftreview.org/?view=2923
(18) Chalmers Johnson, *Nemesis: The Last Days of the American Republic* (Metropolitan Books, 2007), 54–71; John Dominic Crossan, *God and Empire: Jesus against Rome, Then and Now* (HarperCollins, 2007).
(19) カール・マルクス／植村邦彦訳『ルイ・ボナパルトのブリュメール一八日［初版］』（平凡社、二〇〇八年）。

『ヨハネの黙示録』を現在に当てはめるささやかな世俗的類推も許されよう。

　グノーシス福音書を仏教思想と興味深く比較分析した聖書学者エレーヌ・ペイゲルスによると、聖書のなかで『黙示録』ほど異質なテキストはない。それは歴史でもなければ倫理的規律でもない。一目瞭然に解せる寓話でも神学的構想でもない。魑魅魍魎や大災害の幻想的イメージと謎に満ちあふれ、何かを象徴的に暗示（黙示）しているかのような預言的言説の連鎖が続き、最後はキリストの再臨と神の国の到来で締めくくられる全編に目的論的終末観が色濃く漂う。(20)『国家と革命』でレーニンが「ロシア」のことを「日本」と呼ぶ「イソップの言葉」を用いたのは、帝政ロシア支配下における監視の目を逸らすためだった。『黙示録』も似たような理由で、信者にしか通用しない隠語で口伝され書かれている。

　言い伝えによると、ドミティアヌス帝が支配する古代ローマ帝国が『黙示録』の作者とされるヨハネをパトモス島に幽閉したのは、西暦九〇年代のころである。今で言えば国家安全保障を脅かすテロリスト組織に属する異端分子と見なされた政治犯だ。ドミティアヌス治世とアメリカ帝国のブッシュ＝オバマ政権を類比してみよう。通貨デナリウスの価値低下のせいで破綻し始めたローマ帝国の経済体制は、二〇〇八年以後アメリカを震源地に世界中を襲い拡散し続ける金融危機／大不況を類推させる（古代ローマの労働者の平均日給は一デナリウス／デナリオンとされ、これで購える生活の糧が飢饉による物価上昇で目減りすることに抗議する声は『黙示録』からもしっかりと聞こえる、「わたしは、四つの生き物の間から出る声のようなものが、こう言うのを聞いた。『小麦は一コイニクスで一デナリオン。大麦は三コイニクスで一デナリオン。オリーブ油とぶどう酒とを損なうな』」)。公金を湯水のごとく投入したフラウィウス闘技場や剣闘士競技大会（古代ギリシャのオリュンピア大祭を受け継いだもの）は、さしずめ教育や社会福祉をそっちのけにアメリカ州立大学及び地方自治体がばくだいな資金を充てて建設する巨大競技場やスーパーボウルといった株式資本主義が提供するスポーツイベントを思わせる。支配権力の顕示を目的に帝国の周縁地域を侵略して泥沼化したブリタニア・ダキア遠征は、宗派間暴力を加速化させた米軍のアフガニスタン・イラク侵略／占領に該当する。ネロに次ぐ暴君といわれるドミティアヌスが行ったユダヤ人及びキリスト教徒迫害は、「米国愛国者法」議会通過後のアメリカ国家暴力のメタファーに書き換えてもいい——アメリカ国家は人身保護令状を全く無視し、国内のアラブ人及びイスラム教徒を次々と逮捕し、ひどい場合は罪状なしに何年も拘留し、「特例拘置引き渡し」によってパキスタンなどの秘密留置場にぶち込んでは数々の拷問にかけ、空からはドローン爆撃で殺戮を続けている。ドミティアヌス帝のもとで確実に衰退していったローマ帝国は、ここ半世紀にわたり、経済的に激しく衰え、軍事力と金融資本が織り混ざる悪循環のダブルバインドで「神々の黄昏」のなかへと落魄し続けるアメリカ帝国と重なる。

(20) Elaine Pagels, "The Book of Revelation: Prophecy and Politics", Edge Master Class 2011: http://edge.org/conversation/-the-book-of-revelation-prophecy-and-politicsedge-master-class-2011

黙示的想像力は、この帝国の衰亡と相補関係を持つ諸刃の剣でもある。一方で、それは歴史の土壇場でわたしたち「地に呪われたる者」が勝利するのだという、ユートピア的希望を敗北のなかで保持する。（権力にとって）不可視の共同体の一部としてそのような社会的希望を延命しなければ、人は疎外に耐えうるすべをなくし、帝国の「装置《アパラタス》」の部品になることに甘んじてしまう。他方、「黙示」はその言葉が示す通りそれを信奉し、入信の儀式を経た者のみが認知できる前衛的小集団の思想だ。これは裏を返せば、支配者の意識を倒立させた意識に他ならない。一九七〇年代以降のエネルギー危機をめぐる黙示的言説を批判したジョージ・カフェンティスも、「資本に対抗する闘争が危機的規模に達しているとき、その闘争の逆立ちしたイメージが資本の黙示《アポカリプス》に他ならない(21)」と述べている。

世俗的観点からすれば、資本やテクノロジーを「現代の黙示録」とみなすのはそれらの力を物神化することと同義である。そのような物神化は敵に対してであれ、自分たちの力に対してであれ、カフェンティスがメイン州オキュパイ運動の集会でのスピーチで語ったように「わたしたちに自分たちが誰なのか、自分たちの力の限界がどこにあるのか、わかっているような気にさせる(22)」。そのような幻想のもとで繰り広げられる闘争は、終末論的な最終戦争に期待するあまり、見えない場所や時間のなかでしぶとく誠実に持続されている無数の微細な現実の闘争を無視する傾向を生んでしまう。自らが関わってきた運動が敗走するなか、破れかぶれに黙示的幻想を抱いて行動を決したイギリス清教徒革命の第五王国派、新左翼運動から派生した赤軍派やウェザー・アンダーグラウンドといった「武装闘争」に対してはいくぶんか同情の余地はあるかもしれないし、時と場合によってはわたしたちもそのような行動を取ったかもしれない。しかし、現実の権力構成とその解体過程を彼らが見誤っていたことは否めない。「自分たちが誰なのか、自分たちの力の限界はどこにあるのか」を知らなかったがゆえに生じた過ちだ。

二〇〇八年九月、ギリシャ当局はトルコのエーゲ海岸からパトモス島に渡ってきたイラク戦争難民一三三人の受け入れを拒否し、一九六七〜七四年の軍事独裁政権が政治犯を収容したレロス島に向かわせた。流転し続ける歴史のイロニーだ。ギリシャ内戦（一九四六〜四九年）において農民・市民の支持を集めた人民解放軍を抹殺し、軍事独裁の根株を育てた米国は、内戦が終結した三年後の一九五二年、アフリカ・カリブ独立運動を育みアフリカ系アメリカ人労働者を組織した活動家C・L・R・ジェームズをニューヨークのエリス島に幽閉した。母国トリニダードで一九六〇年に行った講義でジェームズは、パトモスのヨハネによる『黙示録』を「反帝国主義と反植民地主義」のテキストだと述べている。彼によると、『ヨハネの黙示録』の意義は、その「歴史的幅の広さ」であり、「ローマ人を負かした後、誰もが幸せになる新世界がある」ということ、移動が簡単にでき飢えのない太平の「新世界」を提示したことだ。

（21） Midnight Notes Collective, *The Work/Energy Crisis and the Apocalypse*, 28.
（22） "Occupy Maine Teach-in (Day 10): George Caffentzis": http://www.youtube.com/watch?v=HczOVJPBHAk

宗教詩として（事実にもとづいていても、それはやはり宗教詩である）、ミルトンの『失楽園』と比較しても遜色がないと個人的に思うようになったのはずいぶん経ってからだ。全体的に見ていずれかを選ばなければならない場合（そのようなことが決してないよう願うしかないが）、わたしは聖ヨハネを選ぶだろう。彼が反帝国主義者だからではない。彼には強烈な幻視の力、根本を把握する力がある。そして、奇妙な表現形式を用いたにもかかわらず、プラトンやアリストテレスのような偉大な哲学者と共通するものがある。彼にとってもっとも重要なのは、平和で調和した社会の理想像だ。(23)

三・一一後の世界に見合うような「平和で調和した社会の理想像」はまだ出現していない。アラブ革命にしろ、放射能計測運動からデモにわたる反原発運動にしろ、一九七〇年代に軍事独裁が終息して以来ギリシャ最大の民衆蜂起となった二〇一〇年メーデーのゼネストやシンタグマ広場を始め各大都市を埋め尽くした二〇一一年の「怒れる市民運動」にしろ、同年一〇月にこのギリシャの闘争と連結したアメリカのオキュパイ運動にしろ、同じような批判が頻繁に寄せられている。いわく、明確な目的や要求がない、統一性をもたらす組織がない、と。しかし、わたしたちは既成のイデオロギーや政治的秩序になにかを作り足そうとしているのではない。おびただしい蜂起の連動がわたしたちの幻視する眼を貫いている。解せないものは批判せず、できる限り行動をともにしながら、パトモスのヨハネのように「証をする」だけだ。ある意味それは死を自覚することでもある。個としての死だけではなく、資本主義という「経済的社会構成」の死、生物界全体を包含する種／類的存在としての死。そのような死の自覚はパトモスのヨハネにもあったし、ヨハネがその名によって預言したイエス・キリストにもあった。死を自覚しない生き方は自滅の道をたどる――個人の次元あるいは社会経済システムの次元でもそうだ。先住民虐殺や入会地《コモンズ》の囲い込み《エンクロージャー》による資本蓄積の「血に染まり火と燃える文字で人類の年代記に書き込まれている」史的現実は、商品形態に支配されるこの蓄積の過程が同時に「死の蓄積」のシステムであることの証左である。ラインボーは、近代資本主義下の監獄と死刑制度を階級闘争の視点から綴った歴史書『ロンドン絞首』の冒頭で、一見矛盾した語義を併せ持つキーワードに留意している。

> 犯罪学または経済学においても、「キャピタル」ほど強烈な言葉はあまりない。前者の分野でそれは「死」を意味し、後者では「富」または「株」の生命を意味する――一見反対の意味だ。もしこの一語から連想されるものがこれほど際立ち、これほど矛盾し、しかも的確に本書の主題を表現していな

---

(23)　C. L. R. James, *Modern Politics* (bewick/ed, 1973), 8.

ければ、この問題を語源学者に委ねてもよかったかもしれない。つまり、死をもって罰せられる犯罪と、それに先行する（または死せる）労働の生産物にもとづく富の蓄積という意味が、なにゆえ「キャピタル」という一語に兼ね備わるようになったのか、という問いだ。本書は生きた労働の組織化された死（capital punishment：死刑）と死せる労働（punishment by capital：資本による罰）の関係を探求するものである。(24)

資本または階級社会が組織的にもたらす死を自覚した民衆が共振し行動し始めると、根源的「新生」（もしくは「革命」）の可能性が生まれる。それは、「死の蓄積」によってしか成り立たない「資本蓄積」と相反する、自己組織化された死者と生者の交流でもある。

三・一一における三位一体の受難（地震／津波／原発事故）は死の覚悟をわたしたちに植えつけた。歴史上、このような死の共同認識は「盆踊り」、「死の舞踏」、「死者の日」といった民衆による「伝統の創造」として表出されてきている。日本の盆踊りの起源の一つとされる「踊り念仏」は一三世紀に一遍上人によって民衆の間に広まった。「踊り念仏では、みんなはげしく地面をけりとばし、〔…〕死者を地上によびさまし、生者とともにおどってさわぐ(25)」と栗原康は説明している。一四世紀のペスト流行・飢饉・百年戦争が引き起こしたおびただしい死に直面したヨーロッパで、全ての生命が平等だという大衆意識の顕現として「死の舞踏」が描かれた。そしてメキシコの「死者の日」の起源は、三〇〇〇年前にまで遡るアステカ族の女神ミクトランシワトルの祝日とカトリック祭日の万聖節と万霊節が融合した祭りだ（「死の淑女」と呼ばれるミクトランシワトルは冥府ミクトランを司り、今日メキシコの最下層階級の間で親しまれている「死の聖人《サンタ・ムエルテ》」の起源の一つでもある）。

「死者と生者の交流」を儀式化したこれら「踊る死者のコモンズ」は、いくつかのことを示唆している。まず、このような伝統的交流が回復するのは通常災害時である。それは民衆の共同慣習によって形成されている。そこには地上の権力を無化しうる平等思想がある。「万世一系」の支配的神話に統合されつつも抗う複合的先住民性がある。後世、集中化された権力や帝国を覆す蜂起として開花するであろう記憶の種子がある。現在、生者と死者を遮断しているのは、資本主義的呪術を通して「法人」という名の邪神になった原発・軍事基地・株式会社だ。「エネルギーシフト」の導入や「基地の県外・国外移設」あるいは「福祉社会の復興」のような邪神の別様の祀り方は化粧直しでしかない。それでは、邪神の権威を結局は認めることになるからだ。禍々しく変形された不変資本による搾取と本源的蓄積による虐殺を甘受する「人身御供」と引き換えに、特権のわずかなおこぼれを恵ってもらい支配され続けることを意味する。む

（24）Peter Linebaugh, *The London Hanged: Crime and Civil Society in the Eighteenth Century*, Second Edition（Verso, 2003）, xvii.
（25）栗原康『死してなお踊れ――一遍上人伝』（河出書房新社、二〇一七年）一二二頁。

しろ、三・一一という史的契機は徹底的な「邪神祓い」の可能性をわたしたちに突きつけているのではないか。古代や中世から存続し、経済的合理主義や科学的技術を媒介に、権力の矛盾は現実において巨大化した。その計り知れない欲望の祭壇で生け贄にされた死者たちは、わたしたち生者の持つ政治経済的想像力の遺伝子に転位と飛躍を要求している。その要求に応えなければ、死者たちはむろん浮かばれないし、わたしたちは指をくわえて反キリストの勝利で終わる「黙示録」を待つことになる。

日本史上千年に一度起きるか起きないかの大規模な地震／津波によって、死者約二万人の亡霊は現在を徘徊し踊り続けている。自爆した福島第一原発は放射能という「日本の黒い霧」を世界中に撒きちらし、生き残ったわたしたちを外部・内部被曝にさらし、毒蛇に咬まれたエウリュディケーのようにわたしたちを未来の「黄泉《よみ》」に向かって半永久的に突き落とし続けている。だが、有象無象の自製ドラムを「原発反対」の乱雑で躍動的なリズムに沿って路上で叩き続ける現代のオルペウスたちは、エウリュディケーの黄泉くだりを止めようと必死だ。果たしてわたしたちは黄泉に跋扈するコモンズの魑魅魍魎を味方につけ、原発という「極限的不変資本」を片鱗とする黙示的資本主義の地獄から這い上がり、弛みなく繰り返される闘争と弾圧の煉獄を通過し、世界革命の天国まで登りつめ、その扉を襲撃できるのだろうか？ アラブ、地中海、アジア、アメリカと、地理的には原始キリスト教会よりも壮大な広がりを持つわたしたちの運動は、その内実においても帝国に懐柔されず、国家／資本に回収されずに生き延びられるだろうか？ 少なくとも、三・一一以降の反原発運動はこのような世界蜂起の自問を修辞的領域から現実の方向へと確実に後押しした「運動の運動」の一部だということは間違いない。一九七〇年代から現在に至るまでの新しい階級闘争を持続させた蜂起の一つ、サパティスタ先住民運動のマルコス副司令官の言葉を思い出す。

「さあ、全歴史の死者であるわたしたちがここにいて再び死にかけている、しかし、今度は生きることを目的として……」

5 プロメテウスの末裔

放射能という名の本源的蓄積と失楽園の史的記憶

同位体のすべてが放射性である希土類元素《レアアース》プロメチウムの名前の由来は、ギリシャ神話のプロメテウスである。オリュンポスの神々の始祖タイタン族に属するプロメテウスは、人間を粘土から創造し、この被造物へ神々から盗み取った火を与えた。原子番号61の元素プロメチウムは、核兵器ないし原発でウランが核分裂した結果生じる放射性核種であり、人間が創造した「被造物」である。地球上の自然界のどこにも存在しない、完全に人工的につくられた元素だ。その同位体１４７は蛍光灯の点灯管、原子力電池、研究用原子炉などに使用されている。

プロメチウムの分離に初めて成功した化学者チャールズ・D・コリエル、ローレンス・E・グレンデニン、ジェイコブ・A・マリンスキーは三人とも、ヒロシマ／ナガサキに投下された核爆弾開発を担った「マンハッタン計画」のメンバーだった。世界初の実用原子炉 X-10 Graphite Reactor をエンリコ・フェルミとともに建設したオークリッジ国立研究所で、彼らは世界で初めてプロメチウムをウラン燃料から取り出した。時は一九四五年。だが、戦時中の軍事技術開発で多忙だったため、発表は戦後の一九四七年九月となった。元素の名づけ親はコリエルの妻グレイス＝メリー。火の知識を人類に解明した罰として、岩壁に縛りつけられたプロメテウスは、自動的に蘇生するはらわたを巨大な鷲についばまれ続ける。新しい「火」である科学的発見やテクノロジー開発には、悲惨な犠牲が伴うかもしれないという意味合いが込められたメタファーである。

核産業や軍事開発に携わった現代の科学者はプロメテウスによくたとえられる。（アメリカ・イギリス・カナダ政府間の協力をもとに一三万人以上を雇用した）膨大な核産業工場「マンハッタン計画」を主導した物理学者ジュリアス・ロバート・オッペンハイマーの伝記が二〇〇五年に出版され、翌年のピューリッツァー賞を受賞した——伝記の題名は『アメリカのプロメテウス』だ[1]（このイメージはもともと一般読者向けの月刊科学誌『サイエンティフィック・マンスリー』一九四五年九月号の記事で使われていたものだった）。三・一一以後、福島原発事故の真相と放射能汚染の実態を追った朝日新聞特別報道部の連載ルポも「プロメテウスの罠」と題されている（二〇一一年一〇月〜一六年三月）。しかし、科学者、あるいは人類一般のヒュブリス（思い上がりや傲慢）を表現するためだけにプロメテウス神話を持ち出すと、

（1）　Bird, Kai, Sherwin, M. J., *American Prometheus: The Triumph and Tragedy of J. Robert Oppenheimer*, Alfred A. Knopf, 2005. 邦訳：カイ・バード、マーティン・シャーウィン／河邉俊彦訳『オッペンハイマー——「原爆の父」と呼ばれた男の栄光と悲劇』（上・下、ＰＨＰ研究所、二〇〇七年）。

肝心な階級関係の歴史や権力の存在を見落としかねない。

イギリスが産業革命を開始した時期に「プロメテウス」をメタファーに用いた文学作品といえば、メアリー・シェリーの『フランケンシュタイン、あるいは現代のプロメテウス』（一八一八年）だ。SFやホラーの原点としてしばしば引き合いに出されるあまりにも有名なこの物語の中心的事件は、生命のない物質を「怪物」／人造人間に創成する科学者ヴィクター・フランケンシュタインの実験である。一七八〇年、イタリア人物理学者ルイジ・ガルヴァーニが解剖中にカエルの足に二本のメスを当てると金属の接触でピクッと動くのを発見、そこから生体電気実験が盛んに行われるようになった。このプロメテウス的行為が、物語の着想の発端だった。ガルヴァーニの「電気の発見」をもとに、後輩アレッサンドロ・ボルタが電池（いわゆる「ガルバニ電池」）を発明したのが一八〇〇年。そして、『フランケンシュタイン』が出版されてから十数年も経たないうちに発電機が発明され、一九世紀末には水力発電がエネルギーの長距離流通を可能にし、水や石炭をしのいで電力が産業と都市を支配するエネルギーになる。

しかし、こうした近代科学と産業の発達を驀進的に押し進めたのは、科学者の発見に基づく技術革新《イノベーション》でも、資本家の企業《エンタープライズ》でもない。無名労働者の集約された労働力である。狩猟採集の権利や入会地を奪われた平民・先住民、手工芸の力能を機械に奪われた職能民は、「無産労働者階級《プロレタリアート》」という「フランケンシュタインの怪物」にむりやり改造された。上からの命令で全てが決まる組織の歯車として管理され、こき使われるプロレタリアートの労働力こそが、科学者のアイデアを物質に変え、資本家の持つ紙切れや金属に魔力を吹き込み、利潤を生み出していったのだ。

『フランケンシュタイン』の時代の民衆史をダイナミックに掘り起こした大西洋民衆史家ピーター・ラインボーによれば、この小説は「テクノロジーの隠れた威力、創造に伴うファウスト的プライドに関する典型的な物語である」。「ほとんど理解されていなかった新しい電力エネルギーを組み合わせ、墓を荒らして収集してきた人体各部位をつなぎ、その動力としてこのエネルギーを応用した技術官僚《テクノクラート》は、ついに新種の生き物を創造する」。こうして生まれてきた「怪物」は、創造主たるテクノクラート＝フランケンシュタインから知恵を授かることなく、自ら知恵をたくわえプロメテウスとなった。ラインボーはそれを次のように説明する。

プロメテウスはプロレタリアートの守護神になった。彼は大地の女神ガイアの息子であり、アルファベット、数字、船、鉱業、セラピー、知性、癒しといった諸々の芸術と工芸は彼に由来する。同時に彼はゼウスと体制の秩序に刃向かった反逆者でもあった。ゼウスに罰せられ、鍛冶の神へファイストスが鍛えて造ったくさびで岩に縛られはしたが、最終的には立ち上がることを運命づけられている(2)。

「最終的に……」。運命は預言であると同時に、わたしたち自身の行いによって決定される現実でもある。過去の歴史を、わたしたちの出自を思い起こさない限り、過去－現在－未来をつなぐ運命を理解することはできない。資本主義の起源（「本源的蓄積」）へ遡ってみよう。すると、現代のフクシマ原発労働者と変わらず、放射能にまみれて労働のなかで死に絶えるプロメテウスたちの姿が見えてくるだろう。神話でもメタファーでもなく、厳然たる歴史的事実として。

「本源的蓄積」の系譜――ヨアヒムスタール、ポトシ、石見

科学的発見は、仮説と実験を絶え間なく、機械的に行い続ける努力の末に生じる客観的で必然的な結果だと思われがちだが、実は違う。夢のお告げ、直観やひらめきといった主観的作用があったり、偶然が驚くべききっかけを作ったりすることがままある。

一八九六年に放射能を発見したフランスの科学者アンリ・ベクレルの場合もそうだった。ベクレルは初めから放射能を探していたわけではない。パリの研究室の一隅で、黒い厚紙に包んだウラン塩をルミエール写真乾版の上に置きっぱなしにしていたところ、乾板が放射線によって感光しているのを偶然観察したのである。この発見の功績によってベクレルは、ラジウムを発見した同僚のキュリー夫妻とともに、一九〇三年ノーベル物理学賞を受賞し、放射能の量を表す単位（ある放射性物質の原子が一秒間に崩壊する個

数）はベクレルと名づけられる（所有などありえない自然界の現象でさえ、個人の私有物と錯覚する近代の奇妙な風習の一例だ）。

実験中にラジウムをいじくりすぎたため再生不良性貧血を患い、マリー・キュリーは死んだ。しかし、彼女は放射能に命を奪われた最初の被害者では決してなかった。キュリーらが実験に使っていたラジウムを放出するウラン鉱物の原産地は、ボヘミアのヨアヒムスタール（Joachimsthaler：ヨアヒムの谷、現チェコのヤーヒモフ）鉱山。一六世紀から一九世紀末までの四〇〇年間、放射能はヨアヒムスタールの無数の坑夫たちを死に追いやった。

一五一六年、ヨアヒムスタール鉱山に銀脈が発見されると、採掘に駆り出された坑夫たちは次々と病にかかり倒れた。当時、これらの謎めいた疾患は「悪臭のする蒸気」や「地下の小人たち」のせいにされ、被曝による悪性のガンだと確認されるには一九三〇年代まで待たねばならない。銀貨の鋳造地ヨアヒムスタールは、ヨーロッパ中で使われたドイツの銀貨「ターレル thaler」そして「ドル」の語源ともなった。ヨアヒムスタール鉱山の表面を四世紀にわたって掘り起こし続けた坑夫たちの死病にまみれた労働は、放射能だけではなく、近代貨幣の助産婦でもあったのだ。

（2）Peter Linebaugh, "Ypsilanti Vampire May Day", *CounterPunch*, weekend edition（April 27–29, 2012）: http://www.counterpunch.org/2012/04/27/ypsilanti-vampire-may-day/

一五二七年、ヨアヒムスタールの町医者に任命されたゲオルク・アグリコラ（本名ゲオルク・パウエル）は、坑夫たちの実用的知識を収集し、ルネサンス科学の名著『金属について《デ・レ・メタリカ》』（一五五六年）を執筆した。鉱石の扱い方や採鉱方法などをこと細かく正確に記述したこの書物の知識はその後二〇〇年も有効性を保ち、鉱業のバイブルとして君臨する。鉱山で採取された鉱物は武器や貨幣の形を取り、悪行の源になるという主張に対し、アグリコラは本書でこう答えている。「鉱山の産物自体が戦争の原因ではない」、「もし金銀や宝石を手段にして、女性の貞操を破り、多数の人びとの信義を腐敗させ、正義の道を買収して悪行の限りを尽くすことが起こりうるなら、それは金属のせいではなく、かき立てられたり興奮したりする人間の激情、あるいは心の内にある盲目で不謹慎な欲望による」。そして、医者、画家、建築家にとって利用価値の高い金属で作られた貨幣は「とても便利なので、大志を抱く商人にとっては、物々交換の古いシステムよりも役立つのだ(3)」と。科学やカネは元来中立的《ニュートラル》なもので、悪用されるのはそれを使う人間が悪いからだという論法の原型である。それは、核を軍事利用する原子爆弾の製造は「悪用」、平和利用する原子力発電は「善用」、という過去の議論でも使われたし、現在の原発批判や金融経済批判への反論のなかでもよく持ち出される。

ヨアヒムスタール鉱山に銀脈が発見されてからほぼ三〇年後、正確には一五四五年、スペイン帝国は南米に銀山の町ポトシ（現ボリビア南部）をつくった。スペインからやってきた新しい冒険者や支配者たちは、先住民インディオたちのコモンズだった土地を奪い尽くし、苛酷な奴隷労働を課した。二〇〇九年にベネズエラのウゴ・チャベス大統領が米オバマ大統領に贈呈したことでも知られる歴史書『収奪された大地　ラテンアメリカ五百年』を書いたウルグアイ人作家エドゥアルド・ガレアーノは、後年の傑作『火の記憶』三部作の第一巻『誕生』のなかで、ポトシの労働状況をつぶさに描いている。

月曜の明け方、彼らは丘へと追い立てられ、コカを噛み噛み、何の光も空気も通わぬあの巨大な腹腔の腸《わた》そこここに見え隠れする銀鉱脈を、緑がかった白蛇の後を、追いかけ、つるはしを振り上げる。インディオたちは坑内に罐詰めのまま、粉塵を吸って両肺を潰し、空腹をごまかし疲れを紛らわすコカを噛んでは、日が暮れたのか明けたのかも知らず、土曜の終わるころ、祈りの鐘が上がりを告げるまで、一週間というもの働きづめ。それから火のついた蠟燭で行く手を照らし、地上を目指すが、外気の下に顔を出せるのは日曜の夜明け、それほどまでに坑道は深く、地下洞穴と回廊は果てしない。(4)

土地／生活手段を奪い取り、このような劣悪な状況下でむりやり働かせて富を築き、その富で再び新しい

(3) Georgius Agricola, *De re Metallica*, trans. Herbert Clark Hoover and Lou Henry Hoover (Salisbury House, 1912), 16, 19.
(4) エドゥアルド・ガレアーノ／飯島みどり訳『火の記憶1　誕生』(みすず書房、二〇〇〇年)二九二頁。

地域に乗り込み、同じことを永劫回帰マシーンのように繰り返す――ヨアヒムスタールやポトシを始めとする世界の至る所でなされた伝統的生活の破壊とそれに続く強制労働、五〇〇年にわたるこの収奪を「本源的蓄積」とマルクスは呼んだ。資本主義において蓄えられる富の歴史的みなもとであり、資本主義の機能維持のために絶えず反復されなければならない利潤増殖の「法則」である。「アメリカの金銀産地の発見、原住民の掃滅と奴隷化と鉱山への埋没、東インドの征服と略奪の開始、アフリカの商業的黒人狩猟場への転化、これらのできごとは資本主義的生産の時代の曙光を特徴づけている(5)」――『資本論』の有名な箇所だ。一週間の暗黒強制労働の後、ポトシの洞穴から這い出るために、長くて細い坑道を一夜かけて歩いたインディオたちの道を照らした蠟燭の光は、資本の曙光に次々と吸い込まれ消滅していった。ポトシ銀山で働く労働者の生存率は三〇%、鉱山労働あるいは精錬過程における水銀中毒で死亡した先住民とアフリカ人奴隷の数は八〇〇万人を超えると推定されている。

この凄惨な太陽の光線は、「日の本の国」日本にも届いていた。アグリコラがヨアヒムスタールに到着する前年の一五二六年、現在の島根県大田市にある銀峯山《ぎんぷせん》(通称仙ノ山)から銀が掘り出された。博多商人・神谷寿貞《じゆてい》、周防国領主・大内義興、銅山主・三島清右衛門によって石見《いわみ》銀山の採掘が開始すると、銀貨の軍神に取り憑かれた権力者のあいだで、銀山をめぐる激しい争奪戦が幕をあける。義興の後継者義隆と石見小笠原氏の当主長隆の争いを皮切りに、幾つもの戦いを経て、石見銀山の支配者は出雲守護代・尼子経久、安芸の国人領主・毛利元就へと移り変わっていく。一五八四年、毛利氏を服属させた豊臣秀吉は、一五九〇年代の朝鮮侵略戦争「文禄・慶長の役」の軍資金を石見銀山から調達する。ヨアヒムスタールの銀が世界の基本通貨に変質したように、石見銀山の銀は石州丁銀や慶長丁銀といった基本通貨や、中国の明朝が幅広く使用した秤量銀貨の原料になった。

スペインのライバルとして同じく世界制覇を目指していたポルトガル帝国は、その宣教師たちを通じて石見銀山のことを知り、日本との交易を進め、一七世紀にはオランダ東インド会社も、このアジアに由来する富の貿易に加わることになる。石見銀山は一時期、世界市場の三分の一近くの銀を供給していた。世界システム論の創始者イマニュエル・ウォーラーステインによると、「ポルトガル人が登場する以前の一五世紀末にすでにヨーロッパは、おそらくアジアの胡椒生産の四分の一を消費していた。一六世紀のうちにヨーロッパの需要増加に対応して、アジアでは生産量が二倍になった。逆にアジアがヨーロッパから得たものは、地金つまり金と銀であった。銀は主として新世界と日本からきた」。石見銀山からの銀を中国の茶・絹・磁器と交換して日中貿易の仲買人になったポルトガルは、「アジア内貿易の仲介者を志向するようになった。そこから得た利潤を喜望峰経由の貿易に投資し、香料ばかりか地金をもポルトガルに持ち

（5）岡崎次郎訳『マルクス＝エンゲルス全集』第二三巻（大月書店、一九六五年）九八〇頁。

帰ろうとしたのである」（傍点は原文の通り）(6)。

近世アジア貿易を集中化し、世界資本主義の発展を促進した石見銀山のプロメテウスたちは、ポトシのインディオやヨアヒムスタールの坑夫と同じく、死神との闘いを日毎強いられた。神谷寿貞が博多から技術者を呼び寄せて、石見銀山の製錬所で開発させた「灰吹法」と呼ばれる効率性の高い銀の精錬技術が撒きちらす一酸化鉛は、坑夫たちの肺に潜り込み、鉛中毒やガンを頻出させ、平均寿命を三〇歳にまで縮めた。江戸時代には、本源的蓄積と引き換えに命を縮めながら銀を採掘する石見の坑夫たちは、銀を一塊、いや石ころ一つさえ持ち出そうとすると、「首切場」と呼ばれる公開処刑場で斬首や磔の刑に処された。その遺体は、伝染病や重病を患う病人と無数の死体が放り込まれたため「千人壺」の名をもつ墓穴や山肌の井戸に投げ捨てられた。厳密には、石見銀山の坑夫たちは二度殺されている。最初は苛酷な労働や首切場での死刑によって、二度目は石見銀山がユネスコから「世界文化遺産」のお墨付きを得て観光資本になる際（二〇〇七年）、観光パンフレットや資料館から「首切場」や「千人壺」に関する記述／展示物がことごとく抹消され、テレビやネットで映像が流れないように規制されることによって。本源的蓄積の死霊は命だけではなく、歴史の記憶まで消し去ろうとするのだ。

一六世紀から現在まで世界中を席巻し続ける「本源的蓄積」の歴史は、中立的な過程では決してない。蓄積し続ける数少ない勝者がおり、その勝者たちも明日は蓄積される絶対多数の敗者になるかもしれない。

「個人」や「文化」が原因ではない。組織化された制度や権力構造が生存に成功すると、生物界同様、個人あるいは社会意志を淘汰するシステムが否応なしにできあがる。「蓄積」自体を「本源的」と形容した理由はそこにある。資本主義の生成に伴う虐殺と強奪の歴史は、人間の本質的「貪欲」や「西洋近代文明」の合理主義的価値観（あるいは東洋の儒教的職業倫理）を主軸に成立したのではない。たまたま淘汰を生き残った西ヨーロッパ発の世界資本主義システムは、個人と文化の様々な要素を吸収し、自己増殖せざるをえない生存の「本源」によって作動し続けるのだ。いかなる生物や組織にしろ、自滅を意図的に選ぶものはない。その生存を脅かすものがあれば、総力でそれを阻止しようとするし、それが無理なら脅かすものに順応するか、死を選ぶしかない。短期的な視点から生存の手段と目されたものが、後でその生存そのものを脅威にさらすこともある。原子力はその好例だ。「資本は、頭から爪先まで、毛穴という毛穴から血と汚物をしたたらせながら生まれてくるのである」とマルクスは言ったが、貨幣の近世的起源は「血と汚物」だけではなく、放射能も文字通りしたたらせていたのである。そして、血と汚物と放射能にまみれた鷲のくちばしで、プロメテウスの内臓は無限に抉り出されてきたのだ。

（6）Ｉ・ウォーラーステイン／川北稔訳『近代世界システムⅠ　農業資本主義と「ヨーロッパ世界経済」の成立』（名古屋大学出版会、二〇一三年）三七四頁。

鉱業エンジニアの能率主義：アメリカ「核産複合体」小史

アグリコラ『金属について《デ・レ・メタリカ》』の英訳は一九一二年にイギリスで出版された。当時、鉱山エンジニアであったハーバート・フーヴァーと、地質学者でラテン語や中国語の研究者でもある妻ルー・ヘンリーの共同訳である。二〇世紀初期アメリカ史において、アグリコラの言う「大志を抱く商人」の条件を十二分に満たす模範的人物がいたとしたら、それは他でもないフーヴァーだったろう。金属を採取する労働を巧みに動員し操ることによって、クエーカー教徒の鍛冶屋／農具店主の息子という庶民的身分から、超大国の支配者という頂点にまで彼は登りつめた。二三歳のとき、西オーストラリア州に赴き、イギリスの金鉱採掘会社ビウィック・モレイングの鉱山技術者として働き始め、五年も経たないうちに会社の共同経営者に昇進し、膨大な年収とともに会社の利益の五分の一を手中に収めた（一時期、西オーストラリア州の金鉱生産の半分は同社に牛耳られていた）。その後中国に渡り、同地での鉱山開発に着手し、中国工学鉱業会社の監督として数万人の苦力《クーリー》を南アフリカへ送り込み（あまりにも酷い労働条件のため英国議会で問題にされた）、共同設立した亜鉛株式会社では、亜鉛その他の卑金属を西オーストラリア州ニューサウスウェールズから採掘し、世界の各種産業に売りつけた。一九二〇年、米商務省長官に任命されると、「アメリカ経済の近代化」を推進する規格化政策に取り組んだ——紙、ネジ、タイヤ、窓といった工業製品のサイズや品質の規格化、産業安全規格の設定、ラジオと電波と国外市場の規格化等々。そして、九年後、大統領に就任するなりウォール街の市場暴落に直面し、（カリフォルニア州の華僑コミュニティを代表する組織「六大公司」にちなんで名づけられた）「シックス・カンパニーズ・インク」という企業連合を建設業者として用いたフーヴァーダム建設や、相続税・企業税の引き上げに乗り出す（現今の市場原理主義的風潮はフーヴァーの増税政策を「大恐慌の引き金」とみなしているが、これは大きな誤解である――大恐慌の原因と、それを悪化させた要因は、労働者の雇用と消費の拡大に向けた投資を企業が拒んだことであり、この「企業ストライキ」の解決には次のＦＤＲ政権によるなかば強制的な資本の戦時国家動員が必要であった）。

政治家フーヴァーの貢献を一言で要約するならば、それは「効率化」だ。一九世紀末以降の「能率増進運動」およびその理論的基礎となったテイラー主義の信奉者であったフーヴァーは、企業や政府から徹底的にムダをなくし、科学的に効率よく「規格化」された企業、国家、商品、労働者をつくり出す改革を、アメリカ全土で行った。二〇世紀初頭、無計画な産業化と帝国主義国家間の争いのせいで世界資本主義の周期的危機はどんどん加速化していた。この不安定きわまりない状態を沈静化するには、国家と企業がバランスの取れたパートナーシップを組まねばならない――これがフーヴァーの提唱した協同主義《アソシエーショニズム》の前提である。大恐慌という世界資本主義の危機をアメリカから払拭したＦＤＲのニューディール政策はもちろんのこと、戦中の「マンハッタン計画」や戦後の原発開発のレールを敷いた国家・資本間の協力と、それを特徴づける科学的効率主義は、こうして一鉱山エンジニアが現場で取得した原理から創成された。

この科学的効率主義の経済原理を守り抜く究極の手段は国家暴力である。フーヴァーはオーストラリアにいた時期、強靭な階級意識を持つ現地の坑夫たちが組織したストライキに手こずり、従順なイタリア移民労働者をスト破りに利用した。大統領就任後も資本主義の効率性を邪魔する存在は、たとえ妥当な苦情を直訴してくる軍人でも容赦しなかった。一九三二年の春と夏、第一次世界大戦の退役軍人とその家族たちが、各地からワシントンDCに集結し、キャンプを張って座り込み《オキュパイ》を行う。大恐慌以来無職になった元軍人たちが、一九四五年まで現金と引き換えることのできないボーナス証書を即時換金するよう政府に要求した「ボーナス遠征軍」である。フーヴァー大統領はこの「ボーナス行進者たち」の排除をダグラス・マッカーサー元帥に命じた。そして、第一二歩兵連隊と第三騎兵連隊が、嘔吐を催すアダムサイトガスと銃剣を使って退役軍人及びその妻子たちを蹴散らし、キャンプ場に火をつける。下級補佐官としてこの弾圧に加わったドワイト・アイゼンハワー少佐はマッカーサーについて、「あのバカのクソッタレ野郎に、行くな、参謀総長が行くような所ではないと言ってやった」と後に述懐しているが、当時の陸軍公式報告書にはマッカーサーの行動を支持する旨が記されている。科学的効率主義を唱えるアメリカの先進資本主義もその核心においては、ヨアヒムスタール、ポトシ、石見銀山における本源的蓄積の暴力を共有していたのだ。

冷戦が白熱し、原子力発電が実用化される一九五一年から六一年までの一〇年間に、全八巻にも及ぶ回想録をフーヴァーは上梓し、そのなかで「ボーナス遠征軍」が共産主義者の陰謀だったと断定している。弾圧の正当性を主張するのにフーヴァーが根拠にしたのは、「遠征軍」に参加した元共産党員の退役軍人ジョン・T・ペースの証言だ（マッカーサーの回想録でも、まるでフーヴァーと口裏を合わせたかのように、全く同じ証言が引用されている）[7]。それによるとペースは、モスクワから命令を受けたアメリカ共産党のボスが暴動を引き起こすようそそのかした、という陰謀説を懺悔の口調で話し、同時にフーヴァーとマッカーサーの偉大さを讃えている。しかし、これは権力に誘導されたペースの作り話にすぎない。じっさいのところ、「ボーナス遠征軍」の大半は反共的傾向の強い退役軍人たちであり、彼らはキャンプ場で共産主義者を見つければ律儀に追い出し、共産主義関係の文書が撒かれれば破棄して回った（彼らが共有したスローガンの一つは「左ではなく、前を向け！」だ）。

フーヴァーの回想録第一巻『冒険の日々　一八七四〜一九二〇年』が出版され、下院の非米活動委員会でペースが証言した一九五一年、アイダホ州アルコ市付近に建てられた高速実験増殖炉EBR－I（Experimental Breeder Reactor I）が、世界初の原子力発電、しかもプルトニウム燃料による発電に成功した。プロ

（7）　*The Memoirs of Herbert Hoover Volume 3: The Great Depression 1929–1941*（Macmillan Company, 1952）, 230–232; Douglas MacArthur, *Reminiscences*（Naval Institute Press, 1964）, 96–97.

メチウムの発見者の一人グレンデニンが働いていたアルゴンヌ国立研究所が設計したものだ。一九六二年、世界核戦争の一歩手前の状況となったキューバ危機を引き起こしながら、核シェルター建設を国策として押し進めていた冷戦アメリカを"Let Me Die in My Footsteps"で告発したボブ・ディランは、その三年後に発表した恋歌"Love Minus Zero/No Limit"では「成功ほどの失敗はないし、失敗は成功なんかじゃないよ」と歌っている。EBR-I、そしてやはりアルゴンヌ国立研究所がアイダホ州に建てた海軍の訓練用原子炉SL-I(Stationary Low-Power Reactor Number One)は、まさにディランの歌った通り「成功という名の失敗」だった。なぜなら、初の原子力発電成功の四年後には、EBR-Iが冷却水流通《フロー》テスト中に部分的メルトダウンを起こし、一〇年後にはSL-Iが暴走・爆発して三人の死者を出すことになるからだ。

EBR-IやSL-Iは、第二次大戦後、世界帝国の頂点に立ったアメリカ合衆国の特殊な権力、新しい形をした本源的蓄積の産物である。アメリカの冷戦政策立案者たち(=国家安全保障会議とその周辺)がこの現状認識を明確に示した重要機密文書NSC68に、トルーマン大統領はEBR-I竣工前年の一九五〇年に署名している。世界中に米軍基地を配備し、攻撃的活動を通じてソ連の戦力を切り崩す。アメリカを中心とした「新世界秩序」を維持するためには、軍事費を現状の三倍に増やす必要がある——NSC68はそう提唱している。この凄まじい軍備政策を直ちに行動に移すかのように、トルーマンは同年、朝鮮戦争を開始する。しかし、米国率いる国連軍が激しい攻撃を受け撤退を余儀なくされたことへの報復として平壌と中国東北部への原爆投下を推奨するマッカーサー司令官を更迭し、戦争の失敗を軍部に責任転嫁したことで、トルーマンの支持率は瞬く間に史上最低にまで下落してしまう（この最低支持率をついに更新したのは、二〇〇三年イラクを侵略し、泥沼化した戦争／占領パターンを繰り返したブッシュJr.だ）。

トルーマンから政権の舵を引き継いだアイゼンハワーは、一九五三年にニューヨークで開かれた国連総会で、かの有名な「原子力の平和利用」演説を行い、それに向けた政策を着々と実施していく。だが現実は「平和利用」とはほど遠かった。一九六一年一月一七日の離任スピーチで、アイゼンハワーは自ら築き上げた戦後アメリカ体制を憂いて「軍産複合体」と呼んだ。この呼称は、演説の草稿では「軍産連邦議会複合体」と書かれていた。しかし、当の議員たちが列席する場でこれを口にするのはさすがに憚られ、「連邦議会」を削ったのである。これら三位一体の部門（軍隊／産業界／立法府）の間における近親相姦的な関係を実証的に暴き出したのが、気鋭の社会学者C・ライト・ミルズの『パワー・エリート』（一九五六年）だ。

実を言うと、アメリカの新たな支配体制の本質を把握するには、「軍産複合体」／「軍産連邦議会複合体」のいずれも正確な分析概念とは言えない。なぜなら、国家の一部である軍隊も連邦議会も、最終的には産業資本の言う「国益」（支配者の利益は全国民の利益だと吹聴するのはどの国でも同じだ）に沿って機能しているからである。フーヴァーの前任者カルビン・クーリッジ大統領の名言――「アメリカの本業《ビジネス》は企業《ビジネス》である」――はどこまでも真実なのだ（ところで、占領下日本でGHQの新聞検閲係を務めた後、冷戦アジア研究の第一人者になった社会学者フランツ・シュールマンは、「クーリッジの一九二〇年代アメリカと同様、日本の自民党政府の本業《ビジネス》は企業《ビジネス》だ」と述べている）。そして戦後アメリカ資本主義の特殊性は、「企業《ビジネス》」の先端技術開発が軍需産業をパイプにして行われていることにある。原子力産業はもちろん、インターネットや生物工学もそうである。アメリカの国家予算の圧倒的大部分が軍事費に当てられているのはそのためだ。実質的には「企業福祉」であるこのばくだいな軍事費は、戦後アメリカが制覇した地域とそこに進出する多国籍企業の利権を守る独裁国家の防衛にも回された。沖縄を始めとして世界中に所在し、正確な総数がわからない無数の米軍基地もその機能の一端を担っている。アメリカが参戦した朝鮮戦争も、経済開発の促進を（日本にも）もたらした。国民の血税によって成り立つ軍需産業が「企業福祉」として機能する資本主義、これはもはや「軍事ケインズ主義」と呼び変えた方がふさわしい。とりわけそれが原子力と核兵器を枢軸とする一九五〇年代以降の体制は「軍事ケインズ主義的核産複合体」と名指すべきだろう。

ストライキや座り込み《オキュパイ》を行う生身の労働者は、そのような戦後アメリカ資本主義の本源的蓄積を中断する邪魔な「怪物」であった。EBR-IやSL-Iによってスタートした原子力開発には、この怪物をエネルギー産業からできるだけ隔離し分散させ、軍事技術と抱き合わせで開発されたエネルギー商品を生活に不可欠の財として国民に消費させる効用があった。つまり原子力開発とは、企業資本の利益のために軍事国家が活発に動き、戦後労働者階級をさらに敗走させる手段だったのだ。「さらに」と言う理由は、一九五一年までの数年間、労働者の闘争はすでに立て続けに抑圧されていたからである。第二次大戦直後、ファシズムや戦時中の規制から解放された階級闘争は世界を循環し、それを支配者たちは徹底的につぶしていった。日本では、「ボーナス遠征軍」を弾圧したマッカーサーの命令で、一九四七年二・一ゼネストが中止になっている。こうしたアメリカ占領軍の「逆コース」政策は、結局、日本の戦前の支配階級を温存させ、企業が独占的権力を握る擬制民主主義を形成することになる。一九四八年のイタリアでは、一般大衆の要求に対して敏感に反応し、広範囲の支持率を誇っていた共産党が総選挙で勝てないように、アメリカは警察暴力の動員、食料支援停止の脅し、経済復興計画マーシャルプランからの除外、共産党投票者の入国禁止といったありとあらゆる手段を使って選挙妨害を行う。東ドイツでは、一九五三年六月一六日、東ベルリンの建設労働者がストを起こし、民衆蜂起が国中に広まると、国家警察とソ連軍はそれを容赦なく弾圧した――五〇〇人以上が蜂起の間に殺され、一〇〇人以上が処刑され、五〇〇〇人以上が逮捕された（こうした無残な国家暴力は、三年後のハンガリー動乱でも反復される）。

アメリカを中心とする西側の「自由企業」の世界と、ソ連を中心とする東側の「社会主義」の世界との間で繰り広げられるタイタン族顔負けの巨大な争い。こうした冷戦の一般的イメージの裏にあるのは、熾烈な階級闘争の現実だ。事実、このイメージは、両方の地政学的覇権地域にとって有利なイデオロギー的幻影であった。アメリカは、反共「魔女裁判」や株式会社的全体主義を通じて個人の自由をどんどん破壊してなお、「自由世界」における「個人の自由」を守っているふりをすることができた。そしてソ連は、労働者を大量に搾取し政治的反対分子を群島収容所へ叩き込み続けてなお、「労働者の福祉」を資本主義の搾取から守っているふりをすることができた。

デトロイトの革命的プロメテウスたち

この超大国の偽善をもっとも正確に把握した反体制勢力の政治文書は、アメリカが自ら「軍産複合」体制を明文化したNSC68文書と同じ一九五〇年に発表されている。『国家資本主義と世界革命』と題されたこの小冊子は、かつて転向者ジョン・ペースが党員として活動した自動車産業都市デトロイトで、カリブ人の黒人男性、ユダヤ系ロシア人女性、中国系アメリカ人女性が共同執筆したものである(8)。デトロイトの労働者階級を構成する国際的ミクロコスモスの縮図のような顔ぶれだ。

アメリカのトロツキー主義運動に向けて書かれた本書の文体は、今読むと一部色あせていて、そこで展開される党派的議論も賞味期限を過ぎたものがある。たとえば、冒頭の章「スターリン主義とは何か」や、正統派トロツキー主義から派生したパブロ主義や「ジェルマン」(後に第四インターナショナルの指導者になるマルクス主義経済学者エルネスト・マンデルの筆名）への辛辣な批判を含む結論部。これらの箇所は、一五五五年、敬虔なカトリックであったアグリコラの脳血管を破裂させ、死に導いたプロテスタントとの議論（その内容は「聖餐式で祝福される葡萄酒は本当にキリストの血に変質するのか？」をめぐる聖体論争だったのかもしれない）とあまり変わらないような気がする。

しかし、少し想像力を働かせて読めば、本書のすごさがすぐわかる。前述したように、時代は一九五〇年、まさに二〇世紀半ばだ。第二次大戦で勝利した連合軍のアメリカとソ連が対立し、双方が「わたしたちか、それともヤツらか、どっちにつくのだ」と言わんばかりのプロパガンダをばら撒き、軍事的威嚇をエスカレートさせていた。当時は機密扱いだったが後に公開されたアメリカ政府上層部の文書や日記を読むと、アメリカがヒロシマ・ナガサキへの原爆・水爆投下に踏み切った肝心な理由は、日本に降伏を促すことよりも、日本に進駐しようとしていたソ連軍を牽制し、「こっちはこんな強力兵器を持っているのだから、支配を日本に拡げることは諦めろ」という威嚇を示すためだった（このリアルポリティックス的動機を慎重に調べ上げた研究書として、ガー・アルペロビッツ『原爆投下決断の内幕』[9]がある）。その結果、

（8）　C. L. R. James, Raya Dunayevskaya, Grace Lee, *State Capitalism and World Revolution*, 1950. この小冊子は一九八六年に書籍として Charles H. Kerr Publishing Company から出版され（https://libcom.org/ でＰＤＦを閲覧できる）、二〇一三年には西海岸の出版社 PM Press から新装版が出ている。

政治的選択はイデオロギー的窒息状態に陥る。西側諸国の資本主義を批判する者は自動的に「共産主義陰謀」の一味にされ、ソ連の全体主義を批判する者は官僚的左翼から「帝国主義の走狗」や「ブルジョアの手先」と呼ばれる。

『国家資本主義と世界革命』は、このような閉塞した政治状況を一気に打破する卓見に満ちている。反目し合っているかのように見える東西の超大国は両方とも、労働者を機械の部品とみなし、搾取する国家資本主義の権力だということを明らかにした——「アメリカの官僚制を究極的なものにしたのがスターリン主義的官僚制であり、両方とも国家資本主義の時代における資本主義的生産システムの産物である」(10)。その鋭い分析は、まるで「王様はハダカだよ」と初めて指摘した少年のように、中央集権化されたあらゆる権力を斥ける率直な眼差しに拠っている。共著者のC・L・R・ジェームズ、ラーヤ・ドゥナエフスカヤ、グレイス・リーは、反資本主義運動のなかではきわめて小さい孤立した少数派で、何の政治的権力も持たない人たちだったが、本書は当時、そして今もなお、わたしたちを統治するシステムの実像を暴いたテキストであり続けている。

ジェームズは、ハイチ革命の奴隷指導者トゥサン＝ルヴェルチュールとその時代を描いた歴史書のなかで、プロメテウスを始め、神話や文学に登場する悲劇的人物像に触れて、「より深く考えてみれば、生と死は悲劇的とはいえない」ことを表出するのが彼らの普遍的機能だと説明している。「プロメテウスもハムレットも、またリア王やファイドラも、そしてアハブも、人間存在の永遠の衝動と考えるものを主張するために、組織化社会の規範に反抗した。彼らは、破滅が待ち受けていることが分かっているにもかかわらず、このように行動したのであり、その挑戦は彼らを高揚させ、敗北を自己犠牲へと昇華させる。このような自己犠牲こそ、人間の崇高さを増すものなのである」[11]。ジェームズのこのコメントは古典だけに当てはまるものではない。彼が西洋の古典と同じようにこよなく愛したアメリカの大衆文化にも応用できるし、学生時代は全学連の一員として活動した山下耕作らが切り開いた戦後日本の任侠映画にもプロメテウスの悲劇的反抗の美学が脈々と流れている。この美学的観点は、徹頭徹尾ヒューマニスト的な立場である。多数のいわゆる「第三世界」知識人がしたように、西洋文明を全面否定し自国のナショナリズムに盲従するようなことを、トリニダードでイギリスの植民地教育を受けたジェームズはしなかった。むしろ、独特なヘーゲル＝マルクス主義的思考法で（未完の大作 *American Civilization* が分析する「アヽメヽリヽカヽの文明」も含む）西洋文明をひっくり返し、その内に潜む真正民主主義の根源と可能性を析出することに努めた。ジ

(9)　鈴木俊彦・岩本正恵・米山裕子訳『原爆投下決断の内幕――悲劇のヒロシマナガサキ』（上・下、ほるぷ出版、一九九五年）。

(10)　*State Capitalism and World Revolution* (PM Press, 2013), 35.

(11)　C・L・R・ジェームズ／青木芳夫監訳『ブラック・ジャコバン――トゥサン＝ルヴェルチュールとハイチ革命』（増補新版、大村書店、二〇〇二年）二八七頁。

ェームズたちの時代において「組織化社会」は世界資本主義としてあらわれ、それに対抗する労働者の行動そのものが、西洋文明の可能態を現実態へと展開する真正デモクラシーを孕んでいる、と彼らは主張し、そのようなプロメテウス的希望と実践の原理を編み出そうとした。

ヒューマニズムは様々な姿や内容を持っている。たとえば『国家資本主義と世界革命』は、「キリスト教的ヒューマニズム」をあるていど評価しながらも、最終的には「中産階級の反革命」として批判している。「資本主義はいずれ完全に解体され、プロレタリアートへ吸収される。その現段階の形態である国家資本主義に直面するキリスト教的ヒューマニストたちは、資本主義を完全に破壊し、自然な不平等に基づく新しい中世主義へ回帰することを提案している。熱狂的な非合理主義、熱狂的な反民主主義、これが彼らのプログラムだ」(12)。「キリスト教的ヒューマニスト」の代表として挙げられているのは、経営・企業学者ピーター・ドラッカーだ(そう、震災八ヶ月前の日本でベストセラーになり、アニメ/ドラマ化もされた『もしドラ』の、あのドラッカーだ)。ゼネラルモーターズに代表されるような、オートメーションや流れ作業が敷き詰められた自動車工場を支配しているのは、労働も生産も機械的に制御/調整される合理的な管理の論理、すなわち「科学的管理法」である。そういった産業資本主義の最先端の企業論理を、できる限り人間的《ヒューマン》で、誰にでも(「高校野球の女子マネージャー」にも!)再現可能な普遍的方法論として編成したのがドラッカーだと概括してもいい。

カイン、失楽園の偽プロメテウス

そうした「キリスト教的ヒューマニズム」と真っ向から対立する別様の「キリスト教的ヒューマニズム」もある。呼び名は同じでも、後者は中世修道僧の祈りと共同生活（つまり、原始キリスト教的共産主義）を基盤としている。道徳と関係なしに発生して「人間」をないがしろにする工場、それを司る機械文明、核兵器、国家主義、人種差別制度、冷戦構造を根源的に批判する——それがトラピスト僧トーマス・マートンの「キリスト教的ヒューマニズム」であった（マートンの冷戦批判はローマ教会上層部の耳に入り、彼は政治的主題について書くことを一時期禁じられるが、友人宛の私信のなかでそれを続け、のちに『冷戦書簡』として発表した）。アメリカ政府によってニューヨークのエリス島に幽閉されたジェームズが一九世紀の大西洋に目を向け、メルヴィルの『白鯨』について文章（『水夫、背教者、漂流者』[13]）をしたためていたころ、ケンタッキー州ルイズヴィル市の修道院でマートンは古代イスラエルの海に思いを馳せていた。きわめて質素で禁欲的だが、静謐な喜びと規律正しい習慣に満ちた日常を送りながら、そのなかか

(12)　*State Capitalism and World Revolution*, 106.

(13)　C. L. R. James, *Mariners, Renegades, and Castaways: The Story of Herman Melville and the World We Live In* (Dartmouth College Press, 2001).

ら自然と浮かび上がる神との瞑想の詳細を日記に書き記していた(14)。

アグリコラとも交流のあった人文主義者エラスムスの手紙を題材に、マートンはプロメテウスについて語っている。エラスムスはあるときオックスフォードで、ルネサンス時代の「キリスト教的ヒューマニズム」の旗手にして、ロンドンの聖パウロ寺院の主席司祭を務めたジョン・コレーらを主賓とする晩餐会に出席した。時は一四九八年、コロンブスがイベリア半島帝国主義の触手をアメリカに伸ばし、原住民の殺戮と奴隷化(本源的蓄積)を開始した「失楽園」の年である。席上、創世記に登場するカインについての議論が盛り上がった。人類の生みの親アダムとエバの息子として生まれ、弟アベルを殺したカインは、神からの罰として顔にしるしをつけられ(「カインのしるし」)、世界の果てに追放される。「ある種の神聖な熱狂で興奮してしまい、超人的な高揚と威厳を物腰で示しているかのような」コレーの主張によると、「自然の恵みに満足して羊を放牧していたアベルと異なり、神の善意をまるで信じずに自分の努力を過大評価し、地を最初に耕したことが、創造主を怒らせたカインの最初の罪だ」。神学議論が白熱しすぎたため、雰囲気は晩餐には似つかわしくない、いささか重苦しいものになってしまう。

エラスムスは場を和ませる意図も込めて、一同に「詩人としての」介入を行うことに許しを請うた上で、太古から伝わる書物(聖書)に記述されているカインの話をする。何もしなくても年がら年中豊作を享受できたエデンの園を追い出されたアダムとエバの「貪欲でがめつい」長男は、農夫になったものの、汗水たらして働いてもそこそこの収穫しか得られない畑を見回し、楽園から種をくすねとる手段を思いつく。さっそくエデンの園を厳重にガードしている天使のもとへ行き、説得にかかる。そこでカインは近代的プロメテウスを思わせるような発言をする。

この土地の地下深くに何か貴重な財が隠されていることを、わたしは確信しています。これを掘り出すためなら、地球上の全地層を調べ上げるつもりですし、掘り出す前にわたし自身の人生が尽きてしまったとしても、少なくともわたしの末裔がそれをするでしょう〔…〕疾患は確かにわたしたちを攻撃していますが、人間の産業はそれさえも改善するでしょう。わたしはすばらしい効用を発揮する薬草をよく目にします。永遠の命を与えてくれる薬草をこのわたしたちの世界で発見できたら、どうなるでしょう。あなたの守っている知恵の樹の重要性はわかりませんし、わたしはわたし自身と無関係なことには関心がありません。それでも、決然たる努力こそすべての源なのですから、この努力は続けるつもりです。(15)

(14) 五百旗頭明子・伊東和子訳『ヨナのしるし——トーマス・マートン日記』(女子パウロ会、二〇〇一年)。
(15) *The Correspondence of Erasmus: Letters 1–141* (1484–1500) (University of Toronto Press, 2002), 231–232.

地下から「貴重な財」を掘り出し、不死を可能にする薬を開発しようとするカインは、本源的蓄積を創始した資本主義的プロメテウスの原型だ。「近代的／『進歩的』人間」は、「カインの潔白を立証」しようとして、「技術的天才や宇宙的野望の象徴として好まれる『火を携えたタイタン人』をカインと同一化させる」とマートンは解説する。このカインの顔をしたプロメテウスの出自を、彼は古代ギリシャ詩人ヘシオドスに求める。ヘシオドス『神統記』で罰せられるのはプロメテウスだけではない。人類も罰として「労働と悲しみの人生における最高の償いである」女性を与えられる（マートンはこれに「激しく男性的な社会のくだらない奇妙な幻想！」と付け加えることを忘れない）。絶対権力者ゼウスに逆らったせいで、人の一生は永久に悲しい奴隷の生となったのだというヘシオドスの世界観をマートンは無神論の前提とみなし、「わたしの全存在を賭けてこれを憎み、拒絶する」と言い放つ(16)。

ヘシオドス版プロメテウスの対抗者は誰か。マートンはそれを、古代アテナイの悲劇詩人アイスキュロスの戯曲『縛られたプロメテウス』に見いだす（ジェームズのプロメテウス像もアイスキュロスを典拠にしているし、「縛られたプロメテウス」として風刺画に描かれたことのあるマルクスも、アイスキュロスをもとにして「プロメテウスは哲学的暦のなかでもっとも著名な聖人であり、殉教者である」と書いている(17)）。この作品では、「傲慢《ヒュブリス》の病に犯された」存在はプロメテウスではなくて、「強奪者」ゼウスの方だ。マートンはアイスキュロスの描くプロメテウスの反抗を、「惰性に対する命の反抗、暴政に対する慈悲と愛の反抗、残虐と恣意的暴力に対する人類の反抗だ」と解釈し、二人の「プロメテウス」を対置する――「ヘシオドスのプロメテウスはカインであり、アイスキュロスのプロメテウスは十字架のキリストである」[18]と。

さらにマートンは間接的にではあるが、アグリコラの貨幣・科学中立説――「善悪はそれを使う人間によって決定される」――にも雄弁な異議を唱えている。ナチスのゲシュタポ局宗派部ユダヤ人課課長アドルフ・アイヒマンの裁判見聞記を読んだマートンは、一九六四年、「アドルフ・アイヒマンを偲ぶ敬虔な瞑想」を執筆する。[19]政治思想家ハンナ・アーレントの見聞記『イェルサレムのアイヒマン』に出てくる有名な「悪の凡庸」概念（大量虐殺の執行責任者だったアイヒマンは、凶暴でも狂人でもなく、正気で「凡庸」な単なるイエスマンだった）を拡充し、システム全体の問題として捉えるエッセイだ。じっさい、ア

（16） Thomas P. McDonnell, ed., *A Thomas Merton Reader*（Harcourt, Brace & World, 1962）, 377–378.
（17） 問題の風刺画は、マルクス自身が編集長を務めていた『ライン新聞』に一八四三年三月に掲載された（次頁図版）。ほどなくしてプロイセン政府の検閲が厳しくなり、神聖同盟を結んでいたロシアの圧力もあって同紙は廃刊に追い込まれた。
（18） *A Thomas Merton Reader*, 378–379.
（19） Thomas Merton, "A Devout Meditation in Memory of Adolf Eichmann" in *Raids on the Unspeakable*（New Directions, 1966）, 45–49.

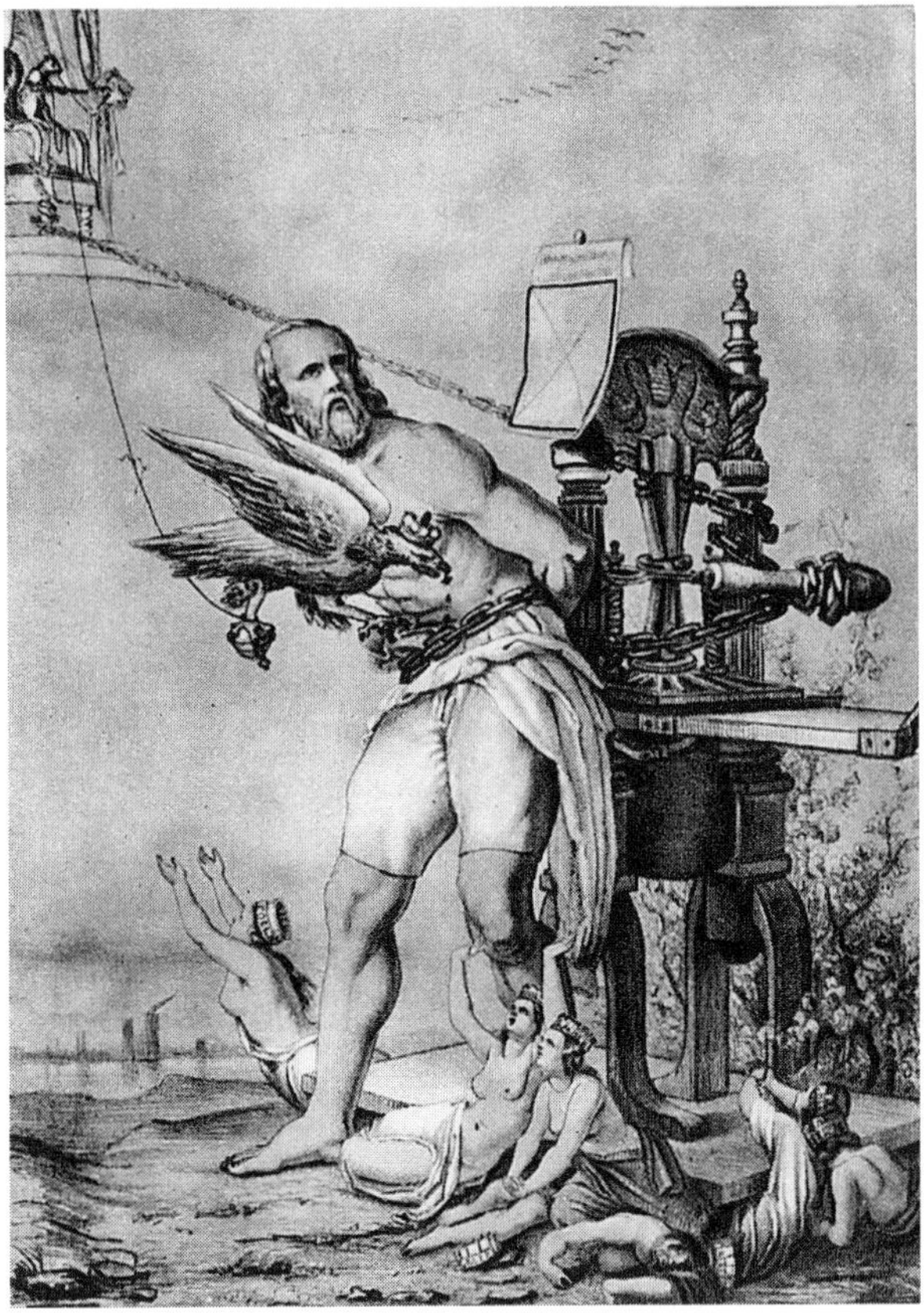

1843年3月『ライン新聞』に掲載され広く流布した
「縛られたプロメテウス＝マルクス」の風刺画

イヒマンが従ったのは、学校、会社、政府を含む社会のあらゆる機関で、現在わたしたちが当然のこととして守っているルールだ（本源的蓄積を穏便に保ち続けるための資本主義のルールと言い換えてもよい）。ユダヤ人を大量虐殺した収容所を管理していたシステム、原爆を製造し日本に投下したシステム、七三一部隊の細菌戦に向けた人体実験や南京虐殺を可能にしたシステム、それはすべてその時々の「資本の本源」が進化したおぞましい姿であり、そのもとで働いて「人道に対する罪」を犯した人びとはほとんど皆「正気」で真面目な「好い人たち」だったのである。つまり、科学・貨幣の中立性がそれを用いる人間の性根によって善にも悪にもなるというアグリコラの問題設定は、このシステムの存在を隠蔽する詭弁にすぎない。本源的蓄積の怪物（システム）は、「頭から爪先まで、毛穴という毛穴から血と汚物をしたたらせながら生まれてきた」貨幣をへモグロビンに、労働から利潤を抉り出す。そしてシステムをもっとも効率的・合理的に稼働させるために科学を活用する――そこには中立性や善悪の基準など一切存在しない。

ユビュ王を召喚せよ、不条理が正気を装うかぎり

怪物はフクシマ原発災害を引き起こしてなお放射能の災禍を無視し、原子力発電を続行しようとしている。この異様なシステムの「正気さ」を鵜呑みにする「好い人」であることをやめ、システムに与しないためにはどうすればいいのか。

まず、自己保存のために「正気」を捏造し、維持してきた本源的蓄積システムと向き合わねばならない。

近年それを妨害している雑音の一つは、竹島や尖閣諸島を巡る領有権の問題だろう。実はこの問題もやはり、アメリカの「核産複合体」がＥＢＲ-Ｉを通じて原子力エネルギー開発に着手した一九五一年に端を発している。同年、冷戦時代の日米関係の枠組みを設定したサンフランシスコ平和条約が結ばれた。駐米韓国大使梁裕燦《ヤン・ユチャン》はアメリカ国務長官ディーン・ラスク宛の書簡で、この条約に「済州島、巨文島、鬱陵島、独島及び波浪島など日本による韓国併合以前に韓国の一部であった諸島に対する全ての権利、権原及び請求権」を放棄する旨を付け足すよう要請するが、却下される。そのような主権放棄は平和条約にふさわしくなく、「独島、もしくは竹島、リアンクール岩礁〔それぞれ朝鮮半島、日本、西洋での呼称〕として知られる島についていては、我々の情報によれば、日常的には人の居住しないこの岩礁は韓国の一部として扱われたことはなく、一九〇五年ごろからは日本の島根県隠岐支庁の管轄下にあった」というのがラスクの挙げた理由だった。隠岐島といえば、石見銀山の北東約一三〇キロに浮かぶ島々であり、一八六八年、蜂起した島民が一時的に自治を勝ち取った「隠岐騒動」の舞台だ。もし領土問題を本気で解決する気があるのなら、騒動後八ヶ月にわたって自治を固守した隠岐島民の原理にそって、当地をどの国にも属さないコミューンとみなす道もあっただろう。しかし、冷戦国家間のリアルポリティックスは、そのような「現実的」解決法を抑圧する不条理に満ち満ちている。「日常的には人の居住しないこの岩礁」の領有権を争うことの不条理、そして、その「実効支配」のありかを決定するのが、当時日本を占領し朝鮮で戦争を行って（原爆投下さえも真剣に検討して）いた超大国だという不条理。とてつもなく不条理な冷戦権力の茶番劇と、そのツケをいまだに払わされ続けている無力なわたしたちは、ハダカの王様を初めて目にした少年のように笑い転げる他なすすべがない。

アンリ・ベクレルが放射能を発見した一八九六年のパリで、『マクベス』をパロディ化し爆笑を誘うアルフレッド・ジャリの戯曲『ユビュ王』が初演され、暴動が起きた。ユビュ王は不条理な暴君のプロトタイプだ。後年、シュールレアリスムの前衛芸術家たちは、マルキ・ド・サドやロートレアモン伯爵に連なる「悪の哲学」の系譜の原点にジャリを位置づけた。『ユビュ王』は、巨人ガルガンチュアの哄笑と鋭利な剽窃をもって、ブルジョアジーの貪欲で利己的な本質を茶化しただけの作品ではない。現実を超えた夢や意味不明な挙動にあふれるユビュ王の不条理性は、シュールレアリストたちの表現の武器であり特質でもあった。

歴史家ガブリエル・コルコが「戦争の世紀」と名づけた二〇世紀のアーティストたちもまた、権力の象徴として「ユビュ王」をしばしば召喚している。スペイン内戦が終息し、フランコ独裁体制が樹立された際、ジョアン・ミロはユビュ王を題材にした一連のリトグラフを描いた。現代でも、たとえば一九九七年に上演された南アフリカの戯曲家ジェーン・テイラーのマルチメディア人形劇『ユビュと真実委員会』は、アパルトヘイト体制下の体系的暴力を暴露するために開かれた「真実和解委員会」（The Truth and Reconciliation Commission）を一種の不条理劇として演出している――自分たちの行った数々の拷問に対して何の責任も問われることなく、良心のひとかけらも見せずに淡々と語るユビュ王もどきの証言者たちが繰り広げる不条理劇として。そして、ポーランドの映画監督ピョートル・ソルキンは、二〇〇三年公開の『ユビュ王』でポーランド共産党体制崩壊後の擬制民主主義を風刺した。社会が規定する「正気」をうちすて、ハダカの王様をハダカのままに見る目をわたしたちが取り戻すとき、本源的蓄積の暴力性は往々にしてユビュ王の過剰で不条理な暴力性として立ちあらわれる。何にもまして気まぐれで自己中心、横暴で、（たとえ最終的には蓄積に不可欠な効率性や生態系が壊滅するとしても！）ぶくぶく太り続ける蓄積の不条理性をどうしても止めることができないユビュ王。権力は常に一定の合理性と不条理性の均衡を保ち、後者は前者の原理（支配の自己利益とその維持）のために用いられる。この均衡が崩れ、今にも奈落にズルズル転がり落ちそうなのが、わたしたちの時代だ。

縛られた無産労働者階級《プロレタリアート》のプロメテウスは、天上のゼウス（本源的蓄積）の正気然とした仮面を剝ぎ、その下に隠れたユビュ王の実態を知らしめる。歴史や神話、メタファーやレトリックには世界を変える実質的な力はない。しかし、地下から財を掘り出し、永遠の命を人工的に生産しようとするカインの夢を共有させ、不条理を「正気」だと実感させることはできる。あるいは、その夢がわたしたち自身のものではなく、資本主義の夢であることに気づかせ、ゼウスの夢のせいで殺され続け、抗い闘ってきたわたしたちの内に眠る「縛られたプロメテウス」の記憶を蘇らせることもできる。「放射能」という別名をもつ本源的蓄積にひれ伏す偽プロメテウスとしてのカインの末裔になるのか、それとも、石見銀山、ポトシ、ヨアヒムスタール、そして世界各地の核施設の亡霊たちの弔い合戦に参戦する真のプロメテウスの末裔になるのか——これが今、わたしたちの立たされている歴史的岐路である。

いやまったく、もはや言葉ではなく実際に、大地は揺れに揺れ立っている。雷鳴は海の底からこだまして轟きわたり、火と燃える閃光に稲妻は輝きわたる。竜巻は濛々と砂塵を巻き上げ、ありとある風の息吹は、互いに逆風と争い合って乱れさわぎ、大空は海原と一ことに洵《わ》きたっている。このような勢いがゼウスのもとから恐怖をもたらし明らかに迫って来るのだ。おお、聖なる私の母(テミス)よ、おお、万象にあまねく光をめぐらす高空、見てくれ、私がどんな不正を受けているかを。(20)

(20) アイスキュロス「縛られたプロメテウス」(『ギリシア悲劇Ⅰ アイスキュロス』呉茂一訳、筑摩書房、一九八五年)五七頁。

6 〈燃える男〉、あるいは〈船本洲治記念日〉のために

ぼちぼち羽田へ向かわねばならない。友人のアパートで帰る準備をしていると、彼がパソコンをオンにし、ちょうどそのとき進行中だったある事件の写真を見せてくれた。目撃者たちが携帯で撮ったものだという。

新宿のど真ん中にかかる横断橋。欄干の上にあぐらをかいて座る背広姿の初老の男。拡声器を手に何かしゃべっている。脇にはオレンジ色の液体が入った一・五〜二リットルのペットボトル。数人の通行人が橋の下から彼を見上げている。突然、男は傍らのボトルを頭上にかかげて液体をかぶり、おのが体に火をつける。

炎と煙に包まれた姿。その熾烈な火傷の度合いはむろんのこと、苦悶の表情さえ写真から見きわめることは困難だ。後日の報道によると、すぐさま消防が駆けつけて男は一命をとりとめた。二〇一四年六月二九日に起きた焼身自殺未遂事件である。

安倍政権が無我夢中で推し進め、その二日後に閣議決定することになる「集団的自衛権の行使容認」

――「国家再軍事化」の隠蔽用語――に対する抗議だと友人は説明した。事件の翌日（閣議決定の前日）には、数万の人びとが路上を埋め尽くし、安倍をヒトラーに擬えて異議を申し立てた。

その一週間ほど前に新宿で飲み明かしたとき、テレビで見た安倍晋三の顔を思い出した。六月二三日の沖縄全戦没者追悼式での映像である。日本のどこよりも米軍基地が集中し（全基地の四分の三）、第二次世界大戦末期の集団自決の記憶がいまだくすぶる沖縄で安倍は演説していた。インタヴューを受けた沖縄県民の誰一人として「集団的自衛権」を「積極的平和主義」そのものだと主張する安倍の詭弁に納得していなかった。むしろ、この下劣で浮薄な原型ファシストが体現する歴史の忘却を憂えていた。

米軍は沖縄の空に「未亡人製造機」と呼ばれる危険なヘリ「オスプレイ」や戦闘機を日夜飛ばしている。その激しい騒音は人びとの会話を強制的に中断し、日常生活に必要な意思疎通の営みを断ち切る。米兵・軍属による強姦、傷害、殺人は日常茶飯事だ。このような半植民地主義的占拠のもとで長年行われてきた反基地座り込み闘争は、高江の森と辺野古の海からなる生態系を日本の平和・環境運動の背骨《バックボーン》にするぐらいしたたかに持続している。それを念頭に安倍の演説を聞くと、まるで連続殺人犯が、悲嘆にくれる被害者遺族の地元へのこのこあらわれ、新しく入手した拷問器具を掲げて「これであなた方をより安全にします」とうそぶいているみたいだ。

三九年前の一九七五年六月二五日、船本洲治は嘉手納米軍基地ゲート前で焼身決起した。最後の言葉はこうだった、「皇太子暗殺を企てるも、彼我の情勢から客観的に不可能となった。したがって死をかけた闘争ではなく、死をもって抗議する。〔…〕山谷、釜ヶ崎の仲間たちよ！　黙って野たれ死ぬな！　未来は無産大衆のものであり、最後の勝利は闘う労働者のものである。確信をもって前進せよ！(1)」

船本は二九歳の戦闘的労務者。一九七二年一二月二六日に起きた釜ヶ崎愛隣センター爆破事件の主犯にデッチ上げられ、逃亡中だった（七四年三月、爆取〔爆発物取締罰則〕違反容疑で全国指名手配）。山谷・釜ヶ崎の日雇い労働者を組織する彼の凄腕を当局は恐れた。労働者をボコボコに痛めつけて建築、港湾、原発労働現場に飛ばし、もっとも危険で汚い仕事をさせる暴力手配師の攻撃を食い止めることに、彼はとりわけ長けていた。革命的自殺(2)。それをブラックパンサーは語っただけだが、船本は実行した。

船本が活動の場としていた釜ヶ崎を、つい三週間前にわたしは訪れていた。

＊　＊　＊

二〇一四年六月九日朝、「あいりん労働福祉センター」前の横断歩道に立ち、信号が青になるのを待つ。釜ヶ崎での数日の滞在が今日で終わる（宿は格安だし、重心の低い都会の風景は心を和ませる）。

手配師がオレに向かって叫ぶ。「オイ、兄ちゃん、仕事探しとらへんか。ええ仕事あるで！」

草履、サングラス、頭にバンダナという出で立ちのせいか、その筋の人に見られることがよくある。

「今日はええわ」

そう答えたとたん、背後で激突音が響きわたる。金属のきしむ音、騒々しい小競り合い。チャリに乗ったサングラス姿のヤクザな男が老人を轢きかけたのだ。二人のあいだで口論が始まり、逆上したグラサン男は、パニックを起こした動物のようにわめきちらしながらチャリから降りて老人に歩み寄り、顔面をコブシで殴る。素早く獰猛なフックは老人を地面に叩きつける。

老人の様子を一瞥して確かめる。出血もない、大丈夫のようだ。信号が青に変わったので歩き去る。電車に乗り遅れたくない。

ここへ来る前、平和学をリードする学者、君島東彦《きみじまあきひこ》を訪ねるため、しばし立命館大学に立ち寄った。「平和憲法」の名祖である戦後日本国憲法第九条を廃止することに共感する若者が多いと君島は指摘し、彼らの戦争観は美化された英雄的なものだという。まるで――日本消費資本主義が強いる社会的協調・服従を適切に言い当てた東アジア研究者ガヴァン・マコーマックのフレーズを少々調整させてもらうなら

(1) 船本洲治『[新版]黙って野たれ死ぬな』(共和国、二〇一八年六月二五日)二八七、二九〇頁。

(2) ブラックパンサー設立者の一人ヒューイ・P・ニュートンが、キング牧師暗殺(一九六八年)後に武装闘争を呼びかけるにあたり、この表題で自伝を書いている(Huey P. Newton, *Revolutionary Suicide*, Random House, 1973; Reprint, introduction by Fredrika Newton, Penguin Classics, 2009)。

——豊かさの後に到来した三・一一原発災害後の社会、すなわち道徳的にも生政治的にも崩壊中の社会の「虚しさ」を満たそうとして、戦争の幻想にしがみついているかのようだ、とわたしは考えさせられた。

日本の未来を映し出しているかもしれない、脱産業化後の寂れきったアメリカ中西部の大学で一〇年教えたことがある。学生の多くは貧しく、学費ローンの借金まみれで、長時間働く傍ら、居眠りしながら授業を受けていた。イラクとアフガニスタンでの戦争が驀進するなか、入隊しようかどうか悩む者も多いが、彼らは戦争に何の幻想も抱いていなかった。反戦感情を持ち、戦闘中に不具になるか殺されることを恐れる者もいたが、誰しも高騰し続ける学費を支払うためにカネがどうしても必要だった。特段のコネも資格もなければ軍に入るしかない。世にいう「経済的徴兵」だ。

経験の木からその実を食べたことのない者のみが軍事的英雄主義を美化し、夢見ることができる。じっさい、『西部戦線異常なし』から『七月四日に生まれて』に至るまで、それは現代戦争文学が反復し続けるテーマである。日本の若者も、もうすぐ気づくだろう。真珠湾攻撃の半年前に生まれた（ミネソタ州ヒビング市出身の）少年はウェストポイント（陸軍士官学校）への入学を望み、戦場で英雄として死ぬことを夢見た。だが、長じて公民権運動の実を食べた彼は後年こう書いた。

「来いよ戦争の親玉ども／銃をつくるお前ら／死の飛行機をつくるお前ら／爆弾をつくるお前ら〔…〕／お前らは銃の引き金をきつく締め／誰かに引かせる／そして後ろに下がって見物する／死者の数が増える

と／邸のなかに隠れる／その間にも若者たちの血が／身体から溢れだし／泥に埋まる／〔…〕そしてオレはお前の死を願う／しかも速やかな死を／棺桶の後ろについて行ってやる／薄曇りの午後／棺が地中に降ろされ／お前が死の床へつくのを見届けてやる／そして墓の上に立って／お前の死を確認する」（ボブ・ディラン「戦争の親玉（Masters of War）」一九六三年）

大阪から名古屋へ向かう。三菱重工が自衛隊用の「死の飛行機」やヘリを製造するこの地で、(3) 先の詩の作者について話をした。終わるやいなや名古屋をあとにし、東京へ行くと、出版されたばかりの『HAPAX VOL. 2』をようやく手にとる。部落民の民衆史家、友常勉の「流動的－下層－労働者」が掲載されている。船本洲治の思考の今日的意義を問う論考だ。船本は鳶職人としての経験をもとに、労働者階級のなかでもっとも革命的可能性を持つ階層――山谷・釜ヶ崎等の寄せ場を基地として、自らの労働力を商品として「資本の要請に従って売られ歩く」人びと――を「流動的下層労働者」として再定義した。彼らの経

（3）三菱重工業名古屋航空宇宙システム製作所。航空機部品、戦闘機、ヘリコプターなどの製造・修理のほか、航空機やロケットの組み立てを行っている。周知のように三菱重工は日本の中国侵略を機に大成長を遂げた国内最大の軍需企業＝「戦争の親玉」である。船本は「遺書」の中で、一九七四年八月三〇日に三菱重工東京本社を爆破した東アジア反日武装戦線に対し「諸君の闘争こそが東アジアの明日を動かすことを広範な人民大衆に高らかに宣言した」と讃辞を送っている（前掲『［新版］黙って野たれ死ぬな』二九〇頁）。友常勉は次に挙げる「流動的－下層－労働者」（『HAPAX VOL. 2』夜光社、二〇一四年）でこの両者の関わりについて論じている。

験によって、労働力商品の流通過程を前提とした資本の生産過程、すなわち剰余の剔出が最も激しく圧縮されてあらわれる資本主義的空間とその拡大への企図が照射される——友常によると、船本のこの見通しは、同時代のテキスト『マルクスを超えるマルクス』に見られるアントニオ・ネグリの主張、「流通の分析は階級闘争の理論を革命的主体の理論へと発展させる」という理論的ひらめきをこだましている[4]。流通性が流動性としてあらわれるとき、「流動的下層労働者」は労働者階級の「自己価値創造」の新しい弾力を得て、不断に変わっていく労働規律の「柔軟性」をひっくり返して溶解する力を手にする。「流動的下層労働者」に境界はない（たとえば二〇一三年末に起きた、三六カ国での国際連帯行動を伴うアメリカ一五六都市でのファストフード労働者のストライキに見られるように）。友常の指摘通り、世界中あらゆる所でウォルマート化（労働条件の徹底切り下げ[5]）が進行するプレカリアートの時代に、「流動的下層労働者」の概念としての重要性はいやますばかりだ。

＊　＊　＊

船本は太平洋戦争が終結した一九四五年の暮れに「偽『満洲』」で生まれた。満洲国警察官だった父は八路軍に銃殺された。同年八月、二七歳の原理主義的バプテスト派宣教師兼米軍工作員ジョン・バーチもやはり中国で八路軍に処刑されている。一三年後の一九五八年一二月、アメリカの反共保守活動家・企業家ロバート・W・ウェルチJr.は極右組織「ジョン・バーチ協会」を結成し、バーチを冷戦期初の「殉教者」として祀り上げた。一九五八年といえば、韓国で進歩党冤罪事件が起きた年でもある。南北の「平和統一」を標榜し、数年越しで支持率を倍増させていた進歩党委員長の曺奉岩《チョ・ボンアム》と党幹部らが、この年の初めに逮捕された。死ぬまで大統領でいたかった現職の李承晩《イ・スンマン》が、曺の追い上げに脅威を感じ、「北のスパイ」にデッチ上げたのである。曺は裁判で死刑を宣告され、翌五九年に処刑された（事件から五〇年余を経て再審が開始され、二〇一一年一月にようやく大法院判事全員一致で曺に無罪判決が下された）。そして曺逮捕の翌月（五八年二月）、北朝鮮の工作員は大韓国民航空社の旅客機滄浪《チャンナン》号をハイジャックした。日本では同年五月、長崎市の浜屋デパートで催された日中友好協会主催の「中国切手・切り紙展覧会」会場で、天井から吊された五星紅旗を右翼団体員の青年が引きずり下ろしぐちゃぐちゃにしたことで警察に拘束されている。当時日本政府は五星紅旗を国旗とする中華人民共和国を「中国」として承認していなかったので、青年は「外国国章損壊罪」には問われず、軽犯罪法違反で五〇〇円の罰金を科されただけですんだ（この「長崎国旗事件」に対する岸信介政権の対処を物足りなく感じた中国政府は、経済制裁として日本

（4） 友常勉「流動的－下層－労働者」、『HAPAX VOL. 2』四一－四二頁。
（5） 友常は「ウォルマート化」を「小規模ビジネス戦略による産業構造の変質と国境を超えた商品生産の下請け化」と定義している。前掲書四二頁参照。

との貿易を二年半停止した）。処刑、冤罪、ハイジャック、被害妄想にかられた傲慢な反共団体・資本主義国家及び共産党国家の愚行。いずれも冷戦時代の国家権力が発散する毒気に蝕まれた社会の呈する症候である。

そうした毒気を払拭するかのように、ミネソタ州出身の若い歌い手は一九六二年「ジョン・バーチ・パラノイド・ブルース（Talkin' John Birch Paranoid Blues）」をつくり、その翌年、当時アメリカでもっとも人気のあったバラエティ番組「エド・サリヴァン・ショー」で披露しようとした。だが、「ジョン・バーチ協会」から名誉毀損で訴えられるのを恐れたプロデューサーに歌の差し替えを要請され、激怒したシンガーソングライターは出演を断りスタジオを出て行った。この風刺歌はリリース直前のセカンド・アルバム『フリーホイーリン・ボブ・ディラン』にも収録されず、長年海賊版でしか聞くことができなかった。

「さて、みんなヒトラーと同意見だろ／やつは六〇〇万人のユダヤ人を殺したけど／やつが『ファシスト』だったことはたいした問題じゃない／少なくとも『コミュニスト』とは呼べないものね！／風邪を引いたってときにマラリアの予防接種を打つようなもんだよ〔…〕／さて、雇われ仕事をやめて独立できたついでに／シャーロック・ホームズって改名したんだ／探偵鞄のなかにあった手がかりを追跡したら／アメリカの国旗に赤い縞が入ってることに気づいたよ／ベッツィー・ロス婆さんの仕業さ(6)」

八路軍による処刑が戦争の記憶の遺産と見なされたとき、一人のアメリカ人資本家はそれを反共反革命の陰謀組織として受け継ぎ、一人の日本人労務者は下層労働者の革命的闘争の契機として受け継いだ。そういう解釈も成り立つだろう。しかし、これらは硬直した二項対立関係では決してない。何かの弾みで逆転したり、思いがけない血路が開かれたりすることもある。

釜ヶ崎滞在の前、友常の招きで東京外国語大学で話をした（六月四日）。大西洋民衆史家ピーター・ラインボーの父がＦＢＩのガサ入れに遭ったときのエピソードを紹介した。例によって「共産主義関連の書籍を所有していないかどうか」を調べるための家宅捜索だ。ラインボーの父は外交官で、アメリカ帝国主義の好戦的な拡張政策に対し、穏健なリベラリストとして問題提起をしていただけだったのだが、当時は少しでも異論を唱えると「非国民」扱いを受ける風潮があった（じっさい、彼は罰としてパキスタンに「窓際族」として飛ばされた）。家宅捜索を目撃した隣人はジョン・バーチ協会メンバー。彼はＦＢＩにすごい剣幕で食ってかかった。「お前ら国家権力にそんな暴挙をする権限はない！」アメリカの右翼ナショナリストは国家権力を忌み嫌う。彼らのナショナリズムとは「憲法で保証された諸権利を個々人が自衛するもの」であって、国家は拳銃保持を含めた個人の権利と宗教の自由を常に脅かす存在だからだ。彼らの信奉する陰謀説（共産主義者、国連がアメリカ国民を監視するために飛ばす黒いヘリコプター、フリーメ

（6）　アメリカ独立戦争時の愛国女性（Elizabeth Griscom "Betsy" Ross, 1752–1836）。長らくアメリカ軍総司令官ジョージ・ワシントンのために初めて星条旗をつくったとされていたが、現在では愛国心鼓舞のための伝説とみなされている。

イソン、ビルダーバーグ会議、ユダヤ人、果てはUFOまでがごた混ぜになって陰謀主を形成している）の根っこにある心情は、もとを正せば権力への猜疑心に他ならない。政治過程から疎外され生活圏のなかで八方ふさがれた大衆の不満と情念はこうした偏った形で結晶する。権力志向を棄てた連帯と、実質的な理性によって大衆の被害妄想を純化しながら臨機応変に戦略を変えていく運動が生まれれば、何らかの血路が見いだせるだろう。しかし現実には、不毛な諍いと独善を撒きちらす言説、不寛容な行動様式がそうした運動の生成を困難にしている。「革命的自殺」を選んだ船本もまた、異なった史的文脈において似たような問題に直面していたのかもしれない。

友常がとりわけ強調するのは、船本の「遺書」に記された武装闘争の「成功の秘訣」の重要性である。いわく「黙ってやること／わからぬようにやること、声明も何も出さぬこと／民衆に理解できるようにやること、公然活動領域と接触せず事実行為で連帯すること」(7)。船本の言葉は、一九七〇年代に日帝の象徴的建造物と日本企業（三菱重工を含めた財閥系企業やゼネコン）に対し爆弾闘争を整然と行うことによって、多くの新左翼グループが陥りがちな自滅的内ゲバを斥けた東アジア反日武装戦線の闘争と響応している。剰余価値の諸機構（たとえば、選挙政治の車輪に油をさす企業の資金）と経済的に等価な政治的微積分に対するアンチテーゼとしての無名性。自分の手柄にせず利益を顧みない、求めるのは「行動によるプロパガンダ」を通じて大衆の想像力をかきたてることのみ――その展望がどれだけ非現実的で、妄想めいたものであったとしても、それは無産階級の焼身行為から産まれた気高い特性であり、客観的条件がそろえば蜂起の伝説や民話へと変質する。一八世紀イギリス平民の「行動によるプロパガンダ」と「匿名の手紙」を研究したE・P・トムスンは、船本が自殺した翌年の一九七六年にユートピア主義革命家／アーティストのウィリアム・モリスについて書いている。人間の欲望や主体性や文化を大事にするモリスのラディカリズムを科学的必然性や合理主義の観点から批判するマルクス主義への反論だ。「マルクス主義が必要としているのはその各部分を再編成することではなく、それが決して統括できない文化の側面に対する謙虚な態度である。必然性のテキストのなかで欲望の動作は判読不能かもしれないし、合理的説明や批判の対象になるかもしれない。しかし、そうした批判がこれらの動作の源に触れることは決してできない(8)」。

＊　＊　＊

六月半ばに二週間ほど、嘉手納空軍基地の北東一一キロに位置する赤野に滞在した際、近所のイオン

（7）『HAPAX VOL. 2』四三－四四頁。船本はほかに「エセ武闘派に嫌疑がかかるようにやること／独立した戦闘グループが相互に接触を持たず、自立してやること／武装闘争にデッチあげはつきものである。デッチあげのない武装闘争とは敗北した武装闘争であること。デッチあげがどんなにくりかえされようとも、ちゅうちょせずに闘争を続行すること」を秘訣として記している。前掲『〔新版〕黙って野たれ死ぬな』二九〇－二九一頁。

（8）E. P. Thompson, “Postscript: 1976” in *William Morris: Romantic to Revolutionary* (Merlin Press, 2011), 807.

（ザ・ビッグ田場店）に通ってトップバリュー発泡酒を買い、店前のベンチで飲む習慣がついた。雨が止むのを待つ間、下手な詩を数編書いた、そのうちの一節。

フレッド・ハンプトン[9]がアメリカ国家権力に虐殺された
年齢の倍近く生きたオレは無職で
判読不能のクダラナイ詩を書きなぐり
同胞の米軍兵士たちが世界中の米軍基地で
ある日、いっせいにピストルをこめかみに突きつけ
潔い集団自決をするあまりにも大義のある妄想にひたる
国賊であるゆえに
ファシスト的概念である「反アメリカ的」であるゆえに
オレこそがアメリカなのだ

死ぬべきでない人たちがいつも殺され、あるいは殺される前に自ら死を選ぶ。この不合理な世界では
――「賃金のために働いたら、金持ちの資本家を支持することになり／働かなければルンペンと言われ

る」「まったく変な世界だ」とウッディー・ガスリーは歌う——自殺が合理的な選択のように感じられるときがままある。戦争と貨幣の双生児はわたしたちの欲望の動作を判読不能にし、自殺へと促すことがあまりにも多い。

安倍晋三が嘉手納基地前で日本国旗にくるまり、その身体に自ら火をつけ、潔い自爆テロリストとしてゲートを突破したあかつきには、わたしたちルンペンは祝う。そして、その日を「船本洲治記念日」として祝杯を挙げよう。

（9）一九四八年生まれの黒人活動家、ブラックパンサーのリーダーの一人。六九年一二月四日、二一歳の若さで、シカゴ警察とＦＢＩに寝込みを襲われ射殺された。

7 「人よ、神をお赦しください、自分が何をしているのか知らないのです」

一九九五年と世界の終わり

六時、テレビの時間、海外タワーにいるところを見つけられるな
焼畑、帰る、激しく揺れる自分に耳を傾ける
彼を制服で閉じ込めろ、本が燃える、流血
すべての動機がエスカレート、自動車焼却
ロウソクに火をつけろ、動機に火をつけろ、下りろ、下りるんだ
自分の踵を見ろ、潰れて潰れているのを、ヤバっ
怖がるものなどない、騎馬兵、背徳者、避けろという意味だ
トーナメント、トーナメント、嘘のトーナメント
解決策をくれたら、代替策をくれたら、拒否する

僕たちの知る限り、世界の終わりだ（ひとりでいる時間があった）
僕たちの知る限り、世界の終わりだ（ひとりでいる時間があった）
僕たちの知る限り、世界の終わりだ、そして気分がいい（そろそろひとりでいる時間だ）

気分がいい（気分がいい）

――R・E・M「僕たちの知る限り、世界の終わりだ（そして気分がいい）」

世界の終わりと冷戦システムの不条理

一九九五年一月二五日、世界はもう少しで終わるところだった。

これは冗談でもないし、カルト教団がするような終末の予言の口真似でもない。事実そのものだ。

確かに、あの年に「世界の終わり」を予言した宗教団体はあった。たとえば、カリフォルニア州オークランド市を本拠地にするキリスト教系ラジオ放送網「ファミリーラジオ」の設立者ハロルド・キャンピングは、「一九九五年三月三一日」にキリストが再臨し「最後の審判」を行うと言いはった。(1) そして言わずもがな、世界の終末に至る「宗教戦争」が始まるというオウム真理教教祖の予言を一部の信者が、やはり

(1) キャンピングはこの前にも同じような予言を三回しており、この四度目の「不正直」のあと、正真正銘の究極的「エンド・タイム」の到来を「二〇一一年一〇月二一日」に再設定し、『タイム』誌はそれをネタに（予言の当日に）「史上大外れ予言トップ10」を発表した。それでも、ファミリーラジオは国内に一五〇以上の放送局を持ち、世界中の信者から毎年二〇〇〇万ドル近い募金を集めている（二〇一一年の予言を広める際はPRに一億ドル以上を投入した）。しかもこれだけのお布施を集めながら、公式には「聖書に基づくキリスト教ラジオ伝道組織であり、いかなる教会組織とも関連はない」と表明している。

一九九五年に成就させようとしていた。サリンが東京の地下鉄車両内にばらまかれ、一三人が死亡、約六三〇〇人が負傷した三月二〇日からちょうど一ヶ月後の四月一九日、今度はアメリカで、一六八人の死者と六八〇人以上の負傷者を出したオクラホマシティ連邦政府ビル爆破事件が起きている。爆破犯のティモシー・マクベイ、テリー・ニコルズ、マイケル・フォティアは陸軍服役中に知り合った間柄だ。犯行の動機は（主犯のマクベイによれば）アメリカ政府の暴政への憤りだった。マクベイがとりわけ強調したのは、「ルビーリッジとウェーコの事件への抗議」である。これは爆破事件の三年前（一九九二年）、アイダホ州ルビーリッジでキリスト教原理主義者のランディ・ウィーバー一家をFBIが包囲し、ランディの妻ヴィッキーほか二名を射殺、さらに翌九三年にはテキサス州ウェーコでブランチ・ダビディアン宗団[2]を襲撃し、信者七六人を死に追いやった二つの事件を指す[3]。

マクベイはこの二つの事件を国家暴力による個人の封殺とみなし、その報復として爆破事件を起こした。さらに湾岸戦争での自身の経験をふまえ、「『大量破壊兵器』の使用について知るために、第一次世界大戦、第二次世界大戦その他アメリカ合衆国が関わってきた『地域紛争』の歴史を勉強するように勧めたい」と述べ、アメリカ国家の偽善的ダブルスタンダードを非難した――「子どもの死に関する偽善はどうだろう。オクラホマシティでは、通りに面した階と建物の上層を占める法執行機関とのあいだに保育所があった理由は家族にとって便利だったからだ。しかし、議論がイラクに移ると、政府の建物のなかにある保育所はすぐに『盾』として扱われる。このことを考えてみてください」[4]。ここにはアメリカの右翼ナショナリストに共通する反国家主義的個人主義があらわだが、それだけではない。ウィーバーもブランチ・ダビディアンの教祖デビッド・コレシュも、世界の終わりが間近であり、自分たちこそが最終戦争を生き残るのだという熱烈な信仰を持っていた。米国憲法をもとに反国家的個人主義や自衛主義を唱え、原理主義的キリスト教の終末思想を結合する二〇世紀末アメリカ特有の右翼イデオロギーが顕在化している。

新約聖書の「黙示録」を「神の言葉」として文字通り受け止め、それを解読することに父は一生をかけた。だからキャンピングやウィーバーやコレシュが体現する黙示的衝動はそれなりに理解できる。当時テキサス大学オースティン校の学部生だったわたしは、オースティンとダラスの実家を行き来するたびにウェーコを通り過ぎ、ブランチ・ダビディアンに対するＡＴＦ（アルコール・タバコ・火器及び爆発物取締局）とＦＢＩの暴挙を記録したドキュメンタリー *Waco: The Rules of Engagement* の映像をよく思い浮かべていたので、国家権力に対する健全な猜疑心にも共感できた。有意義な世俗的政治選択がまったく枯渇した

（2）キリスト再臨を教義の中心に置くセブンスデー・アドベンチストから分派したセクトで、『ヨハネの黙示録』に基づく終末思想を奉じ、信者だけが最終戦争を生き残ることができると説く。
（3）いずれも米国白人ナショナリスト・極右のあいだで、国家権力の暴走による中心的事件として受け止められている。
（4）Timothy J. McVeigh, "An Essay on Hypocrisy", *Media Bypass* (June 1998).

名目上の「民主主義国家」アメリカや日本では、不自由で余裕のない現実から抜け出す、いや、現実そのものを壊すには神がかりの幻想を抱くのが一番手っ取り早い。

だが、一九九五年一月二五日は、そのような黙示的宗教幻想ではなく、客観的事実として世界が終わりかけた日だ。

この日、ノルウェーの北西湾岸にあるアンドーヤロケット発射場からオーロラ観測用のブラック・ブラントⅫロケットが、ノルウェーとアメリカの共同チームによって発射された。ロケットはぶじ北方――モスクワの方角――へ飛んで行った。だが、高度一四五三キロに達したとき、ブラック・ブラントⅫの姿はアメリカ海軍のトライデント（潜水艦発射弾道ミサイル）に酷似する。それを核ミサイルと勘違いしたロシア衛星基地局の通報を受けて軍はすぐ厳戒態勢に入り、ボリス・エリツィン大統領のもとに「チェゲト」と呼ばれる「核のブリーフケース」が運ばれた。どこにでもあるような冴えない見た目のこの黒いブリーフケースは、一九八〇年代初頭、ユーリ・アンドロポフ書記長の旧ソ連時代に開発された自動通信システム「カズベク」の端末である。非常時にはロシアの戦略核兵器の管理統轄に関わるすべての政府人員・機関がこのシステムで連絡を取り合う。チェゲトは大統領の側近が常に持ち歩く（プーチン現政権においてもそれは変わらない）。いざ核兵器使用の段になれば、チェゲトに保管されている認証コードが大統領から国防相を経て参謀長に送られ、最後に参謀長から各地に配備されたミサイルサイロや潜水艦に核攻撃開始を命じるコードとして発信される仕組みだ。アメリカにも「核のフットボール」という呼び名で似たような装置がある。外側の「覆い」は、二〇〇以上のハリウッド映画に登場するゼロハリバートン社（二〇〇六年、日本のエース株式会社に買収された）製の革装アタッシェケースだ。

一九九五年一月二五日、エリツィンは、チェゲトを運用史上初めて起動させ、潜水艦長に核反撃態勢をとれと命じた。だがさいわい、ロケットはロシア領空を離れ、予定通りノルウェー領スピッツベルゲン島に落下。ロシア当局もこれを確認し、核ミサイルは発射されなかった。核保有国が「核のブリーフケース」を起動するまでの非常事態に至ったのは、この「ノルウェー・ロケット事件」が最初で最後である。

冷戦期における米ソ間の「相互確証破壊」(Mutual Assured Destruction)——二つの核保有大国の一方が核攻撃を行えば、もう一方が必然的に核で報復し、最終的には完全に破壊しあうことを互いに確証する（ゆえに両国は軍事衝突を避ける）ことで成り立つ「核抑止」体制——の黙示的狂気は、それが現実化しかけた一九五〇年代末から六〇年代前半にかけて、フィクションの格好の題材となった。たとえばプロットがとてもよく似た英米の二つのベストセラー小説、ピーター・ジョージ『非常警報』（一九五八）(5)とユ

（5）Peter George, *Red Alert*, UK: T. V. Boardman, 1958. 初版オリジナルのタイトルは『破滅への二時間 *Two Hours to Doom*』で、イギリス空軍勤務時代に書いたため著者名はペンネームの「ピーター・ブライアント」だった。ジョージは映画の脚本の共同執筆者でもある。

ージン・バーディック／ハーヴィー・ウィーラー『フェイル・セイフ』（一九六〇）[6]。前者は『博士の異常な愛情または私は如何にして心配するのを止めて水爆を愛するようになったか』として、後者は『未知への飛行』として、いずれも一九六四年に映画化もされた。ちょうど同時期に米ソが核戦争勃発寸前まで行った「キューバ危機」（一九六二年一〇月）が発生し、米国防総省が防衛態勢を「核戦争一五分前」を意味する「デフコン２」（準戦時態勢）に引き上げるほどの非常時が生じていた（デフコン Defense Readiness Condition は五段階あり、最高度の「１」は「戦争突入」を意味し、核兵器使用が許可される可能性もある）。

ソ連製核ミサイルがキューバに配備されていることを発見したアメリカが、ソ連にミサイル撤去を要求したことがキューバ危機の引き金を引いた。しかし、危機が起こる少なくとも六ヶ月前、アメリカはソ連と同じこと——同盟国の島への核ミサイル配備——をすでに行っていた。一九六二年初頭、沖縄読谷村《よみたんそん》のボロー・ポイント射撃場（現・瀬名波通信施設）に、嘉手納基地から「メースＢ」と呼ばれる射程二二〇〇キロ超の地対地巡航ミサイル八基が運び込まれた[7]。各「メースＢ」には、広島に投下された原爆の七五倍の威力をもつ一・一メガトンの核弾頭が搭載されていた。キューバ危機真っ最中の一〇月二八日未明、嘉手納基地ミサイル運用センターから読谷村発射基地に「四基を発射せよ」という暗号指令が無線で届く。しかし、これを受けとった米空軍戦術ミサイル中隊員たちが訝しがる。四基の標的のうち、なぜソ連向けが一基だけなのか（残りは中国向けだったと推測されている）、そしてなぜデフコンが「1」ではなく「2」のままなのか。不審に思った発射指揮官が指令を慎重に検討し直し、発射作業を中止させたおかげで、核戦争は回避された。この発射命令はその後、危機渦中の混乱による誤指令だったことが判明した。米中隊元技師は当時を回想して、「沖縄が消滅していたかもしれない」「沖縄人は人間の盾《ヒューマン・シールズ》だった」と述べている。

そもそも、核ミサイルのような大量殺戮兵器を製造することじたい権力の狂気をあますことなく示しているのだが、人類史上原爆を投下した唯一の国が、それから一〇年と経たぬうちに、原爆を落とした国の島嶼に核兵器を配備していた。そして、最近まで「植民地」同様に扱い、侵略やテロの対象にしてきた国にその兵器を向け世界中を巻き込んで核戦争を始めようとした——この史実は、どのようなフィクションや風刺よりも、現代史の不条理を生々しく露出させている。しかもこの不条理はひとえに、わたしたちを

（6）本書一〇〇頁以下参照。
（7）以下、アメリカ空軍第八七三戦術ミサイル中隊の元技師ジョン・ボードンらの証言による。Jon Mitchell, "Okinawa's First Nuclear Missile Men Break Silence", *Japan Times* (July 8, 2012): http://www.japantimes.co.jp/life/2012/07/08/general/okinawas-first-nuclear-missile-men-break-silence/ 日本でも共同通信の太田昌克編集委員によるスクープ記事が二〇一五年三月一五日付『琉球新報』に掲載され、翌年には太田がウェブジャーナルで詳細なインタヴューに応えている（IWJ二〇一六年一月八日：https://iwj.co.jp/wj/open/archives/281578）。

支配してきた冷戦システムそのものの不条理だ。「地球温暖化は人類のせいだ」といった「人新世《アントロポセン》」の概念を最近よく耳にするが、人類すべてが権力の不条理や地球温暖化に等しく寄与してきたわけではない。たとえば、人類の生存を左右するメースBの発射やチェゲトによる核攻撃を決定するにあたって、わたしたち民衆はその是非を相談されないどころか、リアルタイムで知らされもしない（ロシアでは、自分たちが核戦争手前にいたことを国民がニュースで知ったのは事件の一週間後である）。冷戦期に狂気の「相互確証破壊」システム（その略号がMADであるのは偶然ではない）を確立した支配権力は、冷戦後もなおわたしたちを人間の盾《ヒューマン・シールズ》と見なし続け、人類の黙示的終末を約束している。そのことをはしなくも証したのが、一九九五年一月二五日「ノルウェー・ロケット事件」の歴史的意義である。

「狂人」国家が振りかざす「人間の盾」と「軍人の職業病」としてのレイプ

民間人を敵の攻撃にさらし、文字通り「人間の盾《ヒューマン・シールズ》」として扱う戦略は第一次世界大戦中も用いられたが、その言葉が一般化するのは第二次世界大戦においてである。一九四五年三月末〜六月にかけて総計二〇万人以上の死者を出したといわれる沖縄戦では、米軍の攻撃に対して沖縄住民が日本軍を護る「人間の盾《ヒューマン・シールズ》」にされた。大戦後期の四四年八月に起きたワルシャワ蜂起では、鎮圧に乗り出したナチス・ドイツ軍によって一五〜三〇万人ものポーランド市民・レジスタンスが虐殺された。激戦地となったヴォラ地区では、一時期劣勢だったドイツ軍がワルシャワ市民を「人間の盾《ヒューマン・シールズ》」に用いた。その二ヶ月ほど前、米軍が日本の都市への絨毯爆撃を開始し、最終的には広島・長崎に原爆を投下した軍事的根拠は、日本が軍事施設や工場を各地に点在させ、民間人居住区と区別できないようにした――つまり日本が「人間の盾《ヒューマン・シールズ》」政策をとったことにある（だから日本の自業自得だ）というのが、アメリカの軍事専門家や歴史家の間では定説となっている。「人間の盾《ヒューマン・シールズ》」はむろん、ジュネーヴ条約で戦争犯罪として禁止されているが、それを敵国が用いたのでやむを得ず「盾ごと」破壊したのだ、と無差別大量殺戮を正当化する――これは「相互確証破壊」と同じく、発狂した暴君のたわごとであり、論理として完全に倒錯している。そして、それを当為として受け入れ流布する知識人は権力にこびへつらう知的奴隷に過ぎない。

じっさい、「狂人理論《マッドマン・セオリー》」は、ニクソン政権下で実施されたれっきとしたアメリカの外交政策である。ベトナム戦争に対する米軍兵士の激しい叛乱を筆頭とする反戦運動が燃えさかり、米国冷戦体制の土台を築いた「賢者たち《ワイズメン》」(8)からビジネス支配層にいたるまでがベトナムからの撤退を要求していた時期に、「ま

（8）冷戦期を通じてアメリカの外交政策を主導した六人の外交官・官僚・外交専門家たち＝東海岸エスタブリッシュメント（ディーン・アチソン、チャールズ・E・ボーレン、W・アヴェレル・ハリマン、ジョージ・ケナン、ロバート・A・ラヴェット、ジョン・J・マクロイ）。アイザクソンとトマスによるノンフィクション『賢者たち』（Walter Isaacson and Evan Thomas, *The Wise Men: Six Friends and the World They Made*, Simon & Schuster, 1986; 2nd edition, 2012）で著名になった。共産圏封じ込め政策も北大西洋条約機構もマーシャル・プランも彼らの立案による。

だまだ戦争を続けるぞ」と脅す（そして譲歩を引き出す）ためにニクソンが取った苦肉の策だ。「ニクソンは狂っているから何をしでかすかわからない（核のボタンを押しかねない）」というイメージを共産圏に植えつければ、敵はビビって言いなりになるはずという、文字通り「気違いじみた」前提にもとづいている。一九六九年一〇月、ソ連の国境周辺に水爆を搭載した爆撃機を三日連続で飛ばしたのも、翌年北ベトナムとの和平交渉のさい何の関係もないカンボジアを侵略したのも、この「狂人理論《マッドマン・セオリー》」に沿っての行動だった。

そして「狂人理論」の実践を担う米軍の制度的狂気は、国家レベルの軍事戦略においてのみならず、個人の生命身体を脅かす性暴力においても露骨な徴候としてあらわれることになった。

「ノルウェー・ロケット事件」から七ヶ月後の一九九五年九月四日、沖縄本島北部で、三人の米軍兵士が一二歳の女子小学生を拉致し集団レイプした（沖縄米兵少女暴行事件）。その四年前に、米軍史上最大の性暴力スキャンダルが起こっている。一九九一年九月八日～一二日にかけて、テイルフック協会（米海軍・海兵隊の艦載機パイロットの親睦団体）の第三五回年次総会がラスベガスのヒルトン・ホテルで催された。海軍・海兵隊員ら約四〇〇〇人が集う会場には、「女は所有物」と書かれたTシャツを着た参加者が複数いた。翌月、会に参加した八三名の女性パイロットと七名の男性パイロットが、一〇〇名以上の男の同僚から性的暴行を受けたと告発した。女性たちは閉会後ホテルの部屋に戻ろうとしたところ、大勢の男が群がる廊下を無理やり歩かされ、服を脱がされ下着を引きちぎられ、体中をまさぐられた。告発を受けて米海軍省は一連の調査を行い、最終的に一四名の将官及び三〇〇名近くのパイロットに早期退役や降格といった処罰が下された。そしてこれを機に、戦闘機、戦闘艦、防空砲・野戦砲部隊において女性が男性と競合できる体制が敷かれるようになる。

しかし、米軍は懲りずに性犯罪の不祥事を起こしつづける。四年後には沖縄米兵少女暴行事件、さらにその翌年にも、メリーランド州の陸軍基地アバディーンで再び大スキャンダルが起こる。一九人の女性訓練兵が一二人の教官をレイプで告発し、うち四人が四ヶ月から二五年にわたる懲役を言い渡されたのだ。この後も、二〇〇三年「航空士官学校性暴力スキャンダル」(女性卒業生の一二%がレイプまたはレイプ未遂に遭っていたことが発覚)、二〇〇九~一一年「空軍ブートキャンプ・スキャンダル」(テキサス州サンアントニオ市のラックランド空軍基地で四三人の女性新兵がハラスメントや強姦の被害に遭った)といった大規模なレイプ・性暴力事件が相次ぎ発生することになる。

「MST(military sexual trauma):軍隊で性的暴行を受けたことによる心的外傷」という病名が一般化するほど、米軍内に性暴力は蔓延している。ある調査では、イラク戦争に動員された女性退役軍人一九六人の四一%がMSTを患っていた(9)。二〇一四年には、「女性兵士アクションネットワーク(Service Women's Action Network)」と「米国ベトナム戦争退役軍人会(Vietnam Veterans of America)」が、米軍の女性兵士のおよそ三人に一人が軍務中にレイプされ、治療を要請しても無視されたことを、合衆国連邦巡回区控訴裁判所に上訴している[10]。米軍内のレイプ率は民間人のそれの倍である。国防総省の二〇一二年の調査によると、米軍内で男女合わせて二万六〇〇〇人が性的暴行を受け、うち上官に報告されたケースは三三七四件にしか満たない[11]。被害者の多くは無神経な尋問や隠蔽・口止め、嫌がらせや報復を恐れ、報告しないからだ。ちなみに性暴力の標的は女性だけではない。軍全体でいまだ男性の比率が圧倒的に高いためもあって、被害者の絶対数では男性の方が多い[12]。だが、同性愛への嫌忌やジェンダー規範意識から男は女以上に被害を隠す傾向があり、アメリカの軍法（統一軍事司法典）ではレイプ被害者＝女性、加害者＝男性と固定的に規定されているので、制度的にも隠蔽されがちである。

強姦者が（特に士官・将官クラス以上の）上官の場合、被害者があえて告発したとしてもその上官本人に却下されるというカフカ的不条理状況が生じる（上官が加害者ではない場合でも、部隊内で裁判沙汰が起これば評価が下がりキャリアに響くので、やはり告発は却下される傾向がある）。米軍上層部は軍の性暴力スキャンダルが世間を賑わすたびに国会の調査委員会に呼びだされ、そのつど口をそろえて「ゼロ・トレランス」を誓う。しかし、実態はかけ離れている。報告・告発されるごく一部の案件のうち、さらにごくわずかな数件がよしんば軍法会議にかけられたとしても、加害者には減俸・降格・早期退役といった軽罰が下されるに過ぎず、かついったん処罰が決まってものちに特赦・減刑されたりする。たとえば二〇一三年、軍法会議で性的暴行の有罪判決を受けた二人の空軍士官を、二人の中将（クレイグ・フランクリンとスーザン・ヘルムズ）が「証拠不十分」と言いはって庇い、釈放させた。この「特赦事件」からほどない同年五月、さらなるスキャンダルが発生する。空軍の性暴力予防プログラムを担当していたジェフリー・クルシンスキー中佐が、あろうことか性的暴行でバージニア州アーリントン市当局から告訴され、逮捕されたのだ。しかしクルシンスキーは州の陪審裁判で満場一致の無罪判決を受けた。そして、性暴力の被害者の数は増え続けている。米国防総省によると、二〇一七年財政年度において六七〇〇人以上の軍人が性的暴行を受けたと報告している。これは陸海空軍内では報告件数が一〇％増え、海兵隊内では一五％増えたということになる。[13] そして、二〇一八年に『スミソニアン』誌が国防総省の日刊『星条旗新聞』と

（9） Deborah Yaeger, Naomi Himmelfarb, Alison Cammack, Jim Mintz, "DSM-IV diagnosed posttraumatic stress disorder in women veterans with and without military sexual trauma", *Journal of General Internal Medicine* (March 2006, volume 21, issue 3), S65–69.

（10） Ryan Abbott, "Vets Claim Nearly 1 in 3 Women Are Raped During Military Service", *Courthouse News Service* (May 5, 2014): http://www.courthousenews.com/2014/05/05/67581.htm

（11） Helene Cooper, "Pentagon Study Finds 50 % Increase in Reports of Military Sexual Assaults", *The New York Times* (May 1, 2014): http://www.nytimes.com/2014/05/02/us/military-sex-assault-report.html

（12） Jennifer Koons, "Sexual Assault in the Military", *CQ Researcher* (August 9, 2013, volume 23, issue 29): http://library.cqpress.com/cqresearcher/document.php?id=cqresrre2013080900; Nathaniel Penn, "Son, Men Don't Get Raped", *GQ* (September 2014): https://www.gq.com/story/male-rape-in-the-military

ジョージ・メイソン大学政治学部との協力のもとで実施した統計では、三人に二人の退役・現役女性軍人がセクハラ・性的暴行被害に遭っていることが判明した[14]。こうした性暴力の被害増加の理由は被害者が報復を恐れずに告発できるような軍内部の環境改善のおかげだと米軍は弁解しているが、裏を返せばそれは性暴力を防止する実質的な改革が何もなされていないことを意味する。

こうした米軍内の「改善」への動きがまだ有名無実の域を出ないなか、駐留国での米兵の所作にいたってはほぼ野放し状態だ。じっさい、二〇一三〜一六年の四年間だけでも沖縄米軍施設内で四〇〇件近い性暴力事件が発生している[15]。国防総省は一九五〇年の最高裁判決を根拠に、レイプは「兵役に付属する」行為、つまり軍人の「職業病」なので、医療・経済保障の対象とはならないと公言している[16]。言い方を変えると、それは軍隊内の「巻き添え被害《コラテラル・ダメージ》」という意味だ。一九九一年の湾岸戦争の際に広まったこの軍事用語は、攻撃の標的以外の一般市民や非戦闘員が不本意に死傷したことを指し、軍事暴力によるむごたらしい被害の現実を「仕方のない間違い」として処理し、隠蔽する効果を持つ。最終的に米軍は敵対国・同盟国・軍隊内の人間すべてを「巻き添え被害《コラテラル・ダメージ》」、つまり「人間の盾《ヒューマン・シールズ》」の対象にする。「巻き添え被害《コラテラル・ダメージ》」が被害者を「事故」の結果として扱うのに対し、「人間の盾《ヒューマン・シールズ》」には被害者を敵に加担する戦争兵器の一部とみなすニュアンスが込められている、すなわち既存の軍事権力構造に楯突くものはみな「敵」なのだ。こうした制度化された狂気は、「真空地帯」的軍事権力の構造そのものから生じている。それは「低強度紛争」の実例を見ても明らかである。

「低強度紛争」と黙示の狭間を歩む

「低強度紛争（Low Intensity Conflict）」[17]という言葉を初めて聞き、レイプがその一環をなすことを知ったのもやはり一九九五年だった。

当時わたしは、テキサス州オースティン在住の経済学者兼活動家ハリー・クリーヴァーの批判精神みなぎる淀みない口調に魅せられ、大学で彼の授業やゼミの追っかけをしていた。その中で、メキシコ政府と

（13）Lisa Ferdinado, "DoD Releses Annual Report on Sexual Assault in the Military", Department of Defense（May 1, 2018）: https://dod.defense.gov/News/Article/Article/1508127/dod-releases-annual-report-on-sexual-assault-in-military/

（14）Terence Monmaney, "New Polls of U. S. Troops and Veterans Reveals Their Thgouths on Current Military Policies", *Smithsonian Magazine*（January 2019）: https://www.smithsonianmag.com/arts-culture/new-poll-us-troops-veterans-reveals-thoughts-current-military-policies-180971134/

（15）『沖縄タイムス』二〇一七年一一月一九日：http://www.okinawatimes.co.jp/articles/-/172393

（16）Jesse Ellison, "Judge Dismisses 'Epidemic' of Rape in Military Case", *The Daily Beast*（December 13, 2011）: https://www.thedailybeast.com/judge-dismisses-epidemic-of-rape-in-military-case

（17）ベトナム戦争での敗北を機に米国は、第三世界革命を抑止する軍事戦略として、機甲戦を主体とする通常戦争から、軽量化した陸軍部隊、ピンポイント爆撃用の巡航ミサイル、機動性の高い軽空母等による局地的紛争に重点を置く「低強度紛争」に舵を切った。

新自由主義《ネオリベラリズム》経済にその前年に宣戦布告したサパティスタ民族解放軍を発見した。クリーヴァーが運営するメーリス「chiapas 95」を講読し、彼が共訳・編集したサパティスタ文書集を読んで深い感銘を受け、真の意味での「人民軍」、既存の各国軍隊とは異なる軍隊のあり方を知った。チアパス州のマヤ先住民が組織したこの「最初のポストモダン革命」と呼ばれた武装蜂起は、世界資本主義全体をとことん拒絶するだけではなく、ひと昔前の革命運動が提唱した国家権力の掌握や前衛主義に対しても「ノー」を言い放った。そこには急進的民主主義《ラディカル・デモクラシー》が貫徹されているように見えた。「政府が国土と安全保障政策を効果的に管理できると示すには、サパティスタを殲滅する必要がある」——これはメガバンクのチェース・マンハッタン銀行（現JPモルガン・チェース銀行）が九五年一月一三日付でメキシコ政府に送りつけた極秘メモの文面だ。(18) これほどに支配者層を脅かす目覚ましい運動が、二三〇〇キロ南方の土地で生成しつつあった。

クリーヴァーをはじめとする北米のサパティスタ支援者はチアパスを訪れ、運動の実態を自分の目で確かめ、メキシコ政府の不穏な対応（不誠実な交渉とあからさまな軍事弾圧）を阻むのに尽力した。そのひとりセシリア・ロドリゲスがチアパスから帰国後、テキサス大学オースティン校で講演を行い、そこでメキシコ政府がサパティスタに仕掛けていた「低強度紛争」について語った。彼女自身が「低強度紛争」の被害者であり、その言葉には計り知れない重みがあった。一九九五年一〇月、先住民への人権侵害を監視する市民組織の事務所をチアパスに開設したロドリゲスは、モンテベロ湖畔で三人の男にレイプされ、こう脅されたのだ――「これでチアパスがどういう土地かわかったな。だから黙れ……でないとお前の身に何が起こっても知らんぞ」と。

ふつうなら、あまりの打撃と恐怖で口をつぐんでしまっても当然なのに、ロドリゲスが取った行動はその対極だった。すぐにこの卑劣な脅迫行為を公表し、闘争の決意を新たにしたのだ。

「わたしは黙らない、これまでやってきた仕事もチアパス訪問も、アメリカ合衆国におけるサパティスタ代表としての仕事もやめない。サパティスタが要求する正義、自由、民主主義が実現するまで、休むことなく活動し続ける」(19)

かっこ良すぎる。当時、期末レポートの締切が迫るたびに「死ねば全て無意味だろ」という愚劣な実存的危機に瀕し昼寝ばかりしていたわたしにとって、ロドリゲスは別世界を生きる巨人のように見えた。それもそのはずで、彼女は一九七〇年代から活躍してきた筋金入りの活動家なのだ。テキサス大学エル・パソ校で学部生のころ、チカーノ・ナショナリズム(メキシコ系アメリカ人の労働権や教育権を擁護し、アメリカを植民地権力として批判する民族主義思想)を標榜するラーザ・ユニーダ党に加わり、地元の工場

(18) Ken Silverstein and Alexander Cockburn, "Major U. S. Bank Urges Zapatista Wipe-Out: A litmus test for Mexico's stability", *CounterPunch* (Vol. 2, No. 3, Feburary 1, 1995): http://www.glovesoff.org/web_archives/counterpunch_chasememo.html

(19) The Petra Foundation, "Cecilia Rodriguez", Petra: Leaders for Justice: http://petrafoundation.org/fellows/cecilia-rodriguez/

でのオルグやストそして居住権をめぐるデモに参加し逮捕され、奨学金を失いそうになった。八〇年代には、エル・パソの繊維搾取工場《スウェットショップ》で働く女性労働者たち一〇〇〇人以上の健康診断を実施し、未払い賃金と休暇の獲得を訴えるストを組織した。さらに「国境労働者センター」の監督として、労働条件がとりわけ劣悪なことで知られるアメリカ／メキシコ国境沿いの繊維工場で働くマイノリティ女性が直面する切実な問題――失業、健康被害、国外退去や路上生活の不安――に取り組んだ。六〇年代後半にブラックパワーの余震のなかで生まれた米国マイノリティの革命的ナショナリズム、新保守主義の抑圧のもとで持続された女性労働者の階級闘争、サパティスタが「第四次世界大戦」と呼んだネオリベ資本主義に対抗する反グローバリゼーション運動――それらの前哨を接続する重要な草の根活動を、ロドリゲスは長年担ってきたのだ。

「資本主義と社会主義の間の紛争」だった冷戦こと「第三次世界大戦」に引き続き、ロドリゲスやチアパスの民衆に対する「低強度紛争」たる「第四次世界大戦が開始された」とマルコス副司令官は一九九七年に述べている。(20) マルコスによると、新自由主義《ネオリベラリズム》との闘い＝「第四次世界大戦」は、七つのピースから成るジグソーパズルである。世界規模で激化する貧富の二極化、全世界を対象とする全体的搾取、人類の一部に強いられる放浪生活、犯罪組織と国家権力の共犯関係、国家暴力、国境を越える金融資本の暴走を優先する巨大政治《メガ・ポリティクス》、ネオリベに抗する複数の抵抗――この七つの決して嵌らないピースが形づくる混沌とした世界の様相。それは冷戦の残滓が時代錯誤的に起動した「ノルウェー・ロケット事件」からも、また当時クリントン政権が国連やＮＡＴＯを通じて「人道的介入」を名目に打ち出した多国間軍事政策が、九・一一を境い目に中近東諸国に対する永続的戦争体制へと変質していった過程からも明らかだ。首尾一貫するのは、収拾不可能な不和と殺し合いのカオスを引き起こした張本人であるアメリカが、狂人《マッドマン》さながらに過剰な暴力をふるい続け、帝国の統治を取り戻そうとする狂暴な悪あがきだけだ。

アメリカの経済制裁と戦争のせいでイラクの子どもたち約五〇万人が死んだとユニセフは一九九九年に報告している。[21] 二〇〇三年、アメリカが再びイラクを侵略し、戦争をアフガニスタンその他近接地域にまで拡大し、誘拐、拷問、暗殺、大量殺戮を厭わない国家テロを一〇年以上続けた結果、イラク人死者数は（二〇〇六年『ランセット』誌の推定によると）六〇万から一〇〇万人にものぼっている。[22] アメリカが仕

（20） Subcommandante Marcos, "The Fourth World War Has Begun", *Le Monde diplomatique*（September 1997）: http://mondediplo.com/1997/09/marcos/

（21） UNICEF, "Iraq Multiple Indicator Cluster Survey Final Report, 2011"（September 2012）: https://dl.dropboxusercontent.com/u/21257622/MICS4_Iraq_FinalReport_2011_Eng.pdf

（22） Gilbert Burnham, Riyadh Lafta, Shannon Doocy, Les Roberts, "Mortality after the 2003 invasion of Iraq: a cross-sectional cluster sample survey", *The Lancet*（October 11, 2006）: https://www.thelancet.com/journals/lancet/article/PIIS0140-6736（06）69491-9/fulltext

掛けた終わりなき戦火はイスラム原理主義セクトの熾烈な内ゲバに飛び火し、その怪物的国家暴力の鏡像であるＩＳＩＬ（イラクとレバントのイスラム国）を生んだ。イスラム教スンナ派のサラフィー主義（初期イスラムの時代＝サラフを範とし、それへの回帰を主張する思想）を過激セクト的に解釈し、イスラエルを倒す前にパレスチナ人スンナ派組織ハマスと戦うと宣言、イラクのヤズィーディー教徒を虐殺し強姦し続けるＩＳＩＬのイデオロギーの特徴はその終末思想にある。第四次世界大戦のジグソーパズルがさらに流血と狂気で歪み続け、九・一一の同時多発テロより幾倍も大きい「報復《ブローバック》」の危険な土壌が敷かれることになった。

　正直、一九九五年が示していた「終わりなき戦争と報復《ブローバック》」の黙示的予兆を、当時のわたしは察知していなかった。沖縄米兵少女暴行事件の詳細を知ったのも、それから五年後に出版されたチャルマーズ・ジョンソン『アメリカ帝国への報復』[23]を読んだときだ。一九九五年、日本からのニュースでもっぱら気にとめていたのは地下鉄サリン事件ではなく、阪神・淡路大震災の続報だった。わたしは物心がつく少年時代の重要な数年を神戸で過ごし、母は神戸を実質的に地元とみなしていたので、ボランティアで支援しに行こうかと二人で話したおぼえがある。結局行かなかったが、被災地で自発的に生まれた相互扶助関係や市井の人たちの劇的に発揮された指導力に関する記述や証言を追っていると、ハリー・クリーヴァーの「地震の利用法」というエッセイを思い出した。一九八五年に大地震に襲われたメキシコ・シティのスラム地区テピートを訪れたさいの見聞記である。「地震による危機が、昔から存在していたがめったに認識されることのなかった別の道を垣間見せた〔…〕自律性、自己活動、労働を社会的ニーズに従わせるという価値観である」[24]。レベッカ・ソルニットは一五年後、このときの草の根活動がすでにサパティスタ闘争を予見させるものだったと『災害ユートピア』で書くことになる[25]。クリーヴァーやソルニットといったアメリカ人に並んで、サパティスタに着目し支援し続けたポルトガル人小説家ジョゼ・サラマーゴはチアパスの叛乱をこう形容している。「メキシコでもっとも蔑まれ、もっとも屈辱を受け、もっとも危害を加えられた人びとが決して失うことのなかった尊厳と名誉を完全に回復した場所、数世紀も続いた抑圧の重い墓碑が木っ端微塵にされ、終わりなき殺戮の行進を追い抜く新しく異なる生きた人びとが行進できる場所、それがチアパスである。現在のただなかにいるこれらの男性、女性、子どもたちは、人間としてだけではなく人類の一部として彼らの権利が認められることを要求し、先住民であり続けたい先住民としてそれを要求している。彼らは体を飢えやいつもの苦しみに苛まれながらも、何よりも名誉と尊厳のみが生み出し精

(23) Chalmers A. Johnson, *Blowback: the Costs and Consequences of American Empire*, Henry Holt, 2000. 邦訳：鈴木主税訳、集英社、二〇〇〇年。
(24) Harry Cleaver, "The Uses of an Earthquake" (1987): https://la.utexas.edu/users/hcleaver/earthquake.html
(25) レベッカ・ソルニット／高月園子訳『災害ユートピア――なぜそのとき特別な共同体が立ち上がるのか』(亜紀書房、二〇一〇年)。

神のなかで育むことのできる道徳的力を持って立ち上がった[26]」。

一九九五年にサラマーゴが上梓した代表作『白の闇[27]』は、名も無き都市で伝染病に罹ったかのように突然失明する人たちの物語だ。『災害ユートピア』で描かれているような「エリート・パニック」に陥った当局は、彼らを隔離し抑圧的に治安を維持しようとする。隔離施設を警備する兵士たちも次々と目が見えなくなり、恐怖のあまり食糧の配達を待っていただけの被抑留者たちに向かって発砲する。軍事エリートの支配が確立された収容所でレイプや虐待が横行する。ついに被抑留者たちが叛乱を起こし、収容所に火をつけて逃げる。だが、外の世界は完全に崩壊していた。暴力と病気であふれかえる都会は、失明した人びとが食べ物をあさり、無人となった建物を占拠する無法地帯。世界の終わりだ。やがて逃亡者たちは唯一目が見える「医者の妻」に率いられ、「擬似家族」として医者の家に住みつき、「自律」と「自己活動」の生活をいとなむ。そのうちに都会の住民の視力はどんどん回復していく。

サラマーゴの寓話の登場人物のように、わたしたちも精神的に失明し、軍事的暴行が蔓延する収容所に抑留されている。火をつけて逃げ出そうとする気配はまだない。現在、六三〇万人ものシリアの人びとが内戦を逃れ難民として漂泊している[28]。トルコがそのほぼ半数を受け入れているが、友愛や人権といった普遍的価値観を謳歌してきたヨーロッパ諸国の多くはその流入を防ぐため、『白の闇』の兵士たちのように国境を厳重に暴力的に警備している。一九九七年、メキシコ政府と密通する民兵組織は、サパティスタを支援するカトリック教徒のインディオたちの祈禱会を襲撃し、妊婦や子どもを含む四五人を殺戮した。この「アクテアルの虐殺」を、「一四九二年に侵略と征服とともに開始された恐ろしい悲劇に新たに付け加えられる出来事」とサラマーゴは位置づけている。[29] 国境警備、レイプ、虐殺は「低強度紛争」の一連の技術である。

サラマーゴの一九九一年の作品『イエス・キリストによる福音書』の結末で、磔にされたイエスがつぶやく言葉はルカ伝福音書（二三章三四節）の原文と違い、神と人が反転している。「人よ、神をお赦しください。自分が何をしているのか知らないのです」[30]。それはアクテアルその他の地で虐殺された無数の死者たちとともに祈るわたしたちの言葉でもありうる。セシリア・ロドリゲスのような「医者の妻」に率いられ、「自律」と「自己活動」の日々を手にし、かつてイエスに癒された盲人のように「ただ一つ知って

（26） Juana Ponce de León, ed., *Our Word Is Our Weapon: Selected Writings of Subcomandante Insurgente Marcos* (Seven Stories Press, 2011), xxi.
（27） ジョゼ・サラマーゴ／雨沢泰訳『白の闇』（新装版、日本放送出版協会、二〇〇八年）。
（28） 国連難民高等弁務官事務所（ＵＮＨＣＲ）『グローバル・トレンズ・レポート２０１７』二〇一八年六月一九日：http://www.unhcr.org/5b27be547
（29） *Our Word Is Our Weapon*, xxii.
（30） José Saramago, *The Gospel According to Jesus Christ* (Vintage, 2008), trans. Giovanni Pontiero, 341.

いるのは、目の見えなかったわたしが、今は見えるということです」(「ヨハネによる福音書」九章二五節)と証しする日は、ほど遠い。黙示的幻想を抱く失明者のあがきと「低強度紛争」の血煙の間を縫って歩み続けるしかない。

第二部　対話

8 ぶざまなボクサーの叛乱

廣瀬純『蜂起とともに愛がはじまる』書評

「すべては足し算と引き算さ。それ以外は会話……ビジネスらしくしなきゃダメだよ、君はビジネスマンなんだ」

試合直前、暴力団のフィクサーがユダヤ系ボクサーのチャーリーに言う。前もって八百長を仕組むアコギな資本のしがらみにとらわれ、「賭け金」をもらってわざと負けろと諭されているのだ。この名作ボクシング映画『ボディ・アンド・ソウル』（一九四七年）の制作に関わった人たち——チャーリー役ジョン・ガーフィールド、共産党員の脚本家エイブラハム・ポロンスキーと監督ロバート・ロッセン——はみな非米活動委員会に連座させられ、ブラックリストの烙印を押される。

二〇〇九年二月から二〇一一年八月までの『週刊金曜日』連載コラムを収録した本書の作者廣瀬純はチャーリーと似ている。ドゥボール、白土三平、メルヴィル、小津安二郎、アガンベン、デリダ、ベルイマン、ボッティチェッリ、網野善彦、と相手を目まぐるしく変え、蜂起の情況を的確に察知する「蝶のような」敏捷さと奇抜でありながら首尾一貫した解釈の「蜂のように刺す」フックで、廣瀬はこれら「大物」

の群像を「絶対的平等」という不可能な判定に持ち込み続ける。

ここでいう「平等」とは、「すべての人がすべてについて話す」と「すべてがすべての人のうちにある」というランシエールの民主思想における二原則を指す。この根源民主主義的遠心力と求心力の思想的戦闘力を軸に廣瀬が闘い続ける敵は、自称前衛が予め偽造した垂直的な「革命」概念、資本が歴史の予定調和としてお膳立てした円滑な利潤周期である。たやすい勝利など無理に決まっているし、蜂起派映画評論家コラムニストにはそのような妄想は微塵もない。肝心なのは動き続ける標的に沿ってジクザクなフットワークでぎこちなくてもいいから長丁場を耐えきること。「カメラ移動は倫理の問題に他ならない」と青山真治を評したフレーズはそのまま廣瀬自身の拳闘スタイルに当てはまる。観念やイメージに面と向かってタイマンを張るのではなく、しばしば引用されるゴダール映像論のように、第三者の視点から間接的に、壁やスクリーンという遮断物を介してのみ可能な「蜂起」という終わりなき精神の影と光のなかに身をさらす。個人史や時代背景といった解釈学の正攻法を逸脱し、つかの間に手際よく独創的に創出するボディブローの数々。

通常、技術的問題として処理されるカメラワークや演出を「倫理の問題」ととらえる立場は、福島原発事故に対してとりわけ確固たるものとなる。「斜面上の積雪のように準安定状態それ自体の持続」である原発事故／解決不能のネオリベ「制御社会」／革命的止揚を決して提示しない蜂起の疲れと喜び、この三つのミクロ／マクロ／「否定の否定」要素を体現するメタファーとしてドゥルーズにちなみ、ジグザグデモ発祥地の思弁家が選んだのは「ヘビ」だ。本源的蓄積という「失楽園」を体験した歴史においては悪魔（商品の物神性）が神なのだから、ウィリアム・ブレイクも熟知していた通り「善悪の知識の木」に実る果実を齧るように現代のエバとアダムを唆す反逆者のヘビは真実の「傷だらけの天使」に他ならない。

自分自身負債にまみれ、試合をわざと負けなければリングの外で殺されるかもしれないチャーリー・デイヴィス。袋小路に追いつめられた核時代のボクサーの運命はわたしたちの「準安定」な現在と地続きである。廣瀬が身をもって繰り返し示してくれるのは、全ての「賭け金」がわたしたちの破滅にいくら積まれていても、わたしたち「サパティスタ／影丸」「聖プレカリアートのび太」すべてがリングに上がってすべてについて語り始めることの可能性だ。それはサイモン&ガーファンクルの『ボクサー』みたいに、のこのこと八百長試合に参加しぶざまに立ち続ける山谷や福島そしてタハリール広場やプエルタ・デル・ソルにいる「明日なきジョー」たちの姿と重なる。

空き地にボクサーは立っている
職業柄、闘士だ
彼をマットに倒し

あるいは「もう出るよ、もう出るよ」
と怒りと恥辱のなかで叫ぶまで
彼を打ちのめした全てのグローブの記憶を抱えている
だが、闘士はまだそこに立ち続ける

＊　廣瀬純『蜂起とともに愛がはじまる――思想／政治のための32章』河出書房新社、二〇一二年

9 「階級構成」とはなにか

廣瀬純との対談

「情勢の下で思考する」ことの面白さ

ヤン■　テキサスで学部生のときに一九九四年サパティスタ闘争に出会い、大学院生だった九九年にはシアトルで反グローバリゼーション闘争が起こっていました。大学院を修了し失業していた二〇一一年にはアラブの春、オキュパイ・ウォール・ストリート、日本の反原発運動を目の当たりにしました。そして、日本に移住した二〇一五年は国会前の戦争法案反対デモと辺野古反基地闘争、ギリシャの反緊縮運動、アメリカの警察暴力に抗う直接行動が闘われました。このたび刊行された廣瀬さんの編著『資本の専制、奴隷の叛逆』（航思社、二〇一六年）は、こうした民衆による同時代のうねりを振り返るきっかけになるのではないでしょうか。資本主義、戦争、民主主義、国家暴力など数々の問題を根底から考え直す大きな材料になるのではないか。

廣瀬さんは映画やフランス思想から出発しましたが、なぜ本書に収録されている南欧の「先鋭思想家」たちに関心が向いたのですか？　本書巻末の「解説」では「フランス知性の嘆かわしい現況」に触れていますが、それと何か関係があるのでしょうか？

廣瀬■　昨年夏にスペイン・イタリア・ギリシャをまわり、それぞれの国での運動や政治の現状について、また、ヨーロッパ全体の情勢について、八人の論者にインタヴューをしたのですが、『資本の専制、奴隷の叛逆』はそれらをまとめたものです。スペインとギリシャではどちらにおいても二〇一一年に広場占拠があり、その後、運動が様々なかたちで継続されるのと同時に、制度のレヴェルでも興味深い事態が展開されてきました。ポデモスやシリザの登場や、両党の直面した困難ももちろん興味深いものですが、今回のインタヴュー集ではまた、たとえば、バルセロナやマドリッドなどのスペインの幾つかの市で運動出身の市長が誕生し、運動と市政との連動が今日試みられていることなども様々な観点から論じられています。イタリア在住の論者たちにはジェノヴァG8以後のイタリアの運動状況についても詳しく聞きました。日本では反貧困から反原発を経て反安保へと大きな運動が続いているわけですが、運動状態にある日本の人々にも是非、同時代のヨーロッパの動きを知って欲しいと思い、今回の本を刊行しました。

本書刊行にはもうひとつ重要な動機があります。アルチュセールがかつてマキャヴェッリの政治理論について指摘したことのひとつに「情勢の下で思考する」というものがありますが、今日もなおイタリアやスペインにはそのような思考を実践している人が多く存在し、日々たくさんのテキストが産み出されています。本書ではそのような実践の面白さを日本語読者に改めて紹介したかった。すでに著書の邦訳があるフランコ・ベラルディ（ビフォ）やマウリツィオ・ラッザラート、最近『逃走の権利』が邦訳されたサンドロ・メッザードラなど、本書に登場する論者たちはみな、情勢の下での思考を実践してきた人たちです。昨年〔二〇一五年〕話題になった岸政彦さんの本は「断片的なものの社会学」と題されていましたが、社会学をはじめとした情勢分析は今日では必然的に「断片的なもの」を描き出すことになる。社会が断片化されているからです。他方、「思考」とは政治を考えること、新たな人民形成を考えるということです。

「情勢の下で思考する」とは、したがって、マルクスにスピノザを接ぎ木したような言い方をすれば、情勢のただなかに「傾向」として「共通概念」を見出すということです。

これに対してフランスの書き手はどうか。A・バディウやJ・ランシエールは、六八年前後に始めた議論を今日もなお繰り返しているだけです。バディウは「出来事」、ランシエールは「すべての人に共通する能力」。彼らの話は六八年の時点では確かに情勢の下に身をおくことではじめて発想され得たものだと思いますが、問題は彼ら自身がそれに気づいていないという点です。そのために彼らは、六八年以降、為替の変動相場制への移行、労働の不安定化、産業資本の衰退など、情勢に大きな変化があったにもかかわらず、平気で今日も六八年のときとまるきり同じ話を続けているわけです。

バディウとランシエールにE・ラクラウ＝C・ムフを加えて「政治領域の自律性」論の三羽烏を語るべきかもしれません。この三羽烏は、政治のなされる領域が経済の領域から完全に独立して存在すると考えている。六八年をみよ、搾取されている労働者ではなく搾取とは無関係な学生が叛乱を起こしたではないか、というわけです。先に見たようにバディウはこれを「出来事」で説明する。ラクラウ＝ムフは「浮遊するシニフィアン」です。「浮遊する」というのはまさに経済領域から切り離されているという意味です。学生の団結は特定の経済的シニフィエに固定されないシニフィアンの下ではじめて可能になった。ランシエールの共通能力論は「自然主義」と言い換えることもできるでしょう。ボヴァリー夫人は、田舎医者の奥さんという立場には通常割り振られていない様々なことにチャレンジしたいという衝動に従ったが、それまで労働者のものだった闘争を自分のものにしようとした六八年の学生たちもこれと同じだというわけです。

バディウの「出来事」は天上から降ってくる。ラクラウ＝ムフの「シニフィアン」は空中を漂ってている。ランシエールの「自然」は地下から湧いてくる。避けられているのは「地表」です。彼らは、六八年の学生叛乱を地表のロジックでは説明できないものと受けとめてしまった。搾取もされてないのにどうして運動するのかと。彼らは「労働者」という形象を歴史的に考えることができなかったのです。彼らにとって「労働者」は、いまもむかしも、大工場で抽象的かつ単純な労働に従事する者でしかない。

この三羽烏と同様に六八年を目の当たりにしながら、しかしなお、天上にも空中にも地下にも頼ることなく、あくまでも地表にとどまり続けようとした人たちがいます。共通概念を地表における傾向として把握し続けようとした人たち、要するに、マルクス主義にとどまろうとした人たちがいる。イタリアの労働者主義（オペライズモ）の人たちです。彼らは、大工場の労働者を「大衆労働者」と呼んで歴史的に相対化する。大衆労働者に先立っては、おのれの身体に生産技術を内包していた「職人労働者」がおり、大衆労働者の後には、生活／労働の境界不分明を生きる「社会労働者」がいる。職人労働者が支配的な時代にアンダークラスをなしていた未熟練工たちが自由を求めて叛乱を起こすと、資本はこれに強いられて自己再編を行い、大衆労働者の時代が到来する。オペライスタたちの観点から言えば、六八年は、大衆労働者が支配的な時代にそのアンダークラスをなしていた人々によって起こされた叛乱にほかなりません。七〇年代前半の変動相場制への移行は、この叛乱に強いられた資本の自己再編であり、それによって社会労働者の時代が到来したということになる。したがって、六八年以後も、新たな人民形成を考えるのに、マルクス主義を諦めて出来事やシニフィアン、人間的自然を持ち出す必要などどこにもないのです。バディウやランシエールが醜悪なのは、マルクス主義の終焉を唱えておきながら、同じ歴史的条件下で示されたその継続性に身をいっさい曝そうともせず、ただひたすら一方的かつ盲目的に自説を大声で繰り返すばかりだという点です。彼らは自説が世界的覇権をとるということ以外、実際のところ、何にも興味がないのでしょう。反対に、オペライスタたちと思考を進めるなら、社会労働者が支配的となった現代のアンダークラスの闘いとはいかなるものかという重要な問いを立てることができます。

運動は連鎖する

ヤン■　多国籍企業の利益のためにアメリカとメキシコの一般大衆の生活をどんどん貧困化させる新自由主義政策を推進したＮＡＦＴＡ（北米自由貿易協定）に対し宣戦布告したマヤ系先住民によるサパティスタ運動は、九〇年代から現在まで持続しています。わたしの学部時代の師匠ハリー・クリーヴァーは、階級闘争を政党や組合といった代表制の視点からではなく、労働者の自己活動の視点から追求する分析・運動を、七〇年代にイタリアのオペライズモとの交流のなかで展開した人で、テキサス州オースティンにおけるサパティスタの支援運動を率先して担ってきました。九四年のサパティスタ闘争がなぜ重要なのか。その五年後の九九年、運動における分断を超える新しいうねりを生んだシアトルでの蜂起（ＷＴＯへの抗議）を、クリーヴァーのような自律マルクス主義者たちは「サパティスタのオーロラ」と呼んでいました。サパティスタは九四年の蜂起以降、世界中の活動家が集う大会を定期的に開き、前衛党を組織し国家権力を目的とするようなマルクス＝レーニン主義的革命ではなく、世界の活動家をつなげる反資本主義的草の根デモクラシー運動を具体的につくりあげようとしてきた。廣瀬さんのいう社会経済的「地表」における権力構造を不問に付す陳腐化した代表制民主主義だけを意味する「デモクラシー」や「市民社会」を底辺から取り戻し、世界のエリートが独裁的に運営する資本主義の正当性そのものを拒絶する運動を広げてつなげる「オーロラ」を発光した。それが北アメリカの地表面に大きくあらわれたのが、九九年シアトルのＷＴＯ反対デモでした。

こうした運動の連鎖を目撃したのは、デトロイトに近いトレドというオハイオ州の街に住んでいたときでした。オペライズモにおける鍵概念のひとつである「階級構成」はデトロイトで開拓された。未組織の大衆を組織し一つの人民なり党にすることが従来の政治の考え方でしたが、「階級構成」はそうではない。労働者たちがいま生活し働いている場面から物事をみる。彼らが労働から自由になろうとする活動を記録し、具体的に階級が構成され闘争する戦略をつむぎだす。オペライズモはこの方法をＣ・Ｌ・Ｒ・ジェームズ、ラーヤ・ドゥナエフスカヤ、グレイス・リー、ジェイムス・ボッグスといったデトロイトの革命思想家／活動家から学んだ。

四〇～五〇年代のアメリカは自動車を大量生産するフォード主義的労働者を中心に置く産業資本主義の黄金時代。当時のデトロイトにおいて、ドゥナエフスカヤ、ジェームズ、リーが構成したグループは本当に小さなマイノリティでありながら、とても画期的でした。なぜなら、ソ連社会主義国家を見て、「アメリカ資本主義と同じように労働者を搾取する国家資本主義だ」と喝破したからです。それから、経済大国アメリカの心臓部であるデトロイトの工場労働者たちが大量生産労働の規律から自由になるために行う怠業や山猫ストを労働者の「自己活動」として大きく評価し、「到来する社会主義社会」の種子とみなしました。当時のアメリカでは、三〇年代の労働運動のおかげで、労働組合が政治経済政策の重要な役割を担うようになる。しかし、そうした合法的で保守的な組合は企業との「取引」を受け入れた「企業組合《ビジネス・ユニオン》」でした。労働者をできるだけ効率的に働かせる代わりに賃金を上げ社会保障を与えるが、能率向上のために取り入れた流れ作業やオートメーション化が労働者をさらに疎外してしまう。ドゥナエフスカヤとリーはマルクスの『経済学・哲学草稿』の一部を初めて英語に翻訳し、現代アメリカ労働者の現状分析に役立つ理論的枠組に用いた。これが後にイタリアの議会外左翼運動の原点になり、アメリカでは六五年ワッツ暴動や六七年デトロイト暴動といった都市の民衆蜂起を理解する布石になる。暴動には一見不合理に大衆がものを破壊する否定の衝動だけではなく、黒人下層労働者がずっと抑圧・差別されてきた階級構造を自らの手でつぶし、階級をつくり直す肯定の力が宿っている。この行為自体が「階級構成」です。

現在、多くの人たちが労働者としての社会保障をなくしています。力を大幅に失い官僚化された組合には頼ることができない。自分たちの活動を代表する組織や政党もない。フォード主義時代の企業組合が交渉した社会契約が破棄されたなかで、非正規労働者がただただ増え続けている。本書『資本の専制、奴隷の叛逆』を読み、そうした「奴隷化」に抗うひとつのしるしとしてスペインやギリシャの闘争があるのではないかと思いました。

廣瀬■　「階級構成」ついて、本書にも登場するサンドロ・メッザードラが『逃走の権利』（邦訳：人文書院）でこう書いています。マニュエルさんの話を聞いた後だとより理解しやすいと思います。長いですが引用します。

「階級構成というカテゴリーは、オペライズモの伝統においてはつねに、分析と政治とに同時に関わるものであり続けてきた。〔略〕オペライズモの議論では技術的構成と政治的構成とが区別された。〔略〕オペライズモにおける階級構成カテゴリーの練り上げは「意識」論に抗ってなされたものだったと言うこともできる。〔略〕技術的階級構成と政治的階級構成の関係は「即自的階級」と「対自的階級」の関係に――すなわち、古典的マルクス主義において階級意識と分離された主体としての党からなる空間を開いた関係に――取って代わるものだった。この意味でオペライズモは政治領域についてのマルクス主義の考え方を刷新した。オペライズモでは、政治領域は「社会的」（あるいは「経済的」）闘争のプロセスから分離されたものではもはやなく、したがってまた、「意識」の世界に属するものでももはやなく、社会的あるいは経済的な闘争プロセスのただなかに拡散したものだとされた。オペライズモの試みは、階級構成のただなかに党機能を位置づけ直し、内在的次元で党機能を考えるということに存していた」。

古典的マルクス主義の「意識」論においては、労働者は階級的利害を前意識のレヴェルで、すなわち、まだ意識化されていないがいつでも意識化され得るものとしてすでに有しているとされ、その上で、この意識化の実現のためには、しかし、労働者の対自をなす党が労働者の外に必要不可欠だとされる。労働者一人ひとりの個別的賃金関係は等価交換ですが、個々の労働者の観点からは意識化できない集合的賃金関係にこそ不等価交換、搾取があるというのがその理由です。これに対し、オペライズモは労働者の「政治的構成」を語ることで、端的に言えば、前意識というカテゴリーを廃棄したわけです。

ヤン■　現状分析をするにあたって重要なことは、階級構成のなかでやることです。私が影響を受けた師匠の師匠にあたるＥ・Ｐ・トムスン――五六年のハンガリー革命をめぐって共産党を離れたイギリスのニュー・レフトの旗手――は六三年に『イングランド労働者階級の形成』を出しています。いまや古典ですが、この本自体、トップダウン型の前衛党に反対する社会主義的ヒューマニズムを掲げた闘争のなかから生まれてきました。廣瀬さんの今回の本に登場するアマドール・フェルナンデス＝サバテルは、ランシエールの『プロレタリアの夜』とつなげて『イングランド労働者階級の形成』に触れています。一七九二年、ロンドンの酒場「ベル」に九人の労働者が集まり、イギリス史上初の労働者組織「ロンドン通信協会」をつくった。それが近代労働者階級、プロレタリアの起源だとトムスンは主張する。一方C・L・R・ジェームズは、同時代のカリブを扱った『ブラック・ジャコバン』という名著を一九三八年に上梓し、ハイチの建国につながる革命を担った黒人奴隷を「近代プロレタリアート」と定義しています。一九六〇年代までは、アメリカにおいて奴隷の歴史は、「奴隷は労働者ではない」という理由で労働史から排除されていました。労働者とは賃金労働者、組合の労働者、工場の労働者であり、奴隷の歴史は黒人史として周縁化されていた。だが、『ブラック・ジャコバン』とジェームズがその後関わった運動を通じて、一七九〇年代のハイチ革命から一九世紀にわたる奴隷たちの闘争が再評価され、彼らは労働者の中心的存在として位置づけ直されました。世界で初めて成功した奴隷たちによる革命、そして労働者による自己組織化。この二つはつながっている。一七九〇年代、オラウダ・エクィアーノという黒人奴隷の船乗りがいました。自由を得た後、イングランドへ行き当地の女性と結婚し、奴隷制廃止運動に関わり、ロンドン通信協会のメンバーと親しい関係を結ぶ。つまり奴隷と労働者の蜂起をつなげたわけです。フランス革命、ハイチ革命、イギリス労働者の闘争の延長上に私たちはいる。階級がつくられ、また破壊されてゆく長い歴史のサイクルのなかで、同時代の体験に即して分析をしていかなくてはならない。そうしたラディカルな調査を階級構成の観点から行う切り口を、『資本の専制、奴隷の叛逆』は与えてくれるでしょう。

真の階級対立は「九九％」のわれわれのただなかに

廣瀬■　近年、よく耳にするスローガンに「一％対九九％」というものがあります。ピケティの本〔『21世紀の資本』〕が話題になったときも盛んに言われましたし、オキュパイ・ウォール・ストリートでもそうしたことが叫ばれたとされる。今回のインタヴュー本で八人の論者によっていずれも批判的に論じられるポデモスも似たようなスローガンを繰り返してきました。一%の特権階級と九九%の「われわれ」といったことが今日の主要な階級対立であるかのように語られているわけですが、これはやはり間違っています。真の階級対立は九九%のただなかにこそ見出されるべきです。

たとえば日本では、大規模な反対運動が続けられたにもかかわらず、原発再稼働が決定され、武器輸出原則が見直され、集団的自衛権に基づく新たな安保体制が確立されたりしました。しかし、これらの決定は一%の特権階級のためだけになされたものなのでしょうか。いずれの案件についても、少なくともその内容に関しては連合〔日本労働組合総連合会〕はまるきり反対しなかった。この事実は重視されるべきです。連合によって代表される利益は一%の特権階級のそれなどではまるでありません。連合は八〇〇万の労働者を組織する日本最大のナショナルセンターです。

反原発運動、反安保運動の真の敵は安倍でも経団連でもなく、連合であり、連合のような組織によってその利益が代表されている人々だったと言えるはずです。今日、九九%のうちには、自分の労働力を資本と等価交換できている「労働者」と、あからさまな不等価交換を強いられている「奴隷」とがいる。原発再稼働や武器輸出自由化、新安保体制はいずれも労働者を利する措置にほかならず、逆に、これに反対するとは、労働者に対して階級闘争を挑むということです。反原発にも反安保にも、労働者に対する奴隷の叛逆という側面があった。国会や官邸の前に集まったのは、実際には、労働者あるいはその予備軍と位置づけられる人々が大半だったのかもしれません。そうだとすれば、労働者がおのれ自身に刃を向けたと言ったほうがより精確だということになるでしょう。いずれにせよ、反原発も反安保も九九%が自らを二つに割る運動だった、階級分裂を通じて新たな階級が構成される運動だったということです。
反安保運動の主要団体のうちでも少なくとも「安保関連法に反対するママの会」は、運動の以上のような側面をはっきりと言葉にして闘っています。彼女たちは、自分たちの子どもの雇用を守るのに武器輸出や戦争参加が必要であるのなら、雇用など守ってくれなくても結構だとはっきり言っている。日本の産業資本の現状に鑑みれば、雇用を守るのに武器輸出や戦争が必要不可欠であるのは誰にとっても自明のことです。そうだとすれば、ママたちは、端的に言って、雇用など守ってくれなくて結構だと言っているのです。これは労働者の声ではまるでない。労働者に喧嘩を売っているのです。確かにSEALDsなどはそこまで言っていないかもしれない。しかし、労働者に対する階級闘争を明確に宣言する団体が、運動を呼びかける側に少なくともひとつはあるのです。しかも、ママの会には一万もの人々が参加している。

ヤン■　デトロイトの暴動を踏まえ、六八～六九年には草の根の労働運動が盛り上がりました。黒人下層労働者たちは自分たちの連合組織「革命的黒人労働者同盟」を発足させる。デトロイトにあった世界最大の工場リバー・ルージュなどにおいて、もっとも差別を受けているアフリカ系アメリカ人たちが自分たちの組合をつくる運動です。きっかけは、ポーランド系の女性労働者たちが山猫ストをやっているのを見たことでした。自主的階級権力を要求する女性たちのストライキ、都市暴動、ブラック・パワーなどがその背景にあります。一九六〇年代前半、黒人公民権運動は連邦政府に陳情する形で非暴力活動を展開し、子どもや活動家が警察や白人テロによって何人も殺されたすえに公民権法の制定にこぎつけた。が、ジョンソン大統領はベトナム戦争をエスカレートさせ、公民権運動の指導層を支持者として取り込んでゆく。他方、草の根では反戦運動が組織される。兵士として殺し／殺されにゆく下層労働者が加わったこの運動はあるていど成功を収めますが、七〇年代になると資本の逆襲が脱工業化や緊縮財政によって開始します。デトロイトの工場はどんどん閉鎖／縮小され、七五年にはアメリカの大都市を代表するニューヨーク市までも深刻な財政危機に直面し倒産寸前までいく。連邦政府にかけあっても、フォード政権は「救済しない」と言いはる。そして、ニューヨークは利息付きローンを課せられ、その条件として首切りや公共医療施設の解体が実施される。まさに新自由主義の原型です。それが定着し、八〇年代のレーガン政権、九〇年代のジョージ・ブッシュ及びクリントン政権が強行した福祉解体、規制緩和、金融化といった上からの「階級戦争」の道が開かれる。この時期、大衆意識を分断し階級的戦闘性を削ぐとともに票を集める有効な手段として文化闘争が行われ始めます。経済問題から気をそらせる宗教的信条やアイデンティティをめぐる文化的問題、たとえば中絶や同性婚をキリスト教原理主義の立場から攻撃する新保守主義の重要な基盤が登場する。七〇年代に闘争力のピークを迎えた下層労働者やマイノリティ労働者の自己活動は壊滅状態に追い込まれ、二〇〇〇年代に入ると、従来の労働組合員でさえ激減すると同時に賃金も同様に下がり、負債と貧困がますますはびこる。劣悪化した職場で働いたり失業したりする階層が膨張しているのに、「自分は労働者だ」という意識は希薄になり、経済困難は「自己責任」や「個人的悲劇」のせいだと思い込まされる。そのような思い込みが一般化したのは、ばくだいな資本が投入されスペクタクル化した選挙政治や企業メディアを通じて、システムの社会責任を問わない市場原理主義的個人主義が大衆意識に長年刷り込まれてきたからです。

二〇一一年一一月、オキュパイ・ウォール・ストリート下のニューヨークを訪れたときは、そうした大衆意識が内破し金融資本という同一の敵を発見し活動するごた混ぜの興奮に包まれていました。新しい運動が構成され始め、階級構成の初段階のような状況です。年末には当局によって一網打尽につぶされ、議論が途絶えてしまいますが。メイン州のオキュパイ・ティーチ・イン（モニュメント・スクエア）では、哲学者ジョージ・カフェンティスがこう述べていました――「九九％対一％」というスローガンはとても力強いものであると同時に、非常に危険なものでもあると。「九九％の私たち」には、それが誰なのか、はっきりとした自己定義がない。このスローガンを明瞭化し、自らの階級としての力を培っていかないと、空疎なスローガン、それこそ「空虚なシニフィアン」として資本の新しい戦略に回収されてしまう。それに対抗する考え方を早急に準備しなければならないと警告していました。

運動は、「一方通行」には行きません。いろんなところで紆余曲折がある。廣瀬さんに聞きたいのは、今回の本で紹介されている南欧の運動の体験を日本でどう学び取ることができるのかということです。文化や政治の文脈がまったく異なるけれど、われわれにやれることはあるのか。

民主主義とどう闘うか

廣瀬■　今回のインタヴュー本は二〇〇八年の経済危機から今日までのヨーロッパ情勢をめぐるものであり、時代は限られていますが、話題となっている出来事は多岐にわたり、観点も論者によって異なるため、本書から何を読み取るかはまずは読者に委ねたいと思っています。本書を手にとってもらえれば、どんな読者にも必ずや何かピンと来る要素が幾つかあるはずだと思います。

ぼくのほうからは、「民主主義」について話しておきたいと思います。今日の状況において「民主主義」を語ることは百害あって一利無しだと思います。重要なことは、アンダークラスの階級闘争が新たな階級構成を導き、人民全体の力能が増大することであって、このプロセスは民主主義とは何の関係もないどころか、民主主義こそをその敵とするものだからです。

民主主義は、デリダ用語で言えばまさに「代補」にほかなりません。ジョイントが外れているところに構築されるジョイントです。代補としての民主主義には二重の役割があります。民主主義は階級分裂を隠蔽するものであると同時に、権力行使を正当化するものでもあります。第一の側面から言えば、階級闘争はまさに脱構築です。脱構築は民主主義ではなく、民主主義との闘いなのです。今日の文脈で言えば、ピケティやスティグリッツのようなお抱え経済学者が「九九％」を唱えて労働者と奴隷とのあいだに構築するそのジョイントを脱構築するということです。より精確には、「一％」というシニフィアンこそが階級分裂の物質性を隠蔽する代補として機能していると言えるかもしれません。デリダの言う「来るべき民主主義」とは新たな階級構成のことであり、それによって人民の力能が存在論的に増大するということです。「来るべき民主主義」という言葉にはデリダの悪意を読み取るべきです。彼にとって民主主義はあくまでも代補であり、正義としての脱構築がその対象とする当のものなのですから。彼は新たな階級構成を民主主義と呼ぶことで、さらなる階級闘争がこれに続くこと、人民の力能のさらなる増大が続くことを語っているのです。デリダの民主主義論はそのように誤読すべきです。

今回の本は『資本の専制、奴隷の叛逆』と題されていますが、第一の側面が「奴隷の叛逆」に関わるとすれば、第二の側面は「資本の専制」に関わります。第二の側面についてデリダとともにまず指摘できるのは、権力行使が代補による正当化を必要としたのは、人類史上でも極めて限定的な一時期に限られるという点です。デリダは一九九三年刊行のマルクス論〔邦訳：『マルクスの亡霊たち』藤原書店〕で、当時の状況について「時代はジョイントが外れてしまった（The time is out of joint）」と診断しています。脱構築は時代に追いつかれてしまった、自分の哲学はその意味では役割を終えてしまったと。フーコーにとってと同様、デリダにとっても権力とは関係であり、権力とその対象とのあいだのジョイントは根源的に外れているわけですが、資本が労働への妥協を強いられた第二次大戦後からの数十年間、権力はその円滑な行使のためにおのれを正当化するジョイントを構築していたわけです。それが民主主義というイデオロギーだった。しかし、社会主義体制の崩壊とともに、権力はもはやそのような代補が必要だとは考えなくなった。ジョイントはもちろん外れていますがそれが何か？　といったやり方で権力行使がなされるようになったということです。権力は自らおのれを脱構築したのです。二〇〇八年の経済危機以降は、それがいっそう顕著になった。緊縮策をめぐるギリシャとブリュッセルの関係は、辺野古基地建設をめぐる沖縄と東京の関係とまるきり同じです。

二〇一五年にギリシャ国民は総選挙と国民投票という二つの制度的手段を通じて緊縮策に反対する意思を示しましたが、緊縮策は続いています。ヴォルフガング・ショイブレ〔ドイツ財務相：当時〕はユーログループの席上で、ヤニス・ヴァルファキス〔ギリシャ・シリザ政権財務相：当時〕に「我々はすでに前首相と合意に達している。選挙のたびに合意を白紙に戻していたら何のために合意したかわからないじゃないか」と言ったそうですが、安倍政権が翁長知事に対して言っているのもこれとまったく同じです。状況説明が長くなってしまいましたが、問題はこうした状況を前にして高橋源一郎や中途半端な大学教授たちと一緒に「民主主義、民主主義」を叫んだところでいったい何の意味があるのかということです。代補なしに権力を行使するなんて破廉恥だぞ、我々に対して権力を行使するなら我々がそうと気づかずに済むようにしっかり代補を構築してくれ！　と権力にこちらからお願いするなんてバカみたいじゃないですか。

ヤン■　デンマークでは難民の財産を没収する法律が可決されました。ナチスがユダヤ人に対してやったようなことを、社会民主主義国家であるデンマークがやり始めている。やはり北欧の社会民主主義国家を代表するスウェーデンでも、約八万人の難民を国外に追放することが検討されています。つまり社会民主主義的なもの、福祉国家的なもののタガ（ジョイント）が外れ、アメリカを筆頭とする西洋帝国主義の軍事的暴力に加担し、その被害者に罰を与える本質的機能が露出している。そもそも、ルーズベルト政権のニューディール政策が福祉国家を成立させるには第二次世界大戦が必要でした。戦後、この社民的国民国家の覇権を維持するのに朝鮮戦争やベトナム戦争が戦われ、ラテンアメリカのファシスト政権やイスラエルの植民地政策への軍事的支援が行われてきた。安倍政権の戦争法案にしろ、辺野古の米軍基地建設にしろ、ネオリベ路線を基本的に歩み続けながら、多元文化主義的に公民権運動の遺産を参照してやまないオバマ政権がそれらの必然的土台を敷いている。二〇一六年の大統領選に「社会主義者」として出馬したバーニー・サンダースの立場は、アイゼンハワーやニクソンといった共和党大統領でさえ支持していたニューディールの枠組みを超えないし、たとえ大統領になったとしても日米安保条約の見直しはやらないだろうし、日本の米軍基地も維持し続けるでしょう（だいいち、サンダースがいくら若者層の支持を集めても、民主党のエスタブリッシュメントと企業のカネがついているヒラリー・クリントンが民主党候補者に選ばれることは目に見えています）。要するに、代表制民主主義や選挙制の枠組みで政治を語ると、資本主義や帝国主義の根本的問題は何も問えない。こうした足かせは捨てたほうがいい。

大学時代、『マルクスの亡霊たち』をほぼリアルタイムで読んで印象深かったのは、マルクス主義に関して禁欲的沈黙を守っていたデリダがマルクスについて語り始めたことです。負債を武器に階級戦争をしかける新自由主義に対して、旧来の国家社会主義や前衛党を超えた国際労働者協会《インターナショナル》の可能性をデリダは提示した。わたしたちもまた同じように根源的なところに向かって語り始める必要があるのではないか。アメリカという「失敗国家」では、たとえ大統領が黒人でもアフリカ系の貧困層は次々と警察暴力で殺されるか刑務所にぶち込まれる、中流階級が崩壊するなか激増する貧民は劣悪な生活を強いられる、海外ではアメリカの国家テロのせいで大量虐殺が日毎行われ、その経済負担は国民や同盟国に押しつけられている。このような名ばかりの「デモクラシー」とどう闘えばいいのか。政治や経済の表面をなでるような改革、国家や資本主義を前提とする安易な発想はもう通用しないはずなのに、いまだに「死せる世代の伝統が、悪夢のように生きている者の思考にのしかかっている」。そうしたことを基本的に問いただすには、やはり代表制民主主義の「内部」からは無理です。その「外」からのプレッシャー、「外」からの勢力をつくっていかなければならない。まさに階級を新しく構成することです。難しいことですが、その材料やきっかけが、『資本の専制、奴隷の叛逆』には凝縮されていると思います。

廣瀬純（ひろせ・じゅん　一九七一〜）現代思想・映画批評。龍谷大学教員。著書『蜂起とともに愛がはじまる——思想／政治のための32章』（河出書房新社、二〇一二）、『シネマの大義——廣瀬純映画論集』（フィルムアート社、二〇一七）、『三つの革命——ドゥルーズ=ガタリの政治哲学』（佐藤嘉幸との共著、講談社選書メチエ、二〇一七）、編著『資本の先制、奴隷の反逆』（航思社、二〇一六）など。

10 全世界のシーシュポスよ、まずは座り込め

栗原康『はたらかないで、たらふく食べたい』書評

クタクタだ。五年ぶりに授業を受け持つことになったのはいいが、二限と三限が連続する水曜はさすがにこたえる。昼飯を食う時間がないので、歩きながら売店で買ったおにぎりをほおばり、貧乏茶カートンをストローですする。しかも、授業日はどうしても午前三時ごろに目が覚めてしまい、数日間やってきた準備を本番までずっと続ける。これだけ時間と労力を注いでも、授業のノリが悪かったり、つめ込みすぎて消化不良の結果になると、意気消沈してやりきれない。岩を山のてっぺんまで押し上げる作業を繰り返すシーシュポスの労働みたいだ。

そうした労働メランコリーに背中を押され帰宅した四月のある水曜日、ポストに封筒が入っていた。開けてみると、なんと、ブタとカメのかわいいマスコットキャラが表紙にプリントされた本が入っているではないか。『はたらかないで、たらふく食べたい』。やっちゃん！

たちまち、気分が舞い上がり、いても立ってもいられなくなった。荷物を部屋のなかに放り投げ、本書を片手に引っさげ、すぐ外に出る。近くのコンビニでビールを買い、ホームレスのおっちゃんたちがよく

うたた寝している神田川沿いのベンチへ足早に行く。アナルコ・ゼロワーカー説法者の法話集を堪能するのだ。

はじめて彼を読んだのはいつだったのだろうか。一遍／踊り念仏論。なんてメチャクチャなことをメチャクチャに書くヤツだとおもった。「一遍上人がアナキストだと？　実証性をことごとく無視したアナクロニズムじゃないか」。そうした批判の声が上がるかもしれない。だが、書かれていることにウソはない。真実である。シュペングラー『西洋の没落』をはなはだしく読み間違えていると言われたヘンリー・ミラーが「いや、それはオレのなかのシュペングラーだから正しいのだ」と答えたと同じぐらい、正しいのだ。

ミラーはまた「Simplify, simplify !」という警句を好んで引用したが、『たらふく食べたい』はまさに「Simplify, simplify !」の道をまっしぐらに突っ走る抱腹絶倒の快著である。アナキスト大杉栄の思想は「やりたいことしかやりたくない」、蘭学者高野長英が経験した相互扶助の感覚は「他人の迷惑をかえりみず」、革命家船本洲治のサボタージュ哲学は「だまってトイレをつまらせろ」。ムダな思弁の贅肉はどんどん削がれ、幅広い叡智の数々を結晶した殺し文句が散りばめられている、ろくでなし rock-bottom man の言わばプロポ集だ。クリハラの文章は奇をまったくてらわないし、良心的な教養者がやるような鼻持ちならない上から目線の説教もない。教化を完全に放棄した躍動する説法。サルとホトケの見分けがつかない直感的論理がビンビン生理に迫ってくる、とにかく、踊らずにはいられないヤブレカブレの文体。彼自身が本書でエピグラムに用いている歌が吐き出す否定の情動——「悔しくて悲しくてこらえた夜／大嫌いだぜ大嫌いだぜ／ろくなもんじゃねえ」——がみごと肯定のゼロに質的転化する。色即是空、空即是色の世界だ。

「それから一週間くらい、わたしはとにかく飲みまくった。飲んでは吐き、飲んでは吐き、そのくりかえしだ。ぜんぶ吐きだして、ゼロになってやりなおそう」

ある女性が自分に気があるのではないかと著者は勘違いし好きになり、彼女が既婚者だということに気づいた後の心情を吐露する言葉である。実は、この場にわたし（彼と一緒にカラオケで熱唱し飲みまくる「アメリカの友人」）は居合わせていた。だが、こうした恋心の行き違いがあることをクリハラはおくびにも出さないので、本章（「豚の足でもなめやがれ　もののあはれとはなにか」）の原稿を読むまでは露知らず、びっくりした。驚いたのはそればかりではない。自分が失恋し、へそを落とすマヌケな日常を赤裸々に語るなか、モテるには第三世界革命論が一番だとか、耳なし芳一の耳を切り落とした平家の怨霊「耳切り一団」は認知資本主義に対する批判的寓話だとか、だまって男と夜逃げするのが老荘思想の真髄だとか、わけのわからんことを次から次へと言い放つ。まるで、通常概念の豚小屋に火を放ち続けるみたいに。

クリハラ上人による「もののあはれ」の定義も尋常ではない。

「ようするに、もののあはれとはひとが生きるということだ〔…〕いわば、ひとの可能性そのものだ。

そこには主観的、美的なよしあしはあるかもしれないが、それ以外のなにものもありえない」

クリハラが生まれる二年前の一九七七年、小林秀雄は『本居宣長』のなかで「もののあはれ」を「分裂を知らず、観点を設けぬ、全的な認識力」と呼んだ。批評の本質は「己れの夢を懐疑的に語る事」だと半世紀近く前に喝破した同一人物だとは思えない。後期小林は円熟の域に達した芸人、迷いや疑いが一切ない悟りの境地にいる神の視点を貫く。他方、クリハラはあくまでも「人間的な、あまりにも人間的な」生そのもののメタファーとして「もののあはれ」をとらえる。彼は「己れの夢を懐疑的に語る」どころか、「己れの夢」をその矛盾やだらしなさやカッコ悪さも含め肯定し続けて生き抜くのだ。

疲れ果てた現代のシーシュポスは岩を蹴飛ばし、電信柱にションベンを引っかける。懐疑や夢を永劫回帰の労働規律に組み込もうとする資本主義の別名を持つ岩を睨みつけ、『ガルガンチュワとパンタグリュエル』のテレーム僧院が掲げる唯一の規律「汝の欲するところを行え」にふたたび覚醒する。だから、副題に「「生の負債」からの解放宣言」と銘打たれているのは必然であり、著者の決意でもある。ばくだいな学生ローン、「生の負債」を背負い込まされたしがない非常勤講師クリハラは呼びかける。おい、全世界のしがないプレカリアートよ、ジュードみたいに重荷を捨てやがれ。岩を山のてっぺんまで押し上げるような徒労はやめちまえ。その場に座り込み、まずは神田川沿いのホームレスみたいに酒を飲んで寝てみようぜ。

ビールをグイグイ飲みながら合掌した。「はたらかないで、たらふく食べたい」。

＊　栗原康『はたらかないで、たらふく食べたい――「生の負債」からの解放宣言』タバブックス、二〇一四年

11　諸君、狂い給え！

希望なんていらねえよ

栗原康との対談

もともと、力は「あばれゆくもの」だ

ヤン■　『現代暴力論――「あばれる力」を取り戻す』（角川新書、二〇一五年）を読んで思い浮かべた曲があります。長渕剛の「富士の国」です。

栗原■　あ、さっきまで聴いていました（笑）。

ヤン■　どんだけシンクロしてんのか（笑）。「暴力のいしずえに国家などありゃしねえさ」という歌詞がありますね。本書は、国家の土台にはずっと暴力があったと主張している。人を奴隷にするために国家ができあがって、そこから様々なかたちの奴隷制があらわれる。文字通りの奴隷、労働者という奴隷、そして原発という体制のなかでは、いろんなことを我慢しなければならない奴隷根性を国家権力は必要とする。人を殺す外的な暴力だけではなく、内面的、心理的な暴力や圧力――「ここでは声をあげるな」とか、「路上には出るな」とか――が国家のみならず、その政策に反対するような運動の内部からも出てくると、栗原さんは書いています。非常に多種多様なテーマ――大杉栄、幸徳秋水など明治・大正時代の日本のアナキズムや一九世紀のバクーニン、もっと遡って『源氏物語』や『水滸伝』までも本書には登場する。そうしたなかで、栗原さんは「暴力」をどのように定義しているのですか？ そして、なぜいま「暴力」について書こうと思ったのですか？

栗原■　自分の経験にそくして暴力を考えるよう

になったのは、わりと最近のことです。あんがい暴力をふるわれていると感じるときって、国家や企業のたれながすひどい言説が、身近な友人や彼女を介して言われるときなんですよね。「あれしちゃダメ」「これしちゃダメ」と。けっこう、きつい。だから、そういう自分の経験にそくして、暴力について考えたいなとおもって。

暴力を定義するのにつかったのは、大杉栄の思想です。『大杉栄伝』（夜光社、二〇一三年）では、「やりたいことしかやりたくない」という言葉をつかって、今回の本では「あばれる力」という言葉をつかったのですが、意味はおなじ。「やりたいことしかやりたくない」とおもって、生きる「力」のことを「暴力」、「あばれる力」と呼んでみました。大杉は、これを「生の拡充」といいます。大杉のいう「生」とは、生きたいとおもうこと、生きることそれ自体です。大杉は「生」とは自我であり、自我とは力なんだといっているのですが、そういう力というのは、とにかくバンバンひろがっていくものなんだ、あらゆる方向に爆発するかのようにひろがっていくものなんだと言っているんですよね。

これをわかりやすい言葉にいいかえると、「ただ〜したい」ということです。ああしたい、こうしたいという純然たる感情のことです。たとえば、ぼくだったら好きな本を好きに読みたいとか、ただセックスがしたいとか、そういったことですが、「ただ〜したい」というおもいをただひたすら実現しようとする。その実現のしかたもふくめて、どうやってもいい、なにをやってもいい。はじめからいっちゃいけないことなんてない、やっちゃいけないことなんてない、ぜんぶ自由だ、というのが大杉の思想です。この「ただ〜したい」というのは、自分がそうしたいだけのことだから、そこに有用か否かという尺度はありません。自分がうれしければそれでいい。大杉は「俺はすっかり偉くなったんだぞ」といえればいい、とバカみたいなことをいったりしていますが、ムダだろうがなんだろうが、好きな本を読んで、自分の頭をからっぽにして、ぜんぜんちがう自分の脳みそをつくったりする。そういう自分の変化や成長の感覚をよろこびましょうということです。

それから、自分の日常的な経験のなかで、暴力について考えてみたいとおもったのは、「やりたいことしかやりたくない」という姿勢でほんとうに生きていくと、コケにされることがしょっちゅうあるからです（笑）。ただセックスしたいからというだけで女の子とつきあうと、ケチョンケチョンにやられます。なぜそうなのかの答えも、大杉はだしています。つまり、暴力や力をひろげたいという人のなかには、その力を独占したい人たちというのがいて、その小集団が「支配者」になる。支配者は、力のつかいかたに尺度をつけます。「こういう力のつかいかたがいいんだ、それ以外はダメなんだ」と。たとえば、恋愛であれば、よりよい結婚をするための恋愛がいいと言われます。それ以外のことをやると、ぶったたかれる。で、そういう秩序みたいなのが定着すると「権力」と呼ばれるようになり、国家や社会ができていく。

本書では、シチュアシオニストのラウル・ヴァネーゲムの言葉をつかって、「あばれる力」を「生きたいとおもうこと（Desire to Live）」と呼び、権力に囲いこまれた生活を「生きのびること（Survival）」と呼んでみましたが、後者の「生きのびる」ための社会が確立されると、支配集団にいわれているわけではないのに、みずから「よりよい恋愛をしないで、ただ恋愛したいなんて、きもちわるくない？」と言うようになってしまいます。ぼくは、それでなんどか叩きのめされたということですよね。それで、あらためて権力を突破する「力」が必要だなあと。もともと力はあばれゆくものだけれど、不本意にも囲いこまれてしまった、だからもういちど力の乱流をひきおこしましょうと。——大杉栄は「美は乱調にあり」といいました。大杉がイメージしていたのは、デモとか暴動とかストライキだとおもいますが、そうしたことを自分の日常的な経験から考えてみたいなとおもったんです。

「道具」ではなく「武器」を

ヤン■　demonstrationという英語が初めて政治的な意味を持ったのは一八三九年です。イギリス人労働者たちが投票権を要求するチャーティスト運動の一環として、ウェールズのニューポートという町の労働者たちが武装蜂起した。つまり投票権を得るための武装蜂起を「デモンストレーション」と呼んだ。それは非暴力ではなく、文字通りの暴力闘争。そうした歴史的背景をいま思い出す必要があります。また、デモンストレーションとは何かという問いに、ジョン・バージャーはこう答えている。それは革命社会のリアリティをこの場でリハーサルすることだと。デモは新しい、来たるべき蜂起や社会をいまここで提示《デモンストレーション》することなんだと。含蓄のある考え方だと思います。

いつも栗原さんの文体には打ちのめされます。今回も恋におちるように一気に読了しました。さきほど話に出たヴァネーゲムの『若者用処世術概論』は、「有用性」とか「犠牲と交換のロジック」に沿った生き方がイヤだという若いアナキストたちの間で広く読まれてきました。自分も読んで感銘を受けたのはそのimmediatism（今すぐ主義）、つまり「何をするにしても我慢しろという命令を拒み、我慢なんてしない」という観点です。一九五〇年代、アメリカは軍事と産業のへゲモニーを握り、反共政策を行い、中産階級の生活と交換に言論や労働者の自由を犠牲にする消費資本主義を築き上げた。当時、トロツキストや共産党員など、運動に関わっていた人がたくさん転向していった。リベラル社会学者ダニエル・ベルや新保守評論家アーヴィング・クリストルなど、権力側にどんどん寝返る人たちもいた。そこでよくわかるのは、彼らはもともと権力が欲しかったから運動に参加したということ。五〇年代アメリカで革命をやって権力を掌握することが無理だと気づくと、体制側に移ったり、「イデオロギーは終わった」という言説に走った。

また、本書にはテロリズムへの言及もあります。栗原さんの言う「あばれる力」を回復するというのは、テロをやることではない。もともとテロリズムとは、フランス革命のときに西洋保守主義の元祖エドマンド・バークがつくった造語で、新しい国家がギロチンなどでどんどん人を殺していくこと、国家暴力そのものを指す。そのテロリズムという言葉が個人の行動にも乱用され、国家自体のテロリズムが見えなくなっている。アウグスティヌス『神の国』には、海賊とアレクサンダー大王の寓話が出てきます。自分の領海を荒らしている海賊を捕まえて「何をしているんだ」とアレクサンダーが叱ると、海賊は「自分は小さい船で略奪しているかもしれないけど、お前はでかい船でもっとひどい略奪をしている」と答えた。帝国や巨大な権力はそうしたダブルスタンダードを使う。五〇年代に「国家安全保障」という国家テロの隠れ蓑を掲げ、日本をその延長線上の「日米安保条約」に組み込み、戦争をバンバンやり続けてきたアメリカはまさにそうした帝国そのものです。それに対するアンチテーゼが今回の栗原さんの本で言明されている。もし暴力がダメというなら、それは運動でも国家でもどの次元でもすべて同じ標準でダメだと考えなければならない。そうしなければ偽善だし、犠牲と交換のロジックをまた繰り返してしまうだけだと。そういう普遍的な批判を展開しています。

本書はとにかく面白いですが、個人的に一番面白かったのは『水滸伝』の武松《ぶしょう》に触れている箇所です。武松は酒をたらふく飲み、狼藉をはたらき、トラを叩きのめしたりするどうしようもない無頼者で痛快極まりない。どうして『水滸伝』の話をしようと思ったのですか?

栗原■　『水滸伝』は小さいころから読んでいて好きでした。このところ、ずっと読んでいたのがジェームズ・C・スコットの『ゾミア』（みすず書房）という本なんですけど、基本的には古代中国の山賊の話なんですよね。その山賊の定義のしかたがすごくおもしろくて、国家が権力のなかに人を奴隷として囲いこもうとしているときに、そこから山へと逃げだしていく逃散《ちょうさん》農民のことをひろくゾミア、山賊と呼んでいます。国家は人を奴隷として囲いこみ、水田稲作という管理しやすいかたちで人をはたらかせる。でも山賊はそうではない。あらたしい生の形式を発明し、それを武器にして国家にあらがっていく。

　この『ゾミア』には、一節だけ『水滸伝』が出てくるんですよね。それを見たとき、梁山泊の山賊たちも湿地帯に逃げこんで、ちょっとちがう生きかたをしていたりするので、それをゾミア的な「国家にあらがう山賊」として読みかえしてみたいなあと。じっさい、国家では奴隷がクワという「道具」をもたされて、水田稲作に従事させられる。これにたいして、山賊は逃げながら焼き畑をやって食べていく。そのとき国家にみつからないように、地中に植える「イモ」が「武器」になります。『水滸伝』の山賊たちもおなじこと。みんな「道具」ではなく「武器」をもって闘っている。たとえば、武松の「武器」は酒です。ただの酒好きで、酒ばかり飲んではたらいていないだけなんですけど、飲むと酔拳をつかって無敵になる。で、ふつう酒が「武器」になるなんておもわないから、なんだなんだとおもっているうちに、正規兵なんてやられてしまうんですよね。

ヤン■　武松は最終的に官軍に行き、大人しくなって力も尽きていく。彼の絶大な土着的なパワーが縛られていく。それをたとえば労働運動の工場闘争に栗原さんはなぞらえています。そうした闘争を飼いならして体制の一部になろうとする労働運動の集会なんかでヤジを飛ばすと、「つまみだせ！」と言われてしまう。それに対して大杉栄が「演説会もらい」という戦術を編み出したことに触れていますね。

栗原■　二〇人くらいで集会にのりこんで、二〇〇〇人の会場をうばう、とかですよね。文字どおりの「殴りこみ」です。現場でだれかが演説をはじめたら、「質問！」とか「異議あり！」とかいって怒号をあげる。むこうが「なんですか？」なんていってきたら、こっちのものです。演壇にのぼって、大杉がしゃべっちゃう。（笑）

ヤン■　その描写を読んで最近起きたことを思い出しました。バーニー・サンダースというアメリカのリベラル左派／社民系議員が二〇一六年大統領選に立候補しました。彼の集会に「Black Lives Matter（黒人の命は大事）」「警察暴力反対」「パレスチナ連帯」などを掲げた運動家たちがやってきて、まさに「演説会もらい」をした。そして、サンダースはちゃんと彼らにマイクを渡す。けれど、「サンダース、お前は黒人などマイノリティを抑圧する政策やイスラエルの国家テロを支持する政策に加担しているじゃないか」といった彼らの批判に、サンダースは答えることができなかった。

栗原■　会場にいる人もたぶんおもしろかったとおもうんです。大杉も「演説会もらい」に失敗してうまくいかないことがあります。でもうまくいくと、会場もさいしょは「ひっこめ！」とかいっていたのに、だんだん「ヨーシ！」となって、みんなで議論がはじまる。場をそのように変えてしまうのはいいことだとおもいます。

ヤン■　そのようなある種の「直接行動」の文化がないと、民衆の文化や行動は貧弱なものになってしまいます。アメリカでは一九七〇年代末から八〇年代頭ごろ、原発が推進され、それに反対する運動のなかで合意《コンセンサス》を重んじる方法が使われていた。ミーティングでみんなで話して、うまく議論を回収して合意を生み、そこからまた次の活動の戦術をつくっていく。するとそれに対して批判が提示される。

合意《コンセンサス》をミーティングでつくっていくのは公民権運動の伝統でもあったけど、ミーティングに参加できない人（たとえばトラック運転手）はそこに馴染めないし、だいたい合意《コンセンサス》を生もうとする発想自体がミドルクラスの文化に由来する。議論をするのにわざわざ訓練を積まないといけない。公民権運動でも、非暴力を貫くためにトレーニングが必要だった。殴られたら本能的に殴り返そうとしてしまうから、その本能を抑制するための練習をする。しかしその後、そうした訓練を受けていない大衆が、一九六五年のワッツでやったような暴動を起こす。合意《コンセンサス》をつくるとか、非暴力のトレーニングをするのはもちろん重要ですが、そこだけにこだわるとおかしくなってしまう。公民権運動でも、学生非暴力調整委員会（SNCC《スニック》）の若者たちはキング牧師と対立していた。キングは連邦政府と交渉するなかで「ここでデモをするのは早すぎる」と注意をうながす。アメリカ南部の保安官とか、人種隔離政策を行う南部の当局に暴力をふるわれ逮捕されることでマスコミを賑わせ、それを材料に政府と交渉する必要があるから、慎重にやらないといけないと、キングたちはプレッシャーをかける。しかし若者たちは、合意《コンセンサス》はつくるけど、一方で直接行動もどんどんやる。その行き着いたところが、アメリカ国家の存在そのものを問いなおすブラック・パワーです。公民権運動であれだけ非暴力活動をして、逮捕され殺されて、暴動や武装蜂起をしたおかげで、アメリカの法律や文化は確かに変わった。それでもなおアメリカではいまだに貧しいマイノリティたちが殺されている。その理由のひとつは、多様な戦術を追求することを国家暴力が弾圧し、運動の一部が民主党のなかに入って政権を握ろうというヘゲモニー幻想を抱いたからです。だからアメリカでも日本でも、もっともっと多様な戦術が必要です。

栗原■　まったく同感です。二〇〇八年洞爺湖サミットに反対する運動をやっていたとき、D・グレーバーなどを読みながら、みんなでコンセンサスをつくる運動をやってみようとしたことがあります。いちどそういうのをやってみてよかったとはおもうんですけど、でもそれが自己目的化してしまったりすることもあったりして。ほんとうは、自由に意見を出させるためのコンセンサスなのに、まわりに気をつかわせるためのものになってしまう。もともと、反グローバリゼーション運動で「多様性を尊重しましょう」という言葉がとびかっていたのですが、それが「多様な団体に、多様な意見に気をつかいましょう」となってしまう。おもいきってこういう行動を組んでみたいというひとがいても、いやいやコンセンサスがとれていないからダメだよ、やったら非民主的だよ、みたいに言われたりして。もしかしたら、いまもおなじなのかもしれません。「デモにくる多種多様なひとを尊重しなければならない。一部の人が警官と暴力的に対峙したりすると、まわりに迷惑だからやめましょう」と。そういう空気みたいなのを突破したいですよね。警官とぶつかるといっても、ブラック・パワーほどのことはやってないわけですし。もうちょっとやってもいいのかなと。

資本主義の「暴力」を基本に戻って問いただす

ヤン■　一般的に、現在のアメリカ人は日本人より「暴力的」だと思います。もちろん、それはもとを正せば、共和国ができた当初から先住民や奴隷からの反撃を恐れてきたことに起因しています。しかし、最近の警察暴力が制度化されたのは、七〇年代以降のネオリベ政策で経済的格差が激化したことで高まった貧困層の不満や暴力をつぶすためです。警察は貧しい黒人たちにバンバン発砲し、彼らを刑務所にブチ込む訓練を受けている。それでも口で体で反撃することをやめない生理的な民主主義文化が大衆のなかにはある。国家が独占する暴力に対して、民衆の剝き出しの怒りや「生の拡充」を拘束する大きな文化的・社会的障壁や組織をどのようにとっぱらっていけるのか。そのヒントがどこにあるのか考えています。

栗原■　根はいっしょだと思います。運動のなかで権力をもとめてプチ国家になってしまうことがあるのは、大杉栄の時代からそうです。もともと、ストライキがもっていた力強さはラッダイト的なものでした。少人数でも、経営者がいうことをきかなければ会社に火をつけたり、交番を燃やしてしまうような闘いかたをストライキと呼んでいます。でも、そこに「いかに効率的に圧力をくわえるのか」という論理が出てきてしまう。そうすると、やはり我慢の論理が出てくる。運動内部によしあしの尺度が出てきて、それにしたがわない人は排除しましょうと言われるようになる。そういった傾向は、一九二〇、三〇年代にもつよくなっていました。おなじことがくりかえされているのかなとおもいます。そこからどうぬけだしていくかを考えないといけない。

ヤン■　いまの話の一つの原点として、『現代暴力論』でも言及されているバクーニンがいます。チョムスキーは、社会科学の予想は一切実現したことがないが、唯一的中させたのはバクーニンだと言っている。バクーニンはマルクス主義的な動向を見て、いずれコミュニストの権威主義的な「官僚制」になってしまうのではないかと批判した。彼が言う「自由への本能」——これは大杉栄の「生の拡充」と密接につながる——は異端でも何でもなく、西洋思想の原点の一つです。西洋啓蒙思想には、人間は自由でなければならないという前提があった。資本主義の分業化が進むと、人間はただただ愚かになるばかり。それと対照的な原始社会では、分業化がされていないので様々なことを一人ひとりが決めなければならず、本当に賢明な人がたくさんいた。自由市場を賛美したアダム・スミスの『国富論』でさえそう指摘している。しかしいまやそれが異端や過激とみなされる。『現代暴力論』は、その意味で資本主義の「暴力」を基本に戻って再び問いただしている。

本書では原子力についても触れられています。核戦争をどうすれば「人間的」にできるのかという議論が冷戦時代にあったことを批判していますね。原子力体制だけでなく、議会制を含めた既成の権力を人間的にしようという動きがある。たとえば近年、各地で安保法制に反対するデモが起こり、「憲法九条を守れ」といった声があがっている。国家権力の暴走を止める武器として九条を守ることはもちろん大切ですが、ただ、もう一つの問題は、戦後、日本国憲法第九条をつくったアメリカと日本という権力が一貫して、憲法の名において戦争を推進してきたことです。日本は敗戦後ずっと米軍基地の置き場を提供し、アメリカの戦争を経済的にサポートしてきたし、まさに「犠牲と交換のロジック」で沖縄に多くの基地を押しつけている。日米安保体制自体が、民主主義を押しつぶし否定する制度であり、朝鮮やベトナムに対する非人間的な戦争を肯定し、その後のアメリカの国家テロの片棒をかつぐ枠組みとして機能してきた。一九五〇年代から二〇〇五年までの間に、アメリカの占領や侵略によって少なくとも一〇億人が死んだといわれています。それに対する「戦争責任」はいつとられるのでしょうか。そこを根源的に問わなければならない。その問いを体を張って日本で発するとしたら、戦争法案反対の気運が高まっているいまが絶好のチャンスかもしれません。

栗原■　憲法九条があるよといいながら、アメリカに便宜をはかり、じっさいは日本が戦争をしている。そうなんだとおもいます。そんな状況にたいしていえることは、二つあるのかなとおもっています。ひとつは「憲法の理念を活かしながら」云々というものです。ベトナム反戦のころから、いちおう反戦運動では、日本の戦争責任を根本から問いましょうと言われていて、戦後のこともふくめて加害者としての日本を叩くような運動が組まれていた。その上で、あらためて憲法にある「平和」「反戦」の理念を活かしましょうと。そういった方向性は、いままでもありなんだろうなとはおもいます。それから、ぼくはいま、もうひとつのほうをすすめたいのですが、もう憲法とかいらないいんじゃないかということです。安倍晋三は憲法をまもらない。憲法をもとにしているはずの国のトップが憲法をまもらない。だったら、こちらもまもらなくていいのではないか。そのくらいの「ひらきなおり」から行動をはじめてもいいのではないかとおもいます。こっちも好き勝手やってしまうと。

おなじことは、憲法だけじゃなくて、議会制民主主義についても言えるとおもいます。選挙の多数決のしくみって、本来、「非人間的」ですよね。ひとを「数」としてあつかうわけですから。票を投じてください、「数」に、「物」になってください、その代わりに代議士が政治的な意思決定をしてあげますよと。よけいなお世話です。それって人間を奴隷みたいに数量化するということで、とても非民主的だとおもいますが、でもそういうことが自由意思や契約の名のもとに正当化されてしまう。もちろん、多数決だけでは非人間的だというのは、もともとひろく共有されていて、だからこそ、議会では「少数派の意見も聞きますよ」とか、「議論を尽くしますよ」とか人間的な余地をのこそうとしてきました。でも、いまはその前提さえも消えてしまっています。完全に多数決だけできめられて、それを「民主主義」とよんでいるのが、いまの安倍政権です。だから、そんなんだったら「民主主義」なんていらない、議会なんていらないと言いきってしまっていいのかなと。こちらの姿勢も、なんでもあり。「国会に入っ子ひとり入れさせないぞ」くらいの発想からはじめたほうが、いろいろやりようがあっておもしろいんじゃないかとおもいます。

「ひらきなおる」こと、大事

ヤン■　安保法制や憲法九条に賛成する人も反対する人も、現実的なロジック、「有用性」のロジックを用いて、「こういうことをすれば目的は達成されるよ」と言いますね。同じ「現実的」な認識を理由に、アメリカでも「選挙と議会制民主主義を通じた政治こそ本質である」といった言説がまかり通っている。つまり、それを放棄するやつは文句を言う資格がない、「棄権なんてけしからん」という考え方。ただ、棄権を現状の政治制度全体を批判する「NO」、「オバマとブッシュ、どっちもダメだ」という抵抗の意思表示として汲み取る人たちも常にいます。そういう声が出ない限り、奴隷の民主主義しか成立しない。

栗原■　「議会（制民主主義）にいかに圧力をかけるか」という尺度ではなく、議会という前提をとっぱらうところからはじめてみてもいいですよね。

ヤン■　「とっぱらう」と言うと「国会を廃絶するのか」なんて言われそうだけど、しかしその衝動がなければ、むしろ一番非現実的な方向に行ってしまう。アメリカでは六〇年代に、公民権法をうまい方向に制定させるように大統領（連邦政府）との交渉が続けられ、それが成功した結果、公民権運動の指導層は民主党政権と癒着し、ベトナム戦争を肯定し始める。大統領が公民権法を受け入れてくれたことと「交換」に戦争に協力してしまうわけです。こういう事態を防ぐには、運動内部での「緊張感」が大事です。たとえば、法律を通じて議会にプレッシャーをかけて非暴力を貫く方法と、マルコムXのように国のすべてを否定する方法との間の緊張。両者は連帯したりもするが、対立があったからこそ、お互いの考え方や運動自体が磨かれ、健康的でありえた。それがないと、一元的な意見しかなくなり、それに相容れない立場はすべて排除されてしまう。それでは運動の可能性やほんとうの意味の民主主義は萎れてしまいます。

栗原■　ほんらい、ひとの政治的意見はだれにも代表できない、交換可能なものではない。そういう前提がないと、おかしな方向へいってしまいます。

ヤン■　代表／交換不可能なものを代表／交換できるという幻想をつくる擬制民主主義は、国家暴力のダブルスタンダードを常に用いる。それに関する辛辣なセリフが『殺人狂時代』というチャップリンの映画に出てきます。チャップリンが演じる結婚詐欺師はカネ持ちの女性をどんどん騙して殺して逮捕される。判決が下って処刑される前に、彼はこう言う。「戦争や紛争はすべてビジネス。一人殺すと悪玉になるけど、一〇〇万人なら英雄だ」と。実際、現実の政治ではそれが当然だとされている。国家暴力には目をつぶり個人の「殺人」しか見ない、敵対国の暴力を理由に自国の暴力を正当化するという偽善的立場を固守する。しかし、国際法や平和憲法に実体を求めるなら、ダブルスタンダードはあらゆる場面で徹底的に拒絶すべきです。松本哉《はじめ》さんも言うように、国家や企業が法律を守らないならば、わたしたちも守らなくていい。

栗原■　国家がふるうそうした暴力がみえやすいのが、映画『マッドマックス　怒りのデス・ロード』（二〇一五年公開）です。この映画では、地球が汚染されまくっていて、全面的に砂漠化しています。いわゆる政府や国家も滅んでいて、みんなが山賊のようになっている。そのなかで、ある賊が極端な暴力国家をつくります。悪の頭領イモータン・ジョーです。暴力をふるって、ひとを奴隷としてかきあつめる。国家のモデル（人間関係の軸）のひとつとして家族（家）があるとおもいますが、ジョーはそれを露骨に機能的なものにしている。女性のあつかいがとくにひどくて、ハーレムをつくって子作り機械にしたり、母乳を出すだけの機械にしたりする。「母か娼婦か」と。いっぽう男子は「War Boys」とよばれていて、ジョーを父とも、神とも仰いでいるのですが、とにかくジョーのために戦って、敵を殺すのがえらいとされる。これがまた神風特攻隊みたいで、すごいんですよね。

で、あんまりひどいので、女性たちがそこから脱走します。シャーリーズ・セロン演じる女性大隊長が、離れたところにガソリンを取りにいくとき、タンク車に娼婦化させられている女性たちをのせて逃げだすんですね。国家からの逃散です。でも、はじめ女性たちは、過去の生活への希望をすてきれずにいます。ジョーの砦みたいのではない、昔みたいに幸せな生活をおくるんだ、幸せな家庭を築くんだと。そのために、まだ汚染されていない地域（一種のユートピア）に逃げようとする。でもそんな土地はなかった。しかしおもしろかったのは、そこからの「ひらきなおりかた」です。主人公のマックスが「ユートピアなんて求めてもしょうがない。希望なんてないんだ」といいます。そこからはもうなんでもあり。ジョーの砦にひきかえし、蓄えられていた水や食料を解放します。しかもひきかえす途中で、ジョーもその仲間もぶち殺してしまう。

映画をみて、人がひらきなおるのは大事だとおもいました。ふつう国家から逃げだすというと、自分たちのユートピアをつくろうとしてしまいがちです。そして、けっきょくあたらしい国家が立ちあがってしまう。すべてがひとつの希望に収斂されて、行動の余地がせばめられてしまうのです。だからそうではなく、砂漠しかない地平からはじめてみよう。そういう「マッド」マックスの言葉によって、女性たちも「マッド」になっていく。しかもかっこいいのは、最後、マックスは解放された砦からも去っていきます。希望なんていらねえよと。『マッドマックス』は、国家が暴力をふるって人を奴隷にしていくというのもよく描いているし、そこからのぬけだしかたも、むちゃくちゃうまく描いているとおもいます。

ヤン■　いまの話は、本書が最後に提示する「蜂起」の二大原理に当てはまると思いました。「ゼロになること」「共鳴をよびおこすこと」ですね。マックスは「ゼロ」になる。希望を全部捨てる。そして共鳴するものを生んでいく。

日本ではべ平連が、ベトナム戦争への参加を拒否し逃亡する米軍兵士を助ける活動をやっていました。そうした叛乱する兵士たちの一部は反戦ビラを各基地に撒いた。見つかればすぐ軍刑務所行きです。するとこんどは囚人闘争をやる。暴動を起こす、燃やす、つぶす。戦場では上官を撃つ。基地のまわりでは元兵士などが反戦カフェをつくって戦争体験を話し合った。そうやって反戦への力が生まれ、兵士たちの蜂起はアメリカの反戦運動の前衛になっていく。これは一種の「革命」です。最前線でベトナム人を虐殺することを強いられる米軍兵士が、現状があまりにもひどいので「これではダメだ」と気づき、自分の国の政府と軍隊に逆らって反戦運動をリードしていく。そういうことも可能なんだと念頭に置き、「マッドになって」行動すればいい。「どうせかなわぬはかない夢なら／散って狂って捨て身で生きてやれよ」（「泣いてチンピラ」）と歌われているように。

こんどの『現代暴力論』は、どういう人に読んでもらいたいですか？

栗原■　若い人とか、デモにいきはじめたような人たちに読んでもらって、「暴力とはなにか」ということを考えてもらうきっかけになればいいなとおもっています。まあ、そういいつつ、もっとあばれようと煽れたらいいなあと。（笑）だから失笑覚悟で、あえてこんなふうにいっておきたいとおもいます。未来はマッドに染まる。諸君、狂い給え！

栗原康（くりはら・やすし　一九七九～）政治学・アナキズム研究。著書『何ものにも縛られないための政治学——権力の脱構成』（KADOKAWA、二〇一八）、『文明の恐怖に直面したら読む本』（白石嘉治との共著、Pヴァイン、二〇一八）、『アナキズム——一丸となってバラバラに生きろ』（岩波新書、二〇一八）、『文學界』連載をまとめた近著『執念深い貧乏性』（文藝春秋、二〇一九）、監修『日本のテロ——爆弾の時代60s-70s』（河出書房新社、二〇一七）など。

12 いつも心に革命を

われわれは「未開人」である

森元斎・栗原康との鼎談

アナキズムの精神とは何か

森■　自己紹介から始めたいと思います。高校、大学と音楽をやっていました。そんな折、こんど出した『アナキズム入門』（ちくま新書、二〇一七年）の冒頭に書いたように、ハキム・ベイの『T・A・Z』（インパクト出版会）やセックス・ピストルズに高校生のとき出会いました。また、二〇〇〇年代初頭当時、カルチュラル・スタディーズが流行っていました。『STUDIO VOICE』という雑誌があって、面白いことが書いてある。寄稿者の名前を見ると、酒井隆史、平井玄、東琢磨、上野俊哉なんて書いてある。音楽と社会的なことをつなげて論じている人がたくさんおり、刺激を受けまくりました。大学に入るとカルチュラル・スタディーズはやはり大流行りで、そうしたなかに、ドゥルーズ＝ガタリといった名前なんかが出てきて、勉強しないとダメなのかなと思った（笑）。それで、わからないなりに、読むようになり、ドゥルーズやホワイトヘッドを勉強していくようになります。とはいえ、哲学の領域で、音楽と社会的なことをつなげて論じていくことをやりたいと哲学の教師に言ったら、ダメだと言われました。それでも、大学院まで行けばできるんじゃないかと勘違いします。で、大学院に進学してしまい、ストイックに厳密に哲学を読みなさいと言われ、ひとまず、博士論文までは、自分なりにホワイトヘッドを読解し、書きました。しかし、もう、我慢ができなくなってきていました。どうせ、このまま生きていても、就職もなさそうだし、もういいかなと思うようになった（笑）。そういうときに、栗原康さんが、鶴見済さんの『脱資本主義宣言』（新潮社）の書評を『図書新聞』に書いたのを読みました（二〇一二年一〇月六日号掲載）。大見出しが「やりたいことしかもうやらない」。大変ふざけているとしか思えない（笑）。栗原さんもぼくと同じような境遇で、大学院でストイックかつ厳密に文献を読んでいた（はず）。そんな訓練を受けた一方で、「やりたいことしかもうやらない」と言っている。栗原さんのその文章を読んだとき、ぼくのなかでタガが外れました。

この間、ひょんなことから、先に名前をあげた酒井隆史さんの家に二、三年ほど住んでいた時期があり、いろんなことを教わりました。加えて、二〇〇八年にG8サミットが洞爺湖であったとき、反G8の活動家や思想家たちと数多く会って、自分のなかで世界が広がっていきました。アナキズムに入っていったのは、遅いかもしれません。そして真剣にアナキズムに向き合っていこうと思ったのは、二〇一一年の三月以降です。この年のこの月に子どもが産まれたことも、きっかけとなっています。共同体で、コミューンで、みんなで子どもを育て、畑を耕し、海や川や山で遊ぶ。そういう実践をする一方で、過去の歴史も学んでいきたいと思った。本書にも書きましたが、ヨーロッパでは、今も昔も、コミューンがある。たとえば、スイスのジュラ山脈の横に時計職人などが集まって、様々な反対運動をしながらも仕事をつくっていく「ジュラ連合」というものがかつてありました。ぼくが求めているのはこういうものだと思った。生活も、思考も、助け合いながら、自分たちだけで何とか生きていこうという精神、それがアナキズムでした。

ヤン■　今日の三人のなかではわたしが一番年長で、境遇もかなり違うのですが、不思議なことにアナキズムとの糸口は似ているところが多くあります。高校時代の九〇年代初期、同じくセックス・ピストルズに出会い、大学に入るとピストルズのマネージャー、マルコム・マクラーレンがシチュアシオニストたちの影響を受けたことを知る。シチュアシオニストとは、一九六八年の「五月革命」と呼ばれるパリの民衆蜂起に寄与し、現在のアナキズムや蜂起派の原点を築いたアーティスト、プレカリアート、思想家の集団で、革命政党や組織が行う真面目な政治行動やオルグの仕方とはまったく異なる不真面目で挑発的な形で「革命的状況」、つまりシチュアシオンを作ろうとした。シチュアシオニストはアナキストではないですが、西洋の消費資本主義及びソ連や中国や第三世界革命にみられる国家社会主義を徹底的に批判した。根本思想にあるのは労働者評議会つまりソビエトが体現する直接民主主義。シチュアシオニズム、アナキズム、パンク音楽の関係を教えてくれたのは、ピストルズを同時代で聴くことでアナキズムとマルクスの『資本論』に到達したというテキサス大学教員ニール・ネーリングでした。イギリスのカルチュラル・スタディーズの本拠地であるバーミンガム大学に留学した経験をもち、やはりカルスタの薫陶を受けた人です。彼にシチュアシオニストのギー・ドゥボールやラウル・ヴァネーゲム、ヴァルター・ベンヤミン、レイモンド・ウィリアムズを紹介され、彼らを通じてポピュラー・カルチャーをラディカルに読み解き、現代社会の構造的矛盾と闘う思想を教わった。ピストルズやクラッシュに代表されるパンクの階級闘争と思想や理論における階級闘争は同一のものだという基礎認識がそこにはあります。

ピストルズは七〇年代のバンドです。イギリス経済が衰退し、サッチャー政権が誕生する直前――若者たちは失業しカネがなく、ピストルズのジョン・ライドンが叫んでいたように「未来がない《ノー・フューチャー》」どん底から自分たちの文化をつくり始めていた。そこから生まれてきたピストルズの「アナーキー・イン・ザ・ＵＫ」を初めて聴いたのはダラスの郊外で、中国系の同級生レオ・ツァオの家でした。レオはいまドイツでアフリカやヨーロッパのミュージシャンといっしょにＤＪとして活動していますが、高校のころはドラッグ漬けで絵ばかり描いていました。ドラッグによる幻覚にインスパイアされた前衛的絵画だらけのカオスのような彼の部屋に響きわたるジョン・ライドンの声、絶対的拒絶と虚無と怒りが見事に混ざり合ったその声音に打ち震え、「オレは反キリストだ、オレはアナキストだ」という叫びから始まるこの歌は一体何だと思いました。それを突き止めたくて、ネーリングに紹介されたロック評論家グレイル・マーカスの『リップスティック・トレイシス――二〇世紀秘史』（*Lipstick Traces : A Secret History of the Twentieth Century* 未邦訳）という本を読みました。ピストルズやパンクの話を皮切りに、一五三〇年代のミュンスターの叛乱に加わりコミューンを組織し処刑された再洗礼派《アナバプテスト》ヤン・ファン・ライデン、第一次世界大戦を引き起こした西洋文明や芸術を破壊しようとしたダダイストの群像、レーニンの前衛主義に異を唱え大衆ストライキによる革命を提唱したローザ・ルクセンブルクをパンクの先行者として位置づける、教科書や正史には絶対出てこない想像力豊かで壮大な文化抵抗の歴史です。

テキサス大学で出会ったもう一人の教員にハリー・クリーヴァーという「自律マルキシスト」経済学者がいます。アナキスト系反グローバリゼーション活動家の必読書『資本論を政治的に読む』（*Reading Capital Politically* 未邦訳）を執筆したクリーヴァーは、最近翻訳が出た『キャリバンと魔女』（以文社）の著者シルヴィア・フェデリーチの同志です。クロポトキン論も書いていて、そこでリバタリアン的伝統を受け継ぐマルクス主義がアナキズムと本質的に共振していることを指摘している。では、マルクスの思想とアナキズムの違いは何か。マルクスは資本主義を歴史的に分析しているので、資本主義が終わると同時にマルクスの思想も過去の遺物になるとクリーヴァーはいう。それに比べアナキズムの思想は歴史的な時間のスパンがもっと長く、資本主義以前・以後の時代にも存在してきた／存在する権威や権力を絶対的自由の観点から問い直す。クリーヴァーを通して知ったハキム・ベイの「存在論的アナキズム」はそうした絶対的自由の息吹を、イスラム神秘思想、海賊、ユートピア社会主義など歴史上弾圧され消えていったあらゆるもののうちに見いだしています。

クリーヴァーはまた一九九四年に起こったサパティスタ民族解放軍の蜂起をアメリカで真っ先に支援し始めた人です。当時は冷戦後初の民主党大統領ビル・クリントンの政権が台頭し、クリントンの「新しいリベラリズム」に期待する人が多くいましたが、彼が実際にやったことは、レーガン政権が八〇年代を通じて繰り広げた諸政策——シカゴ学派＝市場原理主義陣営が正当化する規制緩和と社会福祉解体を軸としたトリクルダウン経済政策——の延長でしかなかった。アメリカとメキシコの政府間でNAFTA（北米自由貿易協定）が締結された当日、メキシコ最南部のチアパス州で、覆面をつけた先住民族の武装集団が蜂起し、ネオリベラリズムという新しい形態の資本主義に対して宣戦布告した。これがサパティスタです。サパティスタが従来のゲリラ的民族解放戦線と大きく異なるのは、国家権力の掌握を拒んだことです。「軍隊」だから上下関係はあるけれど、様々な政治的決定は村落共同体で行いつつメキシコ政府と交渉し、草の根民主主義を実践しています。彼らは世界中から活動家を呼び集めて集会を定期的に開催し、反グロ運動の下地をつくった。冷戦終結にともない、国家資本主義の抑圧的イデオロギーとして機能してきたマルクス＝レーニン主義に終止符が打たれた後に、米国の軍事政策と資本主義を追認し続けるリベラリズムへの対抗軸としてサパティスタがあらわれ、思想的な枠組みとしてアナキズムが再び想起され運動界隈の人口に膾炙した。さっき森さんから、アナキズムの思想を経て反グロ運動などと関わりを持つようになったという話がありましたが、つまりアナキズムがわたしたちをつなげたわけですね。

栗原■　いいはなしですねえ。

森■　今日はもうこれで終わりにしましょうか（笑）。

栗原■　ぼくは大学生のころからアナキスト大杉栄の研究をしています。さいきんは大杉のパートナーだった伊藤野枝の評伝（『村に火をつけ、白痴になれ』岩波書店）とか、近々ではなぜか一遍上人の評伝を書きました（『死してなお踊れ』河出書房新社）。一遍にはアナキズムの元祖とよべる部分があるとおもいます。さて、ぼくは森さんの『アナキズム入門』にオビ文を書かせてもらいました。「森元斎は友が飢えていたらパンをかっぱらってでも食わしてくれる。魂のアナキストだ。アニキ!!」というものです。

ヤン■　アナキズムのジャン・バルジャン！

栗原■　アナキストは、自分の欲望をみたすために猛烈にうごく。でも、まわりに困っているひとがいたら、損得抜きで食わしてくれるんですね。森くんもそういうひとです。

欲望に忠実に生きてみたらどうなるか

森■　食べ物があれば生きていける。でも、いままでお金がないということが、怖かったんですよ。最近、ぼくの年収がわかったんですが、数十万円でした（笑）。それでも、子どもが二人いますが、生きていけます。何とかなっちゃう。東京にいたときにはそれに気づけませんでした。郊外の殺伐としたニュータウンの団地で人に言えないようなことをして育ったのですが、まず隣に住んでいる人が誰だかわからない。もちろん下に住んでいる人も誰だかわからない。共同体ができるなんて、まったく信じられませんでした。猜疑心の塊で、人を見たら全員敵だと思えという感じでした。しかしその一方で、夜な夜な悪友たちとたむろしていました。加えて、フランスへの留学が一番の大きなきっかけになって、人を敵ではなくて仲間だと思ってもいいのかもしれないと思うようになった。アラブ系の住民が多く住む地域に下宿していたのですが、ちょうど「アラブの春」の時期でもあったりして、みんなお祭り騒ぎで、ベンツをひっくり返したりしている。ファラフェルという豆のコロッケみたいなのを食べさせたりしてくれる。みんながみんな、敵なんかではない。そう思うようになっていきました。自分は欲望につき従って動くことをずっと抑圧していた。しかしもっと欲望に忠実になって生きてみたらどうなるだろうか——そういうことを実践し、書いてきたのはアナキストたちでした。たとえばクロポトキンは、各人の能力あるいは欲望に応じて取り分をもらいましょうねと言っています。これはある種、欲望の哲学ですね。あるいは大杉栄も欲望の赴くままに生きた人でした。「欲望の赴くままに生きる」とはどういうことか。すごく難しい。「自由」という言葉に収斂できると思いますが、私たちは自由でありそうで、実はそんなに自由ではないのではないか。この自由をつかみとるヒントがアナキズムにあるのではないか、そう思うようになっていきました。

栗原■　さいきん、万引きをした感覚ってあんがいだいじだなとおもっています。ぼくは「万引きGメン24時」みたいなテレビ番組が好きで、見るとテンションがあがります。つかまる側の気持ちになって見ている。テレビにうつるのはだいたいつかまるときまっていますからね、「なむあみだぶつ」とおもって見ています。すごくおもしろかったのが、八〇歳くらいのヨボヨボのおばあちゃんが、スーパーの冷凍コーナーであきらかに挙動不審でいる。やがて冷凍庫に手をつっこんで、アイスの「ガリガリ君」をとって、その場でバクバク食いはじめた。食べた瞬間に、人柄が変わったように凛々しくなった。

しかしもちろんすぐにバレて、万引きGメンが寄ってきて、「おばあちゃん、なにやってるんですか?」ととがめる。「アイス食っとるんじゃ」。「あなた、なにやってるかわかってるんですか?」との問いにまた「アイス食っとるんじゃ」。「これは万引きですよ」「アイス……」みたいなやりとりをして、ひきずられるようにして連れていかれる。で、「ギャー!」っておばあちゃんが叫ぶんですね。これアイスを食べた瞬間に、人間が凛々しくなっている、ひとがまったく変わったようになったのがすごいことだなとおもいました。スーパーでは人間は、消費をしてお金をはらうのがあたりまえという身体感覚になっているとおもいます。その感覚のなかには道徳や倫理といったものも含まれている。カネがないのはダメなやつ、支払能力がないやつはダメなやつだというレッテルがはられてしまう。アイスを食べたおばあちゃんもきっと、年金をもらえているのか、もらえていないのか、とにかく貧乏でそういうレッテルをはられているわけですよね。でも、さいしょは挙動不審だったけれど、アイスを食べた瞬間に、それまであたりまえとされていた「お金をはらわなければいけない」「カネをはらってナンボだ」という身体感覚がボーンとぶっこわれてしまう。おばあちゃんが「ギャー!」といっているすがたは、ぼくには猿に見えました。猿も人間の持ちものをかっぱらいますよね。自然にあるものを取るのはあたりまえという感覚があるとおもう。ある種の野蛮さをとりもどしているのかもしれない。「万引き、だいじ」という結論になりそうですが(笑)、でも、そうした感覚をどこかでもっておくのはだいじなことだとおもいます。

ヤン■　大学卒業後、アメリカ中西部のオハイオ州に住んでいました。二〇一六年の大統領選でトランプの当選を確実にしたといわれる選挙激戦区です。そこのトレドという町、脱工業化で破壊された町の大学院に通っていました。ダウンタウンのビルは九割がた空っぽで、失業者が多い。そういう都会の過疎地でもアナキストが何人かいて、そのなかで一風変わっていたのはブライアンという男でした。チェーンでない独立系の店では絶対に万引きしないが、大手のボーダーズとかバーンズ&ノーブルなどの書店では万引きの常習犯だということを自慢していた。無職なので、精神疾患のフリをして、政府から福祉をもらう。「国家に反対しているのに国家からカネをもらうとはけしからん」と半ばふざけて彼を叱責する活動家もいましたが、ブライアンはそれでも頑なに働こうとしない。風呂にもほとんど入らず体が臭くなっても、「清潔基準なんて抑圧的な近代文明の物差し以外のなにものでもない、クソクラエだ」と意に介さない。腹が減ったら dumpster diving、つまりゴミあさりをする。アメリカではゴミ箱(dumpster)がダンプカーみたいにでっかくて、賞味期限が切れた食べ物が山ほど捨てられているので、そこへ飛び込んで有機冷凍食品とかいろいろ見つけてくる。彼の偉いところは、ホームレスに炊き出しをする Food Not Bombs(爆弾ではなく食料を)という、アナキストが始めたグループに毎週参加していたことです。ゴミ箱から好き放題とってきて、好き放題あたえる。まさにクロポトキンの「欲望の哲学」の実践者。

炊き出しや、ものをあげるという行為は、文明の原点の一つです。イエス・キリストの一番有名な奇蹟は、イエスの話を聞きにきた腹ぺコの群衆のために、少量のパンと魚を何十倍にも増やして食べさせたこと。キリストの最初の奇蹟は、結婚式でワインがなくなったときに、彼が「水を汲んでこい」と言ったら、その水が最高のワインに変わっていて、みんなをびっくりさせた話。だからキリスト教の原点にも、食べ物とお酒をみんなに無料で振る舞う贈与の精神と実践があるわけです。

二〇一〇年の秋に九州の八代《やつしろ》に行ったとき、他の外人たちと一緒に妙見祭を見物していると、キンキンに冷えたビールや揚げ物を商店街の人たちがタダでくれて、まるでキリストのように飲み食いさせてくれました。ああ、土着的アナキズムの精神がここでは生きているなと思いました。

森■　九州だからなのかな、ぼくは福岡に住んでいますが、みんなやたらとものをくれます。ご飯も、ビールもです。朝起きて家の玄関を開けると、野菜がどっさり置いてあったりする。本当は九州に限らず、どこでも、みんなそうだったのではないかと思います。資本主義こそがぼくらをケチにしているだけで、それを取っ払えば、あげたりもらったりすることが普通だったのではないか。

「アナーキー」という言葉はプルードンが初めて明示的に使ったとされていますが、彼は「自分がオリジネーターでは決してない」と言っています。ずっとあったんだと。お祭りはアナキズムそのものであることが多いし、一遍もブッダもアナキストですよ。王様の息子なのに王様にならない。反権威主義じゃないですか。消費社会に埋もれることなく、托鉢だけで食っていく。アナキズムという語自体は一九世紀末、よく使われるようになり、クロポトキンが旺盛に執筆活動をしていたころに生まれますが、その内実はずっとあったのではないか。たったこ一〇〇年くらいでそれがどんどん潰されていったけれども、ぼくらはそれをずっと持ち続けているのではないか。

フランスの人類学者ブルーノ・ラトゥールは「われわれはまだ近代人ではない」と言っていますが（『虚構の「近代」』新評論）、まさに近代は来ているようで来ていない。ぼくらはまだ「未開人」なのではないか。『アナキズム入門』の最後に、ある種の文化人類学の哲学としてアナキズムを見ることができるのではないかと書きました。いわゆる「未開人」といわれる人たちは、その仕方でずっと生きてきている。そのほうが当たり前でしょう、ということです。

栗原■　森さんの本は、一〇〇年、二〇〇年さかのぼってみれば、ぜんぜんちがう発想で生きていたひとがいるよと教えてくれます。あるいは、時間だけでなく場所を変えてもそれがわかる。本書は、その両方を教えてくれるいい本ですね。

そういえば、一遍も九州に関係があります。一遍が仏教を勉強したのは大宰府のあたりなんですね。福岡や大分あたりに知り合いがおおい。生まれは愛媛の道後温泉で、温泉の効能に詳しくて、大分の別府に湯治場をひらく。いまの鉄輪《かんなわ》温泉です。温泉宿はいまでは商業化されていますが、当時はおそらくタダですよね。民衆がタダで寝泊まりして、極楽をあじわう。一遍も小さいときからそれを知っていたのではないかとおもいます。ありふれた無償の生。一遍もほどこしだけで生きていきます。まわりにいたのは修行したお坊さんだけではなく、道端にいた「乞食」とよばれていたひとたちとか、「非人」とよばれていたひとたちとか、ハンセン病のひとたちなど、村にすらいられないひとたちもいたんですけど、

ただ、一行はそれで差別されます。一遍たちは全国各地を延々とあるきながら念仏をひろめていたんですが、神社に行って「一泊させてくれ」などというと、「おまえら汚いから、軒先で寝てろ」などといわれてしまう。またあるとき有名な神社に行ったら、「乞食を神社に入れることはできない」といわれます。一遍はキレて、その神社のまえに「踊り屋」という踊るための場所をつくり、そこで数日さわぎまくります。それで気がすんで帰っていくと、神社のひとたちもビビって、「ちゃんともてなさないといけないかもしれない」とおもって、追っかけてきて、ぜひあらためてお迎えしたいという。ところが、それで一行が神社に来ると、「お坊さん（一遍）はいいけど、乞食はダメだ」とまたいうんです。一遍はさいしょ、「わかった」といってなかに入る。そして神社のなかでまたさわぎだすんです。何百メートル先まで音がひびきわたっていたといいます。そのくらいやると、神社の側も「わかりました」という

ことで、神さまのためにお米をたく釜でご飯をたいて、乞食といわれるひとたちにふるまった。仏教には盗みをいましめる戒律がありますから、一遍は文字どおりの盗みはしませんが、ある種のかっぱらいですよね。直接行動をかましてやることで、ほどこしをひきだす。アナキストですよね。

森■　じぶんの本と全然関係ない話をします（笑）。福岡と大分の県境付近にある温泉の混浴共同浴場に入ったら、おばあちゃんみたいな男性が後から入ってきた。入れ墨をした人でした。こちらがかしこまっていると、「野村さんのとこの人かい？」と訊いてきます。「野村さん」とは、九州で幅をきかせている暴力団「工藤会」の当時のトップの人です。話を聞くと、そのあたりの温泉を全部仕切っているボスで、九州はそういうことが残っている土地です。いまはどの温泉に行っても「タトゥーお断り」などという貼り紙がしてありますが、別にそういう人が温泉につかったっていい。

ヤン■　いまの話は実は重要ですよ。最初のほうで触れた『キャリバンと魔女』という本は、資本主義の原点である本源的蓄積を敷衍し、女性や先住民の身体にもその破壊が及んだことを分析しています。本源的蓄積とは、土地や生産手段を収奪することによって私有財産が生まれ、農民だった人が工場で働くようになる歴史的過程のことです。共有されていたものが私有化される。すると、いにしえから今まで当たり前だった慣習が犯罪になる。マルクスが政治経済学を勉強し始めるきっかけになったのも、彼が『新ライン新聞』の編集長だった時期に、それまで共有地だったモーゼルの森林から木を採取する農民の共同慣習が犯罪化されたことを、納得いくように分析することができなかったからです。出産や薬草の知識を持ち、村人の健康を管理していた女性の権利も同様に略奪された。彼女たちは「魔女」と呼ばれ火刑に処される。先住民の共同慣習や共有地もしかり。つまりコモンズの収奪によって資本主義は成り立っている。
一七世紀のイギリス民謡に「コモンズからガチョウを盗む／男や女を法は刑務所に入れる／しかしガチョウからコモンズを盗む／さらに大きな悪人は放置する」というのがあります。本源的蓄積の偽善を風刺したものです。これはアナキズムの古代的元祖といわれる荘子の言葉「こそ泥は投獄され、大盗賊は国家の君主になる」やプルードンの「財産とは盗略である」と同じ大衆的感性の琴線に触れています。それを否定し、巨大規模の強盗を日毎働く国家や銀行の犯罪には目をつぶり、些細な万引きや盗みを非難する小市民的感覚を近代社会はわたしたちに植えつける。しかし、アナキスト人類学者デヴィッド・グレーバーの『負債論』（以文社）が古今東西の歴史的実例を引き合いに出しつつ余すところなく論じているように、銀行や貸金業者が利子を要求し取り立てることは人類史上常識でも何でもなく、むしろ非人道的行為に他ならない。

現代日本資本主義が収奪し犯罪化したものの一つが「入れ墨」だと思います。入れ墨は世界中で旧石器時代から存在するしきたりで、日本を含む太平洋の島々でも、自分たちのアイデンティティや階級的地位や宇宙との関係を示す記号の文化として重宝されていたのに、日本ではジムや温泉に行くと「入れ墨の人お断り」という規則が一般化し、テレビでも入れ墨の露出が嫌われる。わたしのクラスにシンガポールからの留学生で両腕にタトゥーを入れている人がいて、彼女に日本での生活は面倒臭くないかと聞くと、即座に「温泉なんか入れなくても、この入れ墨は価値がある」という。自分の身体さえ自分のものでなくなるのは資本主義社会で当たり前のことになっていますが、その度合いは労働者の階級構成の内容とそれを制御しようとする権力の密度によって異なります。たとえば、昨日までロサンゼルスにいたのですが、ジムでサウナに入ると入れ墨をしていないのはわたしだけでした。わたしが大学生の時分は、入れ墨をすることがmodern primitivesつまり「現代の未開人」という名のサブカルチャーとしてあらわれ、自分の身体を近代西洋文明の尺度から解放するための一つの表現となっていた。権力に強いられる負債や入れ墨排除、その他諸々の社会的不条理を、まるで裸の王様が裸だということを暴いた子ども、あるいは「未開人」のように暴き続ける、それがアナキズムの永続的役割なのかもしれません。

森■　これも関係ない話ですが（笑）、元野球選手の清原和博さん、入れ墨をして、覚醒剤をやって捕まりましたよね。ある友人が、「清原は本当に覚醒していたんだ」と言っていました。

土壌をズラして生きていく

ヤン■　『アナキズム入門』の「おわりに」で、鶴見俊輔のアナキズム定義が引用され、人類学者カルロス・カスタネダの話が出てきますね。現在ではカスタネダの調査はかなりの部分がでっちあげだったと確証されていますが、六〇～七〇年代のカウンターカルチャーの時代以降、彼のテキストは熱烈な支持を集めてきました。メキシコに行きシャーマンと出会いドラッグをやり、魔術や幻視の仕方を身につける体験談を書いた本を山ほど出したカスタネダは、アレン・ギンズバーグやジャック・ケルアックといったビートニク作家たちを毛嫌いしていましたが、ビートニクたちもドラッグ体験と宗教的瞑想を織り交ぜた作品を多く残している。仏教徒であるギンズバーグの発言で思い出深いのは、都会の疎外された若者がドラッグをやっても、結局はパラノイアになったり狂気に走ったりするのがオチだという指摘。ドラッグは疎外に対する反抗であると同時にある種の新たな疎外をも生んでしまう。ドラッグを本当の意味で「覚醒」するために使う場合、それを伝統儀式の一部とする土着的コモンズの集団的枠組みでやる必要がある。

栗原■　せっかくなので、もうちょっとだけ一遍のはなしを。かれらは「踊り念仏」をやっていました。念仏をとなえながら集団（数百人、数千人になることも）でひたすら踊りつづけるんですが、いまでいうドラッグをやっていたんじゃないかというひともいます。一二〇日間ぶっとおしで踊ったりするんですよ。また、踊りの魅力というのも、ひとが覚醒していくところにあるでしょう。

踊りを思想としてどう読めるか。『土方巽全集』（全二巻、河出書房新社）を読んだらめちゃめちゃおもしろくて、土方巽は踊りとはわれわれが圧倒的にまちがえることだといっています。「まちがえる」ということは、ひとが覚醒するということです。それまであたりまえだったからだの使いかたを、まちがえる。農民なら、田畑を耕すのが身体の使いかたとして有効ですといわれたり、武士なら自分たちの所領をまもるためにひとを殺す訓練をしましょうとか、お坊さんならお寺で出世していくためには厳粛な態度でお経をとなえましょうとか。一遍はそれをすべてとっぱらってしまいます。「踊れば救われるよ」と。人間が人間でないような動きかたをする。一遍も自分たちの踊りかたのことを「人間が馬に変わる」とか「子どもに戻る」といったりします。まったく役にたたない瞬間をつくる。しかしそこから人間が覚醒していく。

ヤン■　一遍はアナキズムだけでなく、誰にもできる「まちがえる」ことを音楽にしたパンク・ミュージックの開拓者でもあるんだと、いまの話を聞いてつくづく思いました。

比較神話学者ジョゼフ・キャンベルが語った踊りと宗教に関するエピソードがあります。キャンベルはエドワード・スノーデンに最も影響を与えた思想家の一人で、彼の『千の顔をもつ英雄』（ハヤカワ・ノンフィクション文庫）はジョージ・ルーカスにインスピレーションを与え『スター・ウォーズ』の土台になった名著です。彼はルーカスの牧場で受けたインタヴューで、日本の神楽《かぐら》を見た西洋の研究者の話をしています。研究者が神主に「あなたがたの神学は何か？」と聞くと、「自分たちに神学はない、踊るだけだ」と答えて研究者をいたく感動させた。禅宗でいう教外別伝《きょうげべつでん》や不立文字《ふりゅうもんじ》の精神です。理論よりも直接行動を重んじるアナキズムと相通ずるものがあります。

アメリカのアナキズムを代表するエマ・ゴールドマンが言ったとされる「ダンスができない革命なんていらない」という名言があります。彼女はロシア革命を目撃しています。労働者たちが立ち上がり、ソビエト・コミューンを形成し、新しい社会主義政権が樹立した二〇世紀を代表する革命です。しかし、そこで言論の自由がどんどんなくなり、労働者の民主的な力が前衛党に奪われていくことに彼女は真っ先に気づいた。そこでレーニンに会い、「同志ウラジーミル、革命には自由がなければ意味がないのに、言論の自由はどこにあるんだ」と問いただす。するとレーニンは「そんなブルジョワ的自由なんか革命にはいらない」と答えたという。すると、エマと彼女のパートナーであるアレクサンダー・バークマンは「わたしたちはソ連に幻滅した」として、国家社会主義を公然と批判しはじめる。革命を信じてそれを持続したいけれど、ソ連は革命を裏切っている。そのことを自らの体験をもとに真っ先に明らかにしたのはエマのようなアナキストたちでした。国家の秩序や資本主義を教条的に擁護する保守や反共勢力ではなかった。レーニンから「左翼小児病」と呼ばれた人たちこそ、ずっとマイノリティでありながらも、様々なコミューンの伝統を受け継ぎ、蜂起のエネルギーを保ち続けた。時の権力者がスターリニスト、ファシスト、保守、リベラル、何であれ、その権力の乱用と悪行に警鐘を鳴らし、とことん闘うのがアナキスト。擬似ファシズムや保守リベラルの亡霊が徘徊するいま、アナキズムはますます必要とされている。

森■　二〇世紀のフランスではサルトルとレヴ

イ＝ストロースの論争がありました。サルトルは、近代的な個々の主体が何か倫理的な決断をするとき、全世界、他者に対して決断をするんだと言います。主観性への比重がすごく大きい。かつ、歴史は一直線で、どんどんよくなっていく——俗流マルクス主義といわれますが——と。それに対してレヴィ＝ストロースは、個々人の主観なんてどうでもいいじゃないか、共同体にこそ主体性があって、近代的な主観性とは別様に暮らしてきた人たちがいて、その人たちはいまでも生きているんだと。

土方巽には、「舞踏とは命がけで突っ立った死体」という言葉もあります。彼の死んだお姉さんが彼の中にいる。一緒に踊るんだと。つまり生きながら死んでいる。明確に主観的に決定されている近代的な生とは違って、そこに穴が開いているというか、他者も常に入ってくる。

ところで、近代国家日本は毎週のようにぼくらに「宿題」を提出してくれます。「アッキード事件」とか共謀罪とかです。それに反対することはもちろん大事ですが、鶴見俊輔が言うには、相手は国家なんだから勝てるわけがないと（勝てる瞬間もあるけれど）。だから部分的に戦うのではなくて、「土壌」自体をズラしてしまえばいいんだ。近代に対して近代で対抗するというより、土壌をズラしたなかで生きていくことはすごく重要だと思います。つまり、近代的な主観性や生とはまったく異なった仕方で存在すること、このことをアナキズムから学びました。

ヤン■　森さんはこの『アナキズム入門』を書きおわって、アナキズムに対して見方や考え方が変わりましたか？

森■　最初は印象的なものが大きかったです。「火炎瓶投げろ！」「燃やせ！」とか。そこが好きになって入っていくと、「未開人」のロジックがたくさんあった。さきほど栗原さんから、一遍と一緒にいた「非人」などの人たちが神社に入れなかったという話がありましたが、それに対して一遍は近代的な言説で対抗していない。交渉せずに、踊る。土壌をズラして、違うところに行ってしまう。

パリ市は福祉政策が大変充実していますが、日本は全然そうではない。小泉義之さんが言うには、この違いは簡単なことで、向こうでは暴動が起きるからだと。自分たちで代表を立てて偉い人が何を言おうとも、それでは部分的にしか勝てない。そうではなく、わけのわからない連中がわけのわからない仕方でバーンと爆発していると、中央にいる人たちはビビる。どうしたらいいかわからないから、福祉政策を手厚くするしかないんだと。この言い方には納得しました。日本でも釜ヶ崎のように、暴動によって福祉政策を勝ち取っていった地域があります。原口剛さんの『叫びの都市』（洛北出版）を読むとわかるのは、釜ヶ崎の福祉を勝ち取ったのは交渉ではなく、暴れたからだと。

アナキストたちは、瞬間的に土壌をズラしながら暴動を起こして、多くのものを勝ち取ってきました。『アナキズム入門』は五章立てで、固有名ごとに「第一章 革命　プルードンの知恵」「第二章 蜂起　バクーニンの闘争」「第三章 理論　聖人クロポトキン」「第四章 地球　歩く人ルクリュ」「第五章 戦争　暴れん坊マフノ」としましたが、彼らはたまたま文章を書いていたから名前が残っただけで、基本的には徒党を組んでいました。ここにアナキズムの強みや面白さ、そして学べることがあるのではないかと思います。

栗原　土壌をズラすということでは、マフノはまさにそういうたたかいかたをしたひとですよね。マフノは野蛮そのものです。農民なら農民の生活があるから、たたかうときにそれを活かしてしまおうとかんがえる。たとえば鍬や鋤でとつぜん頭をかちわる（笑）。予測できないから、よけられない。そういうたたかいかたを工夫していくのがゲリラとかパルチザンといわれるわけですね。みんな農民みたいなかっこうをしているから、だれが兵隊かわからない。ヘラヘラしてるとおもってたら、いきなり銃をぶっぱなしてくる。それだけで近代的な兵器をもっていなくても、たたかえてしまったりするんですね。こん棒をもった猿の群れ。マフノを書いた第五章はとくにおもしろかったです。

森■　第五章から書き始めたんです。すごく楽しかった。マフノの逸話はいちいち面白い。他にも、バクーニン。彼は大変マヌケで、彼が出す手紙は全部監視されているから、暗号で書いて、それを解読する手引きを別に書いて、別々に送るべきところを、同封してしまう（笑）。クロポトキンは文字通り「聖人」で、蜂起はほぼしたことがない。現場を知らないにもかかわらず、アナキズムの本質をつかんでいる。学者だから文章も美しい。ルクリュも学者で、文章を書けると同時にバトルもします。そしてプルードン。彼は常に革命に真摯に向き合ってきた思想家です。このことは、全員に共通しているのですが、それでいて、それぞれの革命への諸実践が異なる。

　だから、アナキズムのエッセンスを一言で言うならば、一人一人が、いつも心に革命を、ということになるのではないでしょうか。こうした立場から、アナキズムの輪郭が明確になってきたし、いま自分が生活していくうえで使えることとかを拾っているというのが、遠回りになりましたが先のマニュエルさんの質問への回答です。

ヤン■　本書の構成は見事です。従来のアナキズム入門書は、だいたいイデオロギー的観点から書かれています。しかし本書はそうではない。アナキズムは古代からずっと人間の営みの根底にある思考様式であると強調したうえで、第一章が「革命」。わたしたちは、一七世紀イギリスや一八世紀フランスの革命の思想を受け継いでいる。民主主義、リベラリズム、憲法、市民社会といった近代的なものは、これら革命時代に生まれ、近現代資本主義の土台になった。アナキズムはそうした近代の原点に戻り、資本主義や社会主義やファシズムといった近代的権力形態すべてに唾を吐き、権力の狭間で人間が実践してきた自由と平等と連帯を拡大しようとする。言い換えると、アナキズムは近代思想の批判的諸要素を資本主義に首尾一貫して当てはめてきた。たとえばアダム・スミスは市場社会の擁護者として知られ、彼の『国富論』を読むと、たしかに分業化や自由市場は新しい経済を生み出す「神の手」として説明されていますが、同時に分業化が始まると「人間としてなり下がれるかぎり愚かになり、無知になる」と率直に書いている。スミスは森さんと同じことを言っている。文明化が始まる前の古代社会では、一人一人が政治や農業など様々なことに携わり、知性や能力を多様に使うから人間性が保たれる。そして、その人間性を破壊するのが資本主義的分業化の時代だという。

第二章「蜂起」。蜂起は革命よりは小さな行動ですが、近代革命以降、無数な形でずっと行われ、近代社会の根底を揺るがし続けてきた。革命という大きな物語の後に、その自己完結性に異議を唱える蜂起の経験をもとにしてやっと、第三章の「理論」が出てくる。頭でっかちな理論から始まるのではなく、生々しい蜂起の経験が常に先行し、そこから理論が生まれる。これは重要なポイントだと思います。

第四章「地球」。トランプ政権になって一番危ないのは、実は排外主義だけではなく、地球温暖化をさらに激しく推進しようとしていることです。環境保護局をつぶし、生態系や人間を破壊する開発政策をますます推し進めようとしている。それに対するアンチテーゼとして、人間と地球の関係をどう再構成できるのかという問題が出てきます。ローマ教皇フランシスコでさえ、イスラム教徒へのヘイトスピーチやヘイトクライムを非難し、環境破壊や地球温暖化への無理解を批判しています。せめて千年以上の歴史を持つ宗教的権力ぐらいには、少なくともわたしたちもラディカルになり、それを超える人新世的視野をルクリュのアナキズムから得ることができるのではないでしょうか。

第五章「戦争」。9・11以降、ずっと「対テロ戦争」が続いています。オバマ政権はトランプに比べて「素晴らしかった」といまでは言われていますが、オバマは戦争をやりやすくしたリベラル帝国主義者にすぎません。ドローン戦争、つまり一般市民が見えないところで虐殺を行う暗殺プログラムを立ち上げた。そして、トランプ政権は発足早々それを引き継いでいる。トランプはアメリカの軍事費を一〇%上げて核戦争の準備をすると言って顰蹙を買っていますが、実際に核兵器への一兆ドルのアップデートを実現したのはオバマ政権でした。広島を訪れても自国の原爆投下について謝罪もせず、核戦争の可能性を危惧するポーズだけを取った。そうしたリベラル的正統性の偽善が朽ち果てている現在、戦争の問題と向き合うには、国家権力に与することを徹頭徹尾避け、いろいろな矛盾を抱えながらマフノのように闘う必要があることを、『アナキズム入門』は示唆しています。まさに現在の根源的不条理と太刀打ちするための批判精神を研ぎ澄ましてくれるガイドブックですね。

森元斎（もり・もとなお 一九八三〜）哲学・思想史、アナキズム研究。著書『具体性の哲学――ホワイトヘッドの知恵・生命・社会への思考』（以文社、二〇一五）、『アナキズム入門』（ちくま新書、二〇一七）、共著『VOL 05 特集：エピステモロジー』（以文社、二〇一一）、訳書『ギリシア デフォルト宣言――ユーロの危機と緊縮財政』（フラスベック＋ラパヴィツアス著、村澤真保呂との共訳、河出書房新社、二〇一五）など。

私語——エピローグにかえて

In front of the Kantei, June 29, 2012

二〇一四年六月の恋唄　Love Songs of June 2014

反社畜の群れ　A Herd of Anti-Corporate Slaves

誰かを殺すときに生まれる
現実との死闘距離
他者と自己をつなぐ唯物的カルマを断ち切る
妄想に疲れた反社畜の群れ
犠牲の山羊の大群に潜伏し、狼を装う
疲れ果てた不可視破壊工作
一瞬にして意味を殲滅する眼差し
それとも、本当にお陀仏になったのはオレなのか
かつて、無産者キリストが帝国の贖罪のために
古代金融資本の屋台に殴りこんでハリツケにされたように
星条旗と旭日旗の罪滅ぼしがムリだとわかっていても
革命の腐りかけた屍を喰らい続ける
最後の晩餐で全質変化した

コモンズの苦いパンが群衆の腹を満たしても
やはり、占領者自身が爆撃され
反復する歴史の縁切り寺に
コミュニズムの亡霊が駆け込まなければ
何も始まらないし、増殖しない
因果の鎖を切断すると
絶対ユートピアの形而上学がうなり始める
世界の終わりを殺りに行こう

「ウルマの雨」“Rain in Uruma”
そして、オレは何もかも失い
ウルマの雨の中を歩いた
激昂は疎外に変色し
ゼニは諦めに変質した
オスプレイの墜落死で終わる
政治のSMプレイに誘われる前に
南洋の刺青が胸板に彫られたモチキとユーシが
ウェスト・コヴィナのヤンキーよろしく

シークワーサーのウイスキー割でヘベレケ
みどり町のサンゴ地蔵は問う
「サンヤ、カマ、スキッド・ロウの精神病棟と
刑務所を爆破してそんなにオモロイのかね」
酔いつぶれた蜂起のぶっ壊れた装置が吐血した
カレーパンの破片、膣の汗、唾に混ざり
華麗なる同志の青い野鳥の調べに合わせて
オレラは答える
“Fuck the base, fuck the state,
fuck the movement ! ”
前衛がくたばった後に
到来するものは
メシアでも革命でもなく
幼子の血しぶきで染まった
可能性という別名の
癌化した混沌でしかない

都会の流血、投石の轍 Bloodshed in the City, Stone-Throwing on the Tracks

なぜか時間が消える
コザ暴動の囁きと
エストラード・コーツの汚された壁の間には
イチゴとサトウキビでつくったダイキリまみれの
オレの過酷でおぼろげな肉体が点滅し続けている
指には、不特定漂流者の消印がまだ残っており
目線は、「新しい人」の湿気群がる
地平線へ頑なに集中する
肯定せざるをえない否定の業火を吐いた後
制圧の路地でエビの形をして泥酔
喪失した言葉の一滴、一滴を
搾り取ろうとしても
寒々と迫ってくる残響は
階級戦争後の汚染された廃墟と
過剰な遺伝子組み換えに耐え切った
原子の処女懐胎の産声だけだ
暴徒の消えゆく裏道は
どこにも書かれていない、誰にも言えない

一回きりの騒擾の秘儀
切腹、銃殺、絞首刑による
国家のオルガスムを中絶するには
一握の激怒と
瞬間の酔いに狂った信念を打破する
永劫回帰の記憶があればいい
「歴史から学ばぬ者は、それを繰り返すよう運命づけられている」
去勢されたシジフォスは散華革命の名残を捨てて
都会の流血で濁った壁、そして投石の轍で刻まれた路上に火をつける

40

40になってやることといえば
ウルマのイオン ザ・ビッグ店先のベンチに腰を下ろし
トップバリューの安ビールをあおるだけ
最後の審判からの啓示もなければ
革命の使命などはさらさらない
フレッド・ハンプトンがアメリカ国家権力に虐殺された
年齢の倍近く生きたオレは無職で、

判読不能のクダラナイ詩を書きなぐり
同胞の米軍兵士たちが世界中の米軍基地で
ある日、いっせいにピストルをこめかみに突きつけ
潔い集団自決する
あまりにも大義である妄想にひたる国賊であるゆえに
ファシスト的概念である「反米」であるゆえに
オレこそがアメリカなのだ
ワブリーたちについておセンチになったギンズバーグも
ハンガリーの地蔵菩薩評議会が
鎮圧された時に言ってるじゃねぇか
あの野蛮な国家社会主義の末法を機に
エドワードは党を捨て
社会主義ヒューマニズムというプロテスタントに
生まれ変わる
いつしか、ニコデモの問いに答えたように
歴史のどん底で蠢く翼なき機械壊しの野郎どもに
神の恩寵を託し、理性のエンジンを吹かし始める
古代ローマ帝国に処刑された

プロレタリアは、三日三晩、地下のどん底に潜りこみ
炭鉱労働と歴史の地層の壊し方を身につけた
かれが息絶えた年齢より何年も生きてしまい暗唱するのは
just a Brooklyn boy がバラ色の十字架に刻んだ落書き
「キリストがハリツケにされた年齢33歳に
オレは接近していた
すべてをかける勇気さえあれば
まったく新しい人生が待ち受けている
実際にかけるものは何もなかった
オレは梯子の最も下にいて
あらゆる意味で失敗していた」
それから、ヤコブが可愛いオマンコを
手に入れるために騙されて働かされた
7年が経ち、40才になった今、
あるゆる意味で失敗したままだ
成長がない
あるのは、偶像破壊を祈念し
英雄崇拝に溺れる偽善への開き直り

「人類共々死んじまえ」と唾棄する
偽悪の杯を進んで飲み干す狂雲を気取り
power to the people and workers' council などという戯言を
真剣に語る二重人格
ハンプトンもトムスンもくたばり
大日本帝国軍の留置場へ
ぶち込まれた親父も去年くたばり
sooner or later オレもくたばる
確実に意味なき世界の光を浴びた
アルコールの血走る目は
梅雨明けのウルマビッグの駐車場の水たまりを
見つめている
この始まりと終わりしかない

トーキョー日記

一年か二年は夢のうち　まさかと笑って待てば
三年四年は洒落のうち　数えて待てば
五年かければ　人は貌だちも変わる
ましてや男ましてや他人　今日もトーキョー迷子(1)

もしも、私たちが、いま、迷路の奥に一度は覗見されたかに思えたコンミューンの活性化の方向性をまさに具体的に定立して行くという作業に無関心であるならば、流浪する下層プロレタリアートの大群は、無自覚な太平楽にのみ明け暮れる知識人どもに先導されて、現実的な共同性の最高準位である、わが〈国家〉に馴致されることは火を見るよりも明らかである。私たちは、わが首都の具体的な日常性を再組織して行くために、何としてでも、この迷路を踏破しなければならない(2)。

▼March 3, 2015

This is a pen, motherfucker.
ペンがないって、なんだ。ふざけんじゃねぇよ。

配られた税関カードに記入しようとしたら、ペンがないことに気づいた。持ってきた筆記具は、ぜんぶパックパックのなかだ。そして、バックパックはどこかというと、通路をまたいだ右側の乗客の頭上にある収納棚のなか。だが、機内構造の設計は狂っていて、収納棚は下の席の上に立ってやっと届くぐらいむちゃくちゃ高いところにある（離陸前、フライトアテンダントは棚の扉を閉めることができず、回りの乗客にしきりに助けを求めていた）。横のおじいさんは寝ている。うしろの方で団欒中のアテンダントにペンを借りることにした。

“Do you have a pen I can borrow?”

間髪をいれず、日本人アテンダントは流暢な英語でこう答える。

“We don't have any pen you can borrow.”

マジか。「借りることのできるペンはない」。つまり、ペンはあるのだ。彼女が持っていなくても、彼女の周りにいるアテンダントたちの誰かは持っているはずだろ。しかし、なにも言わない。信じられん。席に戻る一歩一歩を踏みしめるとともに、どうしようもない怒りがこみ上げてくる。着席すると、もう怒り心頭に発する、だ。ヤバイ。注意しないと、機内版「ロード・レージ」になりかねない。

トレドに住んでいたころ、同じアパートのおばさんを裁判所前まで連れて行ったことがある。息

（1）中島みゆき「トーキョー迷子」一九九一年。
（2）松田政男『死滅する風景』（増補新版、航思社、二〇一三年）二一〇頁。

子がブタ箱にぶちこまれ今から法廷に立つのだが、迎えの人が来ない。至急、裁判所に乗せて行ってくれ。駐車場にたまたま出てきた顔見知りていどのオレに頼んでくる。ためらわず「善きサマリア人」のように引き受けて、彼女を車に乗せてダウンタウンへ直行。途中、二つのシュールな場面に出くわす。一つは、メキシコへ行ったはずの友人が近所のアル中無職アーティストと公園でテニスをしている光景。変だなと首をかしげる。もう少し先を行くと、路上に自動車事故の残骸が散らばっている。まるでメカゴジラにかぶりつかれたかのように自動車はペチャンコでバラバラ、ガラスの破片が道路のいたるところに食い込んでいる。おばさんは首をふりながら、一言つぶやいた。

"Road rage."

些細な罵りや仕草が激怒の爆弾に火をつける。相手は赤の他人、絶対的他者だ。やられたらやり返すしかない。半沢直樹は「倍返しだ!」という決まり文句を吐くが、ロード・レージに取り憑かれたアメリカの健全なる一般市民は相手の車を追いかける、ガラスを割ってタイヤにナイフを突き刺す、ピストルが車内にあればバンバン発砲する。東京中央銀行の上司を土下座させるような生やさしい仕返しではすまない。『ダークナイト』のジョーカーみたいに銀行を爆破し、山積みの紙幣を燃やす。実際、学部生のころ住んでいたオースティンでは、二〇一〇年、税金をむしり取られ自己破産したソフトウェア・エンジニアのジョセフ・スタックが飛行機で税務署ビルに突っ込んで自殺した。彼の遺書はこう締めくくられている。

"The communist creed: From each according to his ability, to each according to his need. The capitalist creed: From each according to his gullibility, to each according to his greed"

(「共産主義の信条は『能力に応じて働き、必要に応じて受け取る』。資本主義の信条は『だまされやすいヤツが働かされ、貪欲なヤツが奪い取る』」[3])

航空会社はコスト削減のために乗客に渡すペンを支給しなかったのかもしれない。あるいは、借りたペンを返さない客があまりにも多いので、フライトアテンダントは「客にペンを貸すな」と命令されているのかもしれない。ネオリベ化された航空産業の経営困難はよく耳にする。しわ寄せがまっさきに行くのはそこで働いているひとたちだ。フライトアテンダントはこき使われ、パイロットは寝るまもなく低賃金で飛行機を操縦し事故を引き起こす(二〇〇九年二月に墜落したコルガン・エア３４０７便を操縦していたパイロットの年収は一万六〇〇〇ドル、約二〇〇万円だった)。そして、得体のしれない超まずい甘いソースまみれのドロドロ麺を食わされた乗客はペンを借りに行き拒まれ、自爆テロの妄想にふける。ふざけるな。「わたしたちは皆シャルリー・エブド」なんかじゃない。「オレたちは皆テロリスト」だ。

This is a pen, motherfucker.

▶March 4, 2015

昨晩、電車を乗りまちがえて、ナリタから宿舎に着くまで二時間以上かかった。宿舎のデスクが

---

(3) Joe Weisenthal, "The Insane Manifesto of Austin Texas Crash Pilot Joseph Andrew Stack", *Business Insider* (Feb. 8, 2010): http://www.businessinsider.com/joseph-andrew-stacks-insane-manifesto-2010-2

閉まる十数分前に到着してギリギリセーフ。ここ数年、トーキョーに何回も来ているが、いまだに快速と特急の違い、どの路線のどの電車に乗ればどこへ行けるのかさっぱりわからない。持っている携帯はネット接続できない機種なので、道中でネット検索ができない。それゆえ、前もって乗換情報を調べてメモしておくのだが、目的地に着いたらすぐ忘れてしまう。人の名前や顔もそうだ。高校のとき、半年ものあいだ毎日昼飯を一緒に食って遊んだ友人の名前をど忘れしたことがある。放射性物質の混じった食事を日毎トーキョーで食べれば、記憶の劣化は加速するだろうか。

チョムスキーのような photographic memory の持ち主など一部の例外を除けば、記憶は常に断片的である。何回読んだ本でも内容が飛んだり、激しく覚え違いをすることはよくある。オレの場合、特にそうだ。記憶喪失の一歩手前と言ってもいいぐらいアヤフヤすぎる。何かを思い出すたびに、記憶は脚色されデフォルメされるとボルヘスは言った。だとしたら、日記をつける行為は現実をどんどん塗りかえていく行為かもしれない。どの記憶を保存するか、消すか。当然、そこではすでに主観が働いている。そして、それをどう記述するか。「客観主義」や「中立」というリベラリズムの神話が入り込む余地はどこにもない。まずはそうした幻想を壊すことから始めようか。かつて「当面の状況は厳しいからスターリン主義的独裁の戒律を守って耐え忍ぼう、いつかは来るべき共産主義という神の王国が到来するのだから」と人民をだまし続けた世俗的パリサイ人は、こんどは「当面の状況は厳しいから右派政権を選挙で引きずりおろすのが最優先事項だ」とうそぶき、プラグマティズムの意味を履き違えた「熱くも冷たくもなく、なまぬるい〔…〕口から吐き出」される(『ヨハネの黙示録』)クダラナイ常識人に落ちぶれた。面と向かって対決できるパリサイ人に恋い焦がれなければならないどうしようもない状況。

「ああ希望がいつもガラス細工なら、こわすことから始めてみようか」

宿舎の管理人から部屋の鍵を渡され、「着いたらすぐ電話してくれ」というSさんの伝言をもらう。近くのファミレスで待ち合わせ。いつもながら（と言っても去年の夏初めて会ってから四、五回しか会っていないのだが）、Sさんは気さくで饒舌なストーリーテラーだ。W大学付近には化学兵器研究所や近衛兵の亡霊が徘徊していると教えてくれた（あとでこの話を母にすると、沖縄から本土に引っ越して近衛兵になった親戚がいたと告げられた）。大学で教えることに関して何か助言はないかとSさんに聞くと、

「授業はある意味本番勝負ですから、やってみないとわからんもんですよ。あなたはE・P・トムスンの薫陶を受けた人たちの伝統に属しているのだから、それを前に押し出してあなたにしかできないことをドンドンやって行けばいいんじゃないんですか」

▼March 5, 2015

疲れた。なんでこんなにくたびれるのだろう。たかが住まいを借りたいだけなのに。さいわい、NとKが同伴してくれた。

最初に行った不動産屋はテキパキとしていたが（物件を見れるのは翌日とのこと）、誘われて入った二番目では勧誘者の青年（大学生、いや高校生だろうか）が緊張しているせいか延々としゃべり続ける。開口一番、青年は聞く。

「学生さんですか」

すると、七〜八歳年下の友人KとNを指さして聞く。

「ちがいます」

「お子さんですか？」

このやろー、わざとオレを煽っとるんか。

それから、気が狂ったサイボーグみたいにまくしたて始める。

「中国の人じゃなくてよかったですね。うるさいんですよ。大勢集まってペチャクチャしゃべるので、家主さんのなかには貸したがらない方がいたりして……」

二月末に引き払ったロス郊外ウェスト・コヴィナの下宿の家主は中国人一世の家族だった。借りていた部屋は裏庭に面して、ドアを開けるとオレンジの木や菜園のいろんな野菜が目に飛び込んでくる。警官志望の一人息子はアメリカの大学を卒業して英語がうまかったが、親は片言しか話せない（別れの挨拶をした際、息子が警官になるのはあきらめて近所の学校で通訳をやっていると聞き、「ひとを殺したり、殺されたりする仕事よりもずっとイイよ」と思わず言ってしまった）。ポリ袋にどっさりのオレンジや野菜をよくもらった。部屋には仕事机と本棚があらかじめ備え付けてあり、夜風が冷たい季節になると温風機を貸してくれる。室外に置かれた冷蔵庫をほぼ新品のものに取り替えてくれたこともある。厳密にはおなじ家で生活をしているのだが、一ヶ月に数回裏庭で顔を合わせるぐらい。家賃はネット・光熱費込みで五五〇ドル（エリアを考えると超安い）。理想的な家主だった。

不動産会社の正規社員が迎えに来て、近くの事務所へ移動させられる。本格的な物件検索はここからだ。最初の会社と異なり管理している物件を把握しておらず、コンピューターでいちいち調べてから地図で再確認するので、時間がウソみたいにかかる。二時間以上たっても同じ事務所の同じイスにまだ座っている。座禅でも四〇分ぐらいで終わるのに。一種の拷問だ。しかも、物件に興味を示すたびに、正規社員は家主に電話して聞く。

「アメリカ人なのですが、日本語は話せます。見かけもほぼ日本人ですが、大丈夫ですか」

「大丈夫かよ」と聞きたいのはこっちの方だ。こんなことを当人の前で大っぴらに言うのは合法なのか。たぶん違法ではないのだろう。しかし、される側は気持ちいいものではない。

日本人のおふくろが、だいぶ歳の離れた台湾人の親父と結婚し、役所に書類を持って行くと、「あんたダマされているんじゃないですか」と役人にしつこく聞かれたというエピソードを思い出した。

往々にして、差別的発言の構造は特殊例を一般化することにある。「すべての人間は死ぬ。ソクラテスは人間だ。それゆえ、ソクラテスは死ぬ」という三段論法はだれにも当てはまる普遍的な大前提から始まる演繹法だが、その逆だ。サンプルを集めて割り出す統計的確率にさえなりえない一つや二つの個人的体験、ひどいときはただの噂や妄想をもとに、帰納法的結論（決めつけ）を引き出す。

「日本人のXにだまされた、あるいはそういう話をどこかで聞いた。日本人はだます。それゆえ、すべての日本人はひとをだます」

主語を人間ではなく、何かしらのイデオロギー、制度、権力（天皇制、共産主義、シオニズム、憲法、キリスト教、国家等々）に置き換え、述語を肯定的な内容に変更すると、差別構造の陰画を補完する盲信の陽画が浮かび上がってくる。

よく言われることだが、ジャパニーズ・イデオロギーの特徴はこうした差別／盲信が世間のプレッシャー、無数の形をとった「余計なお世話」として押しつけられてくるところにある。ションベンのしずくが床にはねるから「もう一歩手前に」という貼り紙が小便器にはられ、携帯は電車内では使用禁止、若者層の圧倒的な死因が自殺（アメリカは自動車事故）である所以。デュルケーム『自殺論』を現代日米イデオロギー批判の戦闘的共同研究として書き直す必要がある。

▼March 10, 2015

風景の急激な変化。

散歩中毒になったみたいにうろつきまわっている。三時間歩くなんてどうってことはない。歩けば歩くほど、風景がどんどん変わっていくのだ。

以前住んでいたウェスト・コヴィナは数時間歩いても景色が変わらない。住民の過半数がラティーノ系であるこの町の風景は典型的なアメリカ郊外のそれだ。つまり、歩けども歩けども、切れ目、切断がない。ただただ空白な空間のなかを空白な時間が意味なく流れていく。ＵＥ（全米電機ラジオ機械工組合）新聞の編集長Ａがオルガナイザーだったころ、毎年何千マイルも車を転がして見た風景をこう語っていた。

「ふと、自分がどこにいるかわからなくなるときがあるんだ。オハイオだろうがカンザスだろうが、まったく同じファストフードとスーパーのチェーンがぞろりとならんで、同じような規模と形のモールしかないからね」

似たような体験をブラジルでしたことがある。サンパウロのモールで上りエスカレーターに乗っていると、少し前にヒットした4 Non Blondes の"What's Up"が大音声のBGMとして聞こえ始め、徐々に上階のKFCやピザハットが目に入ってくる。まるでアメリカのどこにでもありそうなショッピングモールがそっくりそのまま移植手術されたみたいだ。

当時トレドでAを含む仲間たちとマルクス勉強会をやり、『経済学批判要綱』を輪読した。そのなかに次のような文章がある。

「資本が発達すればするほど、〔…〕資本はますます市場を空間的に拡大しようとつとめ、またそれと同時に時間によって空間をさらに絶滅しようとつとめる(4)」

資本主義の発達は風景を消滅させ、空間を均質化する。それは「普遍的な法則」と呼べるぐらい全世界にあまねく起こっている。大阪の仲間のHが最近翻訳したニール・スミス『ジェントリフィケーションと報復都市』(ミネルヴァ書房)は、まさにこの現象をニューヨークの実例をもとに分析した好著だ。スミスの師匠デヴィッド・ハーヴェイは一九七〇年代ニューヨーク市の財政危機に直面し、マルクスを根源的に読みなおす作業を開始した。ジェームズ・オコナーやゼロワーク・コレ

(4) カール・マルクス『経済学批判要綱III』(高木幸二郎監訳、大月書店、一九六一年)四七六頁。

クティヴもそうだ。戦時中トーキョーをことごとく焦土化し、戦後はその復興の礎を築いた世界資本主義の代名詞そのもののアメリカは、当時、ドル・ショックを受け、エネルギー危機にさらされ、その都市・刑務所・家庭・インディアン居留地は激しい闘争の場になっていた。

その結果、資本主義に本質的亀裂が生じた。新しい段階に入ったという言い方もできる。それは絶えず前に進む進歩史観の段階、はしごの段を上るステップではなく、路頭に迷う段階、永続的危機の方向に突き落とされた状態だ。この危機管理体制はその後「ネオリベラリズム」と名づけられる経済的自由化／規制緩和を促し、産業資本の王位を奪った金融資本が支配する擬似システムをつくる。脱工業化は都会を戦争後の廃墟みたいに壊し、失業者やホームレスを大量に生み出した。その狭間からせり上がってきたスラムの若者ギャング団は、新しい金ぴか時代の精神よろしく、ゲリラ資本家として麻薬を売りさばき、縄張り闘争に明け暮れ殺しあっている。数年前、シカゴのスラムでの殺人率はアフガニスタン戦場のそれを超えた時期があった。スラムの風景は古典的工場プロレタリアートの平穏な居住地域から、弱肉強食の自由競争と国家暴力の戦場に変質したのだ。

そもそも、風景とはなんだろう。

一九七〇年代初頭、松田政男が預言的な口調で「風景の死滅」について語り始めた。その後景には古典マルクス主義の古典的問題である「封建制から資本制への移行」における「農村と都会」の関係を同時代史のベクトルから省みる衝動があったことは確かだ。航思社から再刊された当時の文章を四十数年後に読み返していまさら気づくのは、映像／第三世界革命を自由に横断する抽象的な思考と職業革命家の硬い修辞法が連動した松田の独特な文体からにじみ出てくるその問題意識の様式である。

本源的蓄積によってもたらされた「農村の風景の崩壊」から這い出てきた「流浪するプロレタリア」は「新たなる共同体の幻想」を都市に対して希求してやまない[5]。その幻想をいかに具現化するか。帝国主義の本源的蓄積への反逆として出現した中国革命、キューバ革命、ベトナム革命、アフリカ・カリブの解放戦線はそうした幻想を満たす可能性の座標軸となり、「流浪する下層プロレタリアート」をその担い手として松田は提起する。だが、結局、第三世界革命政権が編み出した「新たなる共同体の幻想」は国家の「想像的共同体」になってしまい、そのもとで推進されたのは「社会主義」という隠れ蓑を被った本源的蓄積のイバラの道。そして、下層プロレタリアートは壮絶な共食いの渦中にいる。風景論は国家論へと突き進めなければならないと本書の終わりで彼は言うのだが（「そう、『風景とは国家権力のテキスト』に他ならず〔…〕かくして、〈風景論〉は正確に〈国家論〉として再構成されざるをえなくなる[6]」）、そういった意味で現実は「裏切られた革命」をこの俊敏な元トロツキストの眼前に再びさらけ出すことになった。

トレドからカリフォルニアまで車で引っ越したとき、友人と代わりばんこに運転して何度も事故りそうになった。通常一週間ぐらいかかる距離をほとんど睡眠をとらずにむちゃして数日で乗り切り、ドライブがあまりにもシビアだったせいか、ロスに到着すると発熱し一週間寝込んだ。あの猛

（5）『風景の死滅』二一〇頁。
（6）前掲、三〇〇頁。

烈な移動のなかでユタ州の月面のような風景を見ながらうたた寝するオレの横でハンドルを握っていた友人も、睡魔とたたかいながら運転していた。風景を死滅するのではなく、風景に死滅されそうになったのである。

▼March 11, 2015

昨日、書き忘れたことがある。

revanchism に関するメモ。『ジェントリフィケーションと報復都市』の原題は *The New Urban Frontier: Gentrification and the Revanchist City* だ。Revanchist City が日本語版では「報復都市」と訳されている。単刀直入でなかなかいいとおもうが、その史的背景も考慮に入れると revanchist は「失地回復」を求めるウルトラナショナリズムの立場を指す。パリ・コンミューンの鎮圧後、いわゆる「権力の真空」に入り込んだフランスとドイツの排他的国粋主義者は、ちょうど国境に位置するアルザス＝ロレーヌ地域が元来自分たちの領地だと主張しあって譲らない。土地を所有できるという考え方自体滑稽なのだが、それを当地の住民ではなく近隣の大国が要求するのはさらに狂気の沙汰である。しかし、スケールのもっともデカイ大泥棒や大殺戮者が天下を取るとそれが正義としてまかり通ると同じように、奪いとった土地を自分のものだと妄想する狂気は健康的な愛国主義として賞賛される。

ニール・スミスはジェントリフィケーション政策のロジックをこの地政学的倒錯心理になぞらえる。つまり、何が都市の住民のためになるかは、住民自身よりも再開発を目論む為政者のほうが把握しているという前提で、貧民の居住地を破壊し、高所得者の投資や消費が集まりそうな施設の建設や道路整備を行う。資本主義が海外に拡張する帝国主義段階では外部に向けられていた破壊と蓄積の刃先が、「都市構想」、再開発、地域活性化といった名目で内部に向かって全国各地に突き刺さる。

三・一一から四年経過した。何度も繰り返す歴史の茶番劇が日本で上演されるにあたり、いまウルトラナショナリストの衣装をまとって舞台に立つのは在特会、維新の会、安倍政権であり、アルザス＝ロレーヌには尖閣諸島という地名がつけられている。

「風景」がlandscape paintingという西洋絵画のジャンルとして登場したのは一六世紀末である。農村の私有化（エンクロージャー）がイギリスにわたって驀進した一七世紀に「風景」は詩作の領域にまでその触手を伸ばすようになり、一九世紀にはいよいよ文学とアートにおいて主流の作風になる。ブルジョアジーの集団的武力と想像力が総動員して共同性をつぶして包摂していったコモンズ、その死に絶えた風景に釘を刺すのが、revanchistの役割ではないだろうか。

▼April 1, 2015

妄想が脳裏をよぎる。

「あなたを雇ったというのは真っ赤なウソです。戦後七〇周年を記念するエイプリルフールのジョークでした！」

そう宣告され、帰国を余儀なくされる。

学部事務所へ行くと、さいわい、そのような手の込んだ悪趣味なサプライズはなく、ちゃんと教員証明書をくれた。

それから、急ぎ足で宿舎にもどり、引っ越しを一人でやり終え、新居のアパートで夜まで待機。注文したマットレス、布団、机、中古冷蔵庫・電子レンジ・洗濯機・掃除機が次々と配達される。

ここ数日間、ネットショッピングしかやっていない。これがけっこう大変なのだ。複数のサイトで値段や評価を調べ、ああでもないこうでもないと熟考の末、決まったかと思ったらまた迷い始める。あまりにも迷って疲労困憊し昼寝してしまう。目覚めるとすぐに検索を再開する。サイクルは終わらない。いつの間にか日が暮れ夜になっている。腹が減った。持ち帰りで海鮮丼を買ってくる。食べながら作業続行。たかだかマットレスを購入するのになぜこんなに時間がかかるのか。低反発、高反発、シングル、セミダブル、色彩。選択肢が多すぎる。疲れて眠くて頭がおかしくなりそうだが、やめられない。

「消費は労働だ」

配達を待っている間、何度もそういう実感が湧いた。

▼**April 12, 2015**
「日本人は外国人のATMではない」

とマジックインキの稚拙な字で書かれたしょぼいプラカードを背景に女はしゃべり始める。

中野駅前で待ち合わせをしていると、目の前で政治演説が始まった。（党派関係なく）日本の政治家が常に用いる、あのモノトーンで機械的な口調。「維新の会」のバナーが近くではためき、ビデオカメラが回る。耳を傾けているのは訝しそうな表情をした浮浪者のような老人だけだ。

「日本人は外国人のATMではない」

スピーチがこの殺し文句にさしかかって気づいた。オレは外国人ではないか。つまり、彼女はオレについて話しているのだ。イラッと来た。プラカードを破り捨てて「全国のATMに謝罪しろ！」とわめきちらしたい衝動に一瞬かられる。だが、「暴力教員、街頭演説を妨害しお縄に」というスキャンダル雑誌の見出しが脳裏にちらつき、思いとどまる。雇用は人を臆病にする。オレも例外じゃない。

「ボクが波風を立てるときは、大義がかかっているときですよ」

研究室をシェアしているHの言葉を思い出した。そのとおりだ。些細な理不尽や不合理に耐え忍ぶイデオロギー装置になるべし。その場を離れて立ち飲み屋に入った。

しかし、ウスノロなウィトゲンシュタインみたいに考えてみると、実に意味不明なプロパガンダではないか。日本人がATMでないのはあたり前だろ。まず、人間と機械のカテゴリーを混同している。

それから、ATMに対する認識がちゃんちゃらおかしい。日本で銀行口座を開設してびっくりしたのは、ATMを週末や夜間に使うと手数料がかかることだ。アメリカのATMの多くは銀行の外に設置され、いつでも無料でアクセスできる。しかも全国にある七一一の支店のシティバンクATMと提携した信用組合の口座を持っていたので、手数料など一切取られたことはなかった。手数料だのべらぼうな利子を盗みとる銀行を放置しておいて、日本人はＡＴＭだとかＡＴＭじゃないとか、わけのわからんことをピーチクパーチクほざきやがる。

「銀行はとんでもない泥棒だ、全国のＡＴＭをぶっ壊せ！」「外人や囚人に投票権を与えろ！」みたいな威勢のいいスローガンを掲げる政党が出てこない限り、議会制民主主義は「どちらがマシなのか」といったたぐいの不毛な議論を堂々めぐりするだけだ。ブレヒトの常識——「銀行の株券に比べれば、こそ泥の合鍵など何ほどのものでありましょう。銀行設立に比べれば、銀行強盗などいかほどの罪でしょうか」[7]——ぐらいの基本的な政治理念に達する政党があらわれれば、投票し始めてもいいかなと夢想する。

酔いが回り外にでる。「東中野の駅前で突っ立ったまんま！」と意味不明な言葉を今度はオレが路上で叫び始めた。

▼April 15, 2015

つめこみすぎた。学生たちの顔でわかる。

ゴダール『ウィークエンド』の一場面を解説するために、シュールレアリスム、第一次世界大戦、一九世紀末の帝国主義国家間の争奪戦、第三世界革命、毛沢東主義、アルチュセールのイデオロギー論、トムスンのアルチュセール批判、ダニエル・ベル『イデオロギーの終焉』、フランシス・フクヤマ『歴史の終焉』の話を矢継ぎ早にした。おそらく固有名詞の洪水としてしか聞き取られず、一方の耳から入った情報はもう一方の耳から出て行き、消化不良だったに違いない。

授業後、学生の一人に聞かれた。

「共産主義と民主主義は正反対のものだという認識だったので、共産主義者が民主化を要求するという歴史的事実があったとは初耳でした」

もう一つの授業では共産主義と社会主義の違いを問われた。

イデオロギー、否、歴史そのものが終焉したと言われる時代に育った世代（それはポストモダン的冷戦末期を生きた自分にも一応当てはまるのだが）にしては、根源的な問題への好奇心が健在だということに少し驚く。

ロスを離れる前に日本人のＵＣＬＡ教員と昼飯を共にしたとき、日本の学生を教えるにあたって助言はないかと聞くと「半数以上が起きていたら成功ですよ」と言われたので、単位さえ取れればあとはクソクラエの無関心な学生層を想定していた。だが、いい意味で期待を裏切られた。二四〇人以上の大教室でも頭をうつ伏せて寝る学生はあまりいない。はり合いがある。つめこみすぎは良くないが（すぐに仕込み直して明後日の授業に備えよう）、自分のグルーヴをつくっていつでもそこへ入れる状態にしておきたい。

▼April 19, 2015

「オレはただの奴隷だよ」

（7）『三文オペラ』（谷川道子訳、光文社古典新訳文庫、二〇一四年）二〇〇頁。

元米軍兵士のSは繰り返し言う。Sとその家族とKと一緒に新宿のインド料理屋で集う。ハワイで生まれ育ち、日系の父とハワイ系の母を持つSは、除隊後もオキナワの米軍基地で働いている。二つの仕事をかけもちしているので、早朝から夜遅くまで働き詰めである。唯一の楽しみは基地の酒屋に不定期に配給されるアメリカの地ビールと、ニコチン抜きの機械仕掛け蒸気タバコvapeだ（ウェスト・コヴィナの下宿の近所に新しい店ができ、このvapeの看板を見かけたときは、rape＝強姦と何か関係あるのかと一瞬勘違いしてぎょっとした）。Sの影響を受けて、アメリカを離れる前はオレも近所のコンビニや酒屋で地ビールを買って飲みまくっていた。薄いションベンみたいな大量生産ビールよりも数倍値段がはるのだが（たとえば、一ドルショップで買えるサッポロビール一缶八〇セントに対し、地ビールRogueのボトルは一本約一〇ドルする）、味は圧倒的にうまい。

Sは軍隊が嫌いである。反軍国主義や反戦主義といったイデオロギー的な理由ではなく、自分をこき使ったあげくゴミのように吐き捨てた雇い主（軍隊）が憎いのだ。彼の家族には職業軍人が多かったので入隊してみると、軍隊は終身雇用が保証された居心地の良い労働現場では決してなかった。命令されれば、危険だろうが嫌だろうが職務を果たさなければならない。しかも、戦争状態が長年続き入隊率が激減しているので、だれしも人を殺したり殺されたりする状況にいつ置かれるかわからない。現代の奴隷制。米軍だけではない、職場は皆そうだ。Sはそう考えるようになっている。

同胞が毎日のように警官に殺されることについに堪忍袋の緒を切らした黒人下層労働者がボルチ

モアで暴動を起こした話をSに振ると、あれは支配者の陰謀ではないかと彼は答えた。似たような陰謀論をオキナワ出身の学生からも聞いたことがある。「米軍基地には反対だが、辺野古で運動をしているのは陰謀者のみこしを担ぐよそ者の扇動者だ」という見方だ。アメリカ右翼の間で広く浸透している陰謀論もそうだが、そこには権力へのヘルシーな猜疑心、そして暴動や運動が有機的に生成するのを身近に見聞きする経験の欠如がある。

異なった時代に生まれていれば、Sは生きのいいワブリー（世界産業労働組合メンバー）になっていただろう。真珠湾攻撃を控えたハワイの米軍基地を舞台とする小説『地上《ここ》より永遠に』（一九五二年）で、作者ジェームズ・ジョーンズは登場人物ジャック・マーロイに「お前はワブリーたちを覚えていないだろう〔…〕やつらもオレらと同じ労働者や浮浪者だっただけど、オレらにはないヴィジョンで結びついていたんだ」と語らせている。[8] そのヴィジョンの一つは、ユタ州で処刑されてアメリカ労働運動の伝説になったワブリー、ジョー・ヒルの歌"The Preacher and the Slave"（「説教者と奴隷」）に描かれている。ガマンしてくたばるまで働けと諭す支配階級の御用知識人の「説教者」たちに向かって奴隷たちは歌う。

全世界の労働者よ、団結せよ
横にならんでいっしょに自由のために闘おう

（8）James Jones, *From Here to Eternity* (Delta, 1980), 640.

世界とその富を手に入れたとき
汚職者たちにこのリフレインを歌ってやろう

お前らはいつの日か食えるようになるだろう
料理をして炒めものができるようになったら
木を割るのはお前らのためになるぞ
そしてあの世で食えることができるようになるだろう

▼April 25, 2015

近所にある有機栽培米のおにぎり屋。すでに四、五回は来たから、ほぼ常連だ。水曜は朝から午後にかけて授業が詰まっていて、終わるとしこたま腹が減るので、この店に直行するのが習慣になりつつある。

午前三時ごろに起きて、数日前に始めた授業の準備を続けても、本番寸前まで終わらないことが多い。朝から開いている近くのバーガーショップでソイバーガーを買い、ほおばりながら教室へ向かう。授業の合間にちゃんとした昼飯を食べる余裕がないのでコンビニおにぎりで腹ごしらえをして、三限が終わるとここで本当の手作り玄米おにぎりと健康食の鏡みたいな味噌汁とおかずをいただく。

店内のポスターやチラシには不耕起で栽培した無農薬野菜や玄米の美徳が謳われ、食べながらそうした文章や写真をじっと眺めていると普通の食事では得られない元気がカラダに充満してくる偽薬効果《プラシーボ》をビンビン感じる。トイレを借りて便器に座ると、まず目に入ってくるのは壁に貼られた手書きのポスター。店長が世界各国を旅して有機栽培の道を極めてきたという修行略歴が、ゆるキャラ挿絵入りの優しい字体で記されている。信用度がますます高まる。

せっかくトーキョー西部からKが訪ねてきてくれたので、このおにぎり屋へ連れて行く。「いいね、いいね」とまるで自分の料理を自画自賛する調子で質素な食事と朴訥な店の雰囲気を褒めたてながら、玄米の原産地の水田で働く農夫の大型写真をまじまじと眺める。なんて美しい光景なんだ。原産地の表記を見る。

「福島県郡山市」

あれっ？　原発災害のせいで放射性物質が降り注いでしまった地域じゃないの。思わずのけぞり、絶望の奈落に突き落とされる気がした。イスカリオテのユダにキスされたみたいだ。

帰宅するやいなや、検索した。福島県がネットで公式に発表しているデータによると、郡山市では毎時〇・三一マイクロシーベルトの空間放射線量が測定されている。当該おにぎり屋のサイトへ飛ぶと、玄米は最新のドイツ製ベクレルモニターで検査ずみだから大丈夫だと書かれている。だが、検査をこの目で見たわけではないし、検査しているのが事実だとしても一粒残らず計るわけにはいかないだろう。それにあらかじめ設定された検出下限値なるものを下回った場合、「不検出」の扱いにされてしまうという。先日、編集者のYからもらった『食べる？　食品セシウム測定データ745』をひもとくと、郡山産の玄米は二〇一二年一一月一日の検査でセシウムが一二〇Bq出ていたという[9]。内部被曝をどれぐらいしてしまったのか心配になる。

日本全国、いまだ現在進行中のフクシマ原発災害が存在しないかのように生活している今、放射性物質混入に対するこうした「過敏反応」は異常だと一般的には思われるかもしれない。一部には放射性物質が含まれる食品の忌避を「フクシマ差別」だと弾劾する動きさえある。レトリックの倒錯はすさまじい。二〇〇三年末、アメリカの牧場で数件の狂牛病が発見されたというニュースが広まるや、日本政府はアメリカ牛の輸入を禁止した。当然、これを「アメリカ差別」だとは、狂信的な市場原理主義者以外、誰も口にしなかった。オハイオ州に住んでいたころ、サルモネラ菌が国産ホウレンソウの一部に発見され、一時期店頭からホウレンソウが消えたことがある。輸入禁止になった牛肉や食料品店から回収されたホウレンソウがすべて感染していたわけではないし、たとえ感染した肉やホウレンソウを食べてもすべての人が必ず罹患するわけではない。鳥インフルエンザ、SARSコロナウイルス、エボラウイルスにしてもそうだ。

しかし、食料安全管理や医学は常にそういったあやふやな確率的基盤の上に立っている。予防原則の観点からすれば、比較的体の弱い子どもや老人を病死から守る確率を高めるためには、実際の健康影響がたとえ微小あるいは皆無だとしても危険物質を取り除くのは当たり前だとされている。それは生物倫理の原則である primum non nocere（「まず、害を与えてはならない」）の単純な応用である。放射性物質だけに対してそうしたありきたりな健康維持の防衛線を度外視し、絶対的危険性がない限り批判は認めない、安全管理は行わないという例外的な態度を取るのはおかしい。それは結果的には原発災害を引き起こした歪んだ権力構造の現状維持、つまり「無責任の体系」を強化することに繋がる。

おにぎり屋で示したオレのリアクションはいい意味で意外だったとKは言った。確かに外食するときはほとんど無頓着で、買い出しのとき野菜果物の産地を一瞥するぐらいだ。別にこれは放射性物質に限ってではなく、人工甘味料や人工調味料、農薬や遺伝子組み換え食品に対してもほぼ同じぐらいのルースな嫌悪感を抱いている。だが、それらすべてを徹底的に生活から排除する面倒な労働に従事する気力もないし時間もない。基本的には「知らぬが仏」で通している。ようするに、テキトーに食べたり食べなかったりする不可知論者だ。だが、具体的な原産地を知ったからには、あのうまい手作り玄米おにぎり屋へはもう行けない。ちだい著『食べる？』を読んだせいで大好きな緑茶も飲めなくなった。エデンの園に生える「知恵の樹の実」をかじったみたいだ。知識が増えると、喜びが減り、不幸が増える。

▶May 1, 2015

ボルチモア暴動の映像を授業で流した。

階級闘争がとりわけ激化した一九世紀末の経済学において労働価値説が効用価値説に凌駕されたのは、そこに労働者の主体を隠蔽する政治的利点があったということに言及したのに、同じ時期に労働者が開始したメイデーについて話すせっかくの機会を逃してしまった。じつは、今日の日付を

(9) ちだい『食べる？ 食品セシウム測定データ745』(新評論、二〇一三年) 一七五頁。

間違えて四月「三一日」だと思い込んでいたのだ。架空の日にちが存在するかのようにふるまい、この日が宿題の締め切りだよと公言までしていた。マヌケなユートピアン。

帰宅してネットを見ると、メイデーの起源を教えてくれたピーター・ラインボーがボルチモアについて書いた文章を見つけた。ボルチモアの路上で死んだエドガー・アラン・ポーのミステリー小説には、イメージや言葉の細部に同時代の奴隷制が意識されているという話に始まり、黒人奴隷廃止論者デヴィッド・ウォーカーが一八二九年に発表した「世界の有色市民に問う（An Appeal to the Colored Citizens of the World）」からの引用で締めくくられている。

「彼はこう書いている、『自由はあなたの自然権なのだから、人間らしくふるまいなさい』。ボルチモアにおけるエドガー・アラン・ポーの運命にかえて彼らが選択したのは、集団性と国際性、そして公正さであった[10]」

「歴史のための歴史」ではなく、永続的階級闘争という現実の拮抗のなかで歴史を読み返すことが歴史学の本質的手法だとラインボーから学んだ。退官してもなお、アン・アーバーの地下室からこうした言葉をリアルタイムで発信している彼の姿には鼓舞される。トレドに住んだ一二年間、ラインボーその他の同志たちからオレは何を学んだのか。トーキョーでの生活は自ずからそれをはっきりさせるだろう。

「自由はあなたの自然権なのだから、人間らしくふるまいなさい」

（10） Peter Linebaugh, "The Streets of Baltimore", *CounterPunch* (May 1-3, 2015): http://www.counterpunch.org/2015/05/01/the-streets-of-baltimore/

おわりに

本書は「単著」の体裁を取っているが、見ての通り、さまざまな共同作業の産物である。

まずは、本文でも繰り返し言及したミッドナイト・ノーツ・コレクティヴ（以下ＭＮ）の同志たち、そして彼らをテキサス大学在学中に紹介してくれたハリー・クリーヴァーがわたしの政治教育に大きく寄与したことは言うまでもない。大学を卒業したあと、大学院生・ポスドク失業者として一二年住んだオハイオ州トレドで、ＭＮのメンバーである社会史家ピーター・ラインボーに師事した日々は「下からの歴史」の奥の深さと色褪せることのないラディカリズムをわたしに教えただけではなく、運動の高揚と挫折、脱工業化された周縁で生活する無力感と底力、生きることの絶望と喜びを体験させてくれた。社会的意味ではなく、それにおおよそ対立する実存的意味で少しでもわたしが「大人」になったとしたら、この時期のおかげである。

二〇一〇年末頃から毎年日本を訪れるようになり、本書を締めくくる「トーキョー日記」にも記したように、二〇一五年三月から日本に住み始めた。アメリカ中西部から西海岸へ、それから東京へ移住し、そして父が亡くなったこの時期は個人的に変動がとりわけ激しかった。同時に三・一一の歴史的出来事がこういった個人的な体験の枠組になり、個人的なものと政治的なものの関係をひっきりなしに考え直す機会を与えてくれた。そして、「人間は自分自身の歴史を創るが、しかし、自発的に、自分で選んだ状況の下で歴史を創るのではなく、すぐ目の前にある、与えられた、過去から受け渡された状況の下でそうする」というマルクスの有名な言葉が真実だということに再三気づかされた。

本書は三・一一後の歴史的余波のなかで出会った人びと、培われた関係によって生まれた。そこで遭遇した友情、愛、連帯は、現存する帝国が滅び廃墟になった未来の世界、本当に自由で、情熱に溢れ、「もはや、夜はなく、ともし火の光も太陽の光も要らない」（『ヨハネの黙示録』二二：五）世界を垣間見させてくれた。本書の形成に直接または間接に関わった人たちすべての名を列挙することはできない。理由はその数があまりにも多すぎるからだけではなく、一部の人たちの名前が記憶にさえ残っていないからだ。

だが、最低限の謝辞だけは述べたい。

本書に収録された文章を書く・話す機会を与えてくれたクレイグ・ヒューズ、押川淳、池上善彦、須藤巧、阿部晴政、吉住亜矢、『越境広場』、『ＨＡＰＡＸ』——あなたがたが声をかけてくれなかったら、ここにある言葉は存在することさえできなかった。わたしを「対話」に誘い、言葉のパンをわかちあった栗原康、廣瀬純、森元斎——あなたがたとのささやかな「饗宴」のおかげで、思考の火花がわたしのなかで散らされ、ラディカルな思想と感性の泉から溢れ出るコモンズの水を口にすることができた。

異なる媒体に発表され、多くの場合書きなぐられた文章を一行一行ていねいに直し、膨大な事実確認を行い、注から図版にいたるありとあらゆる補足を提供してくれた編集者の吉住亜矢はまさに「校正の天使」だ。労力を惜しまない彼女の微に入り細を穿つ作業は、本書をはるかに読みやすく正確なものにした。彼女のような編集者に巡り会えた僥倖はいくら感謝してもしきれない。

本書を母、南三津子に捧げる。わたしに日本語を教え、読書の楽しさを植えつけたのは彼女だ。そして、二〇一〇年末にわたしが日本に行くきっかけを作り、わたしの活動を経済的にも精神的にも長年辛抱強く支えてきてくれた。この本の刊行を誰よりも首を長くして待ってくれた。大変お待たせしました。

マニュエル・ヤン

二〇一九年四月

初出

第一部　原子力と資本主義

1　ミッドナイト・ノーツへの悲歌？……Craig Hughes, ed., *Toward the Last Jubilee: Midnight Notes at Thirty Years*, Autonomedia & Perry Editions, 2010（筆者自身による翻訳）

2　『奇妙な勝利』から、『破局』の永久革命まで――ミッドナイト・ノーツ・コレクティヴの一九七九年原発批判と新しい階級闘争……『現代思想』二〇一一年五月号

3　カタストロフィを超える民衆――放射能計測運動を世界の民衆運動に接続する……聞き手：池上善彦氏、『図書新聞』二〇一一年一一月一二日号

4　三・一一と負債資本主義時代における黙示録と踊る死者のコモンズ……河出書房新社編集部編『歴史としての3・11』河出書房新社、二〇一二年

5　プロメテウスの末裔――放射能という名の本源的蓄積と失楽園の史的記憶……現代理論研究会編『被曝社会年報 #01』新評論、二〇一三年

6　〈燃える男〉、あるいは〈船本洲治記念日〉のために……*CounterPunch*, July 9, 2014（筆者自身による翻訳）

7　「人よ、神をお赦しください、自分が何をしているのか知らないのです」――一九九五年と世界の終わり……『越境広場』1号、二〇一五年一二月二五日、越境広場刊行委員会

第二部　対話

8　ぶざまなボクサーの叛乱（廣瀬純『蜂起とともに愛がはじまる』書評）……『文藝』二〇一二年夏季号

9　「階級構成」とはなにか（廣瀬純との対談）……『図書新聞』二〇一六年四月三〇日号（二〇一六年一月二八日、東京・ジュンク堂書店池袋本店でのトークイベント採録）

10　全世界のシーシュポスよ、まずは座り込め（栗原康『はたらかないで、たらふく食べたい』書評）……『図書新聞』二〇一五年六月二〇日号

11　諸君、狂い給え！──希望なんていらねえよ（栗原康との対談）……『図書新聞』二〇一五年九月二六日号

12　いつも心に革命を──われわれは「未開人」である（森元斎・栗原康との鼎談）……『図書新聞』二〇一七年四月二二日号（二〇一七年三月五日、東京・新宿イレギュラー・リズム・アサイラムでのトークイベント採録）

私語──エピローグにかえて

二〇一四六月の恋唄　Love Songs of June 2014……『Hapax vol. 3　健康と狂気』夜光社、二〇一五年一月／栗原康編『狂い咲け、フリーダム──アナキズム・アンソロジー』ちくま文庫、二〇一八年

トーキョー日記……『Hapax vol. 4　戦争と革命』夜光社、二〇一五年七月

著者紹介

マニュエル・ヤン（Manuel Yang）

1974年ブラジル・サンパウロ州カンピーナス生まれ。神戸，ロサンゼルス，台中，ダラスで少年時代を過ごし，テキサス大学オースティン校（歴史学／英米文学専攻）を卒業。トレド大学歴史学部で修士・博士課程修了。

現在，日本女子大学人間社会学部現代社会学科教員。専門は歴史社会学，民衆史。アメリカと環太平洋／大西洋の歴史を階級闘争の観点から研究。

論考に "Demystifying the Hamburg Hydra and the Origin of Genre: Carl Linnaeus and the Politics of the Aesthetic Commodity-Form"（*Trespassing Journal*, Winter 2013）, "Zen Buddhism as Radical Conviviality in the Works of Henry Miller, Kenneth Rexroth, and Thomas Merton"（Lawrence Normand and Alison Winch, eds., *Encountering Buddhism in Twentieth Century British and American Literature*, Continuum, 2014）, "Descent of Race: Charles Darwin's *Descent of Man*, W. E. B. Du Bois's 'Double Consciousness', and the Class Nexus of 'Species-Being' and 'Color Line'"（*The Annual Review of Cultural Studies*, Vol. 002, 2014),「不動産詐欺師《コン・アーティスト》と遅れてきたニューディーラーの亡霊」（『季刊ピープルズ・プラン』75号，2017),「寡頭制合衆国のサイレント・マジョリティーとリベラル主義的幻影」(『変革のアソシエ』28号，2017),「What's Going On, Brother――マーヴィン・ゲイとアメリカ労働者階級の悲劇」(『文藝別冊 マーヴィン・ゲイ』河出書房新社，2019）などがある。

『現代思想』2015年11月号〜17年2月号に連載された「ボブ・ディランがアメリカを歌う」が近々書籍化の予定（タイトル未定）。

黙示のエチュード　歴史的想像力の再生のために

2019年5月20日　初版第1刷発行

著　者　マニュエル・ヤン
発行者　武　市　一　幸

発行所　株式会社 新　評　論

〒169-0051 東京都新宿区西早稲田3-16-28
http://www.shinhyoron.co.jp

TEL 03（3202）7391
FAX 03（3202）5832
振 替 00160-1-113487

定価はカバーに表示してあります。

落丁・乱丁本はお取り替えします。

印刷　理　想　社
製本　松　岳　社

ISBN978-4-7948-1113-4
Printed in Japan

好評刊

栗原　康

学生に賃金を

常軌を逸した高学費，奨学金という名の借金，バイトと就活漬けの日々。学生生活を破壊した「生臭坊主」をヤッツケル思想の武器。

四六上製　248 頁　2000 円　ISBN978-4-7948-0995-7

白石嘉治・大野英士 編

増補 ネオリベ現代生活批判序説

【インタビュー：入江公康／樫村愛子／矢部史郎／岡山茂／堅田香緒里】「日本ではじめてのネオリベ時代の日常生活批判の手引き書」（酒井隆史）にして，「現代日本を読み解くバイブル」（雨宮処凛）。

四六並製　320 頁　2400 円　ISBN978-4-7948-0770-0

岡山　茂

ハムレットの大学

マラルメ研究と高等教育研究を結び，大学という「行く河」，そこで紡がれる人文学の歴史と未来を「3.11／フクシマ以後」の視座から編み直す柔靱な思考の集成。

四六上製　304 頁　2600 円　ISBN978-4-7948-0964-3

入江公康

現代社会用語集

148 のキーワードを手に，「社会の外」へと思考の冒険に出かけよう！ 超人気講義，ついに書籍化。【巻末付録：関連年表・読書案内・名著引用集】

四六並製　208 頁　1700 円　ISBN978-4-7948-1070-0

【表示価格：税抜本体価】